W0418294

WESTEND

ULRICH SCHNEIDER (HG.)

FÜR ALLE, NICHT DIE WENIGEN

Warum wir unsere Zukunft
nicht den Märkten überlassen dürfen

WESTEND

Mehr über unsere Autoren und Bücher:
www.westendverlag.de

Die Deutsche Nationalbibliothek verzeichnet diese Publikation in der Deutschen Nationalbibliografie; detaillierte bibliografische Daten sind im Internet über http://dnb.d-nb.de abrufbar.

Das Werk einschließlich aller seiner Teile ist urheberrechtlich geschützt. Jede Verwertung ist ohne Zustimmung des Verlags unzulässig. Das gilt insbesondere für Vervielfältigungen, Übersetzungen, Mikroverfilmungen und die Einspeicherung und Verarbeitung in elektronischen Systemen.

MIX
Papier aus verantwortungsvollen Quellen
FSC
www.fsc.org
FSC® C083411

ISBN: 978-3-86489-146-5
© Westend Verlag GmbH, Frankfurt/Main 2021
Umschlaggestaltung: Buchgut, Berlin
Satz: Publikations Atelier, Dreieich
Druck und Bindung: CPI – Clausen und Bosse, Leck
Printed in Germany

Inhalt

Vorwort des Herausgebers

Kaum eine Legende hält sich so hartnäckig wie die vom freien Markt, der schon alles richten werde. Selbst sein offensichtlichstes Versagen und seine Tendenz, unübersehbare soziale und ökologische Verwerfungen zu erschaffen, konnten diesem Positivimage lange Zeit nichts anhaben. Zweifel am grenzenlosen Segen der freien Marktwirtschaft äußerten in der Bundesrepublik lange Zeit fast ausschließlich Außenseiter im ökonomischen Diskurs und marginalisierte politische Gruppen. Der Mainstream konnte es dabei belassen, seine Kritiker wahlweise als »linke Träumer « oder gleich direkt als Kommunisten abzutun, was sich als eine überraschend erfolgreiche Strategie erweisen sollte.

Mit der weltweiten Finanzkrise im Jahre 2008 trübte sich die Stimmung jedoch merklich ein. Ein allzu freier Finanzmarkt ließ ganze Volkswirtschaften einbrechen und zahllose Menschen waren von einem Tag auf den anderen ruiniert. Die Welt zeigte sich geschockt. Auch Deutschland erfuhr seine bis dahin tiefste Rezession seit Bestehen der Bundesrepublik. Zweifel am freien Markt und seinen vermeintlichen Selbstheilungskräften griffen nun auch in breiteren Teilen der Bevölkerung um sich. Das Vertrauen in Bänker und Konzernchefs, bis dahin als moderne Heilsbringer verehrt und von der Politik hofiert, nahm deutlich ab.

Die Zweifel wuchsen. In Großstädten wurde bezahlbarer Wohnraum immer knapper. Der Staat hatte bereits um die Jahrtausendwende begonnen, sich immer weiter aus dem sozialen Wohnungsbau zurückziehen, da der Markt es ja richten sollte. Für Investoren wurde es dabei immer lukrativer, hochpreisig zu bauen, Normalwohnungen in Luxusimmobilien umzuwandeln oder einfach nur mit Boden und Leerständen zu spekulieren, als preiswerten Wohnraum entstehen zu lassen. Zugleich stiegen die Mieten horrend und brachten immer mehr Menschen in schier ausweglose Situationen. Mit Maßnahmen wie dem Mietendeckel, Initiativen für Mietenstopps oder auch der Vergesellschaftung von großen Wohnungsunternehmen versuchen sich die Menschen heute, angesichts einer völlig entgleisten Situation, zu wehren und der Marktlogik, die sie aus ihren Wohnungen treibt, Einhalt zu gebieten.

Zeitgleich schafften es Umweltverbände und die neu entstandene Fridays-for-Future-Bewegung, die nahende Klimakatastrophe mit dem nötigen Druck auf der Straße endlich in das öffentliche Bewusstsein zu tragen. Immer mehr Menschen sehen die Notwendigkeit einer rigorosen ökologischen Wende in der Energiegewinnung, in der Landwirtschaft und im Verkehr und auch, dass der profitorientierte Markt keine echten Lösungen für unsere Probleme anzubieten vermag. Ganz im Gegenteil: Sie erleben, wie den mächtigen Nutznießern dieses profitgesteuerten Systems jede noch so kleine Intervention zum Schutz von Umwelt, Menschen, Tieren und selbst Kultur in harten politischen Auseinandersetzungen mühsam abgerungen werden muss und wie Energiekonzerne trotz Fukushima und Klimakatastrophe schamlos auf Entschädigungen für entgangene Gewinne klagen oder Automobilhersteller nicht einmal vor kriminellen Praktiken zurückschrecken, um gesetzliche Vorgaben zu unterlaufen. Nur der Profit zählt.

Selbst der sogenannte Pflege- und Gesundheitsmarkt scheint spätestens seit der Corona-Krise zunehmend in einem anderen Licht. Heruntergesparte und in der Pandemie völlig überlastete Pflegeeinrichtungen gerieten plötzlich in den Fokus des öffentlichen Interesses. Dabei fiel außerdem auf, dass diese mittlerweile zu beliebten Anlageobjekten von internationalen Konzernen und Fonds geworden waren. Selbst als die Pandemie dort bereits Tausende von Opfern forderte und das Personal einen verzweifelten Kampf mit dem Virus führte, meinten Investoren, hier Gewinne einstreichen zu müssen. Das warf sehr grundsätzliche Fragen auf: Kann es richtig sein, dass man pflegebedürftige Menschen als Renditeobjekte handelt? Wo liegen die moralischen Grenzen des Marktes? Ist eine am Menschen orientierte Organisation von Pflege und Gesundheit unter neoliberalen Bedingungen überhaupt möglich?

Immer größeren Teilen der Bevölkerung »dämmert« es: Auf einem Markt, den Profitmaximierung und Konkurrenzdenken beherrschen, geraten sowohl der Mensch als Individuum wie auch die kollektiven Güter, die er zum Leben braucht, aus dem Blick. Dazu gehören etwa soziale Sicherheit, eine selbstbestimmte, sinnvolle Arbeit und die Möglichkeit, seine Existenz in einem lebendigen gut ausgestatteten und kulturell vielfältigen Gemeinwesen selbst zu gestalten.

Das Zusammentreffen von Klimakrise und Coronapandemie hat die Schwächen und die Hilfslosigkeit des neoliberalen Wirtschafts- und Gesellschaftsmodells wie unter einem Brennglas offengelegt. Nicht zuletzt das Preisgefeilsche um lebensrettende Impfstoffe, die Priorisierung der reichsten Länder dieser Welt und der Unwille wie auch die Unfähigkeit, die Patente freizugeben, damit auch die ärmeren Staaten schnell in ausreichender Menge versorgt werden können, kam einem moralischen Bankrott der Marktwirtschaft gleich.

Unser Wirtschaftssystem ist nichts anderes als eine soziale Ordnung, ein Geflecht von Übereinkünften betreffend die Frage, wie wir Menschen gemeinsam wirtschaften wollen. Die neoliberale, an Profitmaximierung und Konkurrenz orientierte Wirtschaftsweise folgt politischen Entscheidungen und ist weder natur- noch gottgegeben. Ihre vielbeschworene Alternativlosigkeit verkommt dabei zum bloßen Schein. Permanente Konkurrenz ist kein Muss, sondern lässt sich durch ein solidarisches Miteinander ersetzen. Auch die Orientierung des wirtschaftlichen Handelns am höchstmöglichen Profit ist nicht alternativlos. Der große gemeinnützige Sektor in Deutschland, ein lebendiges Genossenschaftswesen und auch die wichtige öffentliche Daseinsvorsorge sind dafür Beleg genug. Sie zeigen, dass eine ökonomische Orientierung am Menschen statt an Profiten nicht nur möglich, sondern der Profitlogik sogar überlegen ist. Zumindest dann, wenn es nicht allein um das schnelle Geld, sondern um eine für alle Beteiligten lebenswerte und gute Gesellschaft gehen soll.

Betrachten wir die Wirtschaft erst einmal als soziales System, ist es vor allem unser Menschenbild, das darüber entscheidet, ob wir Alternativen zur neoliberalistischen Wirtschafts- und Lebensweise auch in der Breite für möglich halten oder nicht. Sollte der Mensch tatsächlich dem neoliberalen Bild eines egozentrischen *Homo oeconomicus* entsprechen, der stets auf den eigenen Vorteil bedacht ist und ewig den Wettbewerb sucht, so wäre es in der Tat müßig, sich über eine bessere Welt Gedanken zu machen. Doch beweist uns eine lebendige Bürgergesellschaft zum Glück täglich aufs Neue, dass es sich bei ihm um ein zutiefst soziales Wesen handelt, das bereit und in der Lage ist, Verantwortung für sein Gemeinwesen zu übernehmen – und dies durchaus mit großer Lust und persönlichem Gewinn! Viele Beispiele in diesem Buch zeigen, dass Mitgestaltung und Teilnahme dem Menschen näher liegen als bloßer Konsum und Handel.

Getragen von dieser Gewissheit und dem Vorsatz, dass wir unsere Zukunft nicht einfach den Märkten überlassen dürfen, beleuchtet dieser Band die Themen Wohnen, Verkehr, Umwelt und Energie, Landwirtschaft, Pflege und Gesundheit, Kultur sowie das Verhältnis zwischen Stadt und Land. Als Herausgeber bin ich glücklich, Autorinnen und Autoren gewonnen zu haben, die nicht nur ausgewiesene Fachleute für ihre Bereiche sind, sondern als Vertreterinnen und Vertreter wichtiger Non-Profit-Organisationen mitten in der gesellschaftlichen und politischen Auseinandersetzung stehen. Sie sind mit den Problemen vor Ort vertraut und wissen, wo der Neoliberalismus versagt, kennen aber auch die vielen Praxisprojekte und Initiativen, die Mut machen und uns Wege zu einem neuen Wirtschaften aufzeigen – für alle, nicht die Wenigen.

Ulrich Schneider am 17.04.2021

Weil die Welt sich ändern muss: Von der Wirtschaftsgesellschaft zur Wirtschaft für die Gesellschaft

Von Joachim Rock*

Wir waren schon einmal weiter: Die Ungleichheit der Einkommen in Deutschland hat einen historischen Höchststand erreicht, übertroffen nur von der Ungleichheit der Vermögensverteilung, nach der die ärmere Hälfte der Bevölkerung über gerade mal ein halbes Prozent des gesellschaftlichen Reichtums verfügt.[1] Von der im Grundgesetz postulierten Gleichwertigkeit der Lebensverhältnisse sind wir weit entfernt. Die ökologischen Grenzen des Wachstums werden nicht nur ausgereizt, sondern überschritten. Hierzu nur einige Beispiele: Die Politik hat sich mit der fortgesetzten Förderung des Individualverkehrs selbst in eine verfahrene Situation manövriert, während der öffentliche Personennahverkehr auf der Strecke zu bleiben droht. Gesundheit und Pflege werden längst nicht mehr im Interesse der Bedürftigen organisiert, sondern hauptsächlich gemäß Gewinnvorstellungen. In der Agrarindustrie ist das Wachstum von Renditen wichtiger als die Gesundheit der produzierten Lebensmittel. Die Kultur muss ihren Wert zunehmend an Kriterien der Rentabilität bemessen. Und Wohnen, ein lang unterschätztes Grundrecht, wird zum Luxus für diejenigen, die es sich leisten können – und dazu gehören immer weniger. Die Aufzählung ließe sich fortsetzen.

Viele vermissen in einer zunehmend liberalisierten Gesellschaft die Möglichkeit, Dinge selbst zu gestalten. Aus diesem Grund ist

---

* Dieser Beitrag ist dem Andenken an Barbara Stolterfoht, der ehemaligen Verbandsvorsitzenden des Paritätischen, gewidmet.

auch nur noch eine Minderheit der Bevölkerung mit der Demokratie in Deutschland zufrieden. Für ein sich selbst als Wissensgesellschaft verstehendes Staatswesen erleben wir ein erstaunliches Ausmaß an Handeln wider besseres Wissen. Das gilt für das gesellschaftliche wie das globale Klima gleichermaßen. Schreibt man die Entwicklungen der vergangenen Jahre fort, droht die düstere Vorhersage Wirklichkeit zu werden: heute am Abgrund, morgen schon ein Stück weiter.

Dinge zu verändern, setzt ein Bewusstsein dafür voraus, dass es anders sein kann. Dieses ist leider vielfach verlorengegangen. Es scheint ganz so, als lebten wir in einer Wirtschaftsgesellschaft, in der die Wirtschaft nicht der Gesellschaft dient, sondern sich die Gesellschaft nach den Interessen der Wirtschaft ordnen muss. Das verstörende, das buchstäblich Widernatürliche dieser Entwicklung bleibt wenig diskutiert. Woher speist sich das kollektive Beharren auf einer Form des Wirtschaftens, die nur den Wenigen, nicht den Vielen, einen Nutzen bringt? Wie äußert sich diese Tendenz in zentralen Bereichen der Politik? Und wie kann sie überwunden werden? Diese drei Leitfragen strukturieren den vorliegenden Beitrag.

Schöne neue Wirtschaftswelt

Es liegt nicht weit zurück, doch es wirkt lange her: Menschen stehen auf ihren Balkonen und applaudieren Pflegenden, die sich diese Häuslichkeit nicht leisten können. Es ist auch das schlechte Gewissen, das den Beifall motiviert, und das Wissen darüber, dass gerade Missverhältnisse offen zu Tage treten: zwischen dem, was gefordert wird, und dem, wie es honoriert wird. Die Pandemie hat dieses Ungleichgewicht verstärkt und einmal mehr sichtbar gemacht.

Stellen wir uns vor, wir lebten in einem Land, in dem beispielsweise die Arbeit von Pflegekräften nicht mit Applaus, sondern anständiger Bezahlung nach Tarif vergolten würde. Stellen wir uns vor, dass ein arbeitslos gewordener Mensch nicht mehr das Gefühl habe, sich rechtfertigen zu müssen, sondern durch Arbeitsämter gefördert würde, seine eigenen Qualifikationen und Qualitäten zu anständigen Löhnen wieder einzubringen. Stellen wir uns vor, pflegebedürftige Menschen bekämen nicht die Hilfe und Unterstützung, die ein nach Abzug von »Kosten« und Gewinn verbleibender Betrag gerade eben noch zulässt, sondern eine solche, die sich allein daran bemisst, was für gute Pflege notwendig wäre. Bei diesen Versuchen merken wir, wie schwer es uns fällt. Dabei liegt die Zeit, in der das alles noch Wirklichkeit war, nicht lange zurück.

Noch bis Ende der 1980er Jahre orientierte sich etwa die Bezahlung der Pflegekräfte an den Tarifverträgen des öffentlichen Dienstes oder an den Regelungen des »Dritten Weges« der kirchlichen Träger. Diese Regelung zu kippen, war eine politische Entscheidung. Mit der Pflegeversicherung, der Konzeption nach ein Marktschaffungsgesetz,[2] wurde die Stellung häufig nicht-tariflich gebundener gewinnorientierter Träger verbessert. Über die Pflegesätze übte man gleichzeitig Druck auf deren »Konkurrenz« aus, die tarifliche Entlohnung zu senken oder aufzugeben. Schon mit dem Gesundheitsstrukturgesetz von 1992, das gewerbliche Träger ausdrücklich als Leistungsträger anerkannte und die Umsatzsteuerbefreiung auf diese ausdehnte, war ein politisch gewollter Ausstieg aus der Bezahlung nach Tarif erreicht.[3]

Die Pflege unterstützungsbedürftiger Menschen finanzierte sich, etwa im Krankenhausbereich, zwischen 1972 und 1992 nach dem sogenannten Selbstkostendeckungsprinzip: Was für die Pflege notwendig war, wurde den Dienstleistern erstattet. Das trieb allerdings nicht die Kosten, da unter diesen Bedingungen keine Profite erwirtschaftet werden konnten, schließlich musste man auch entsprechende Ausgaben nachweisen. Die Abkehr vom Selbstkostendeckungsprinzip war deshalb der Katalysator, der es dem Profitstreben ermöglichte, auch im Gesundheitswesen und in der Pflege Fuß zu fassen. Und da die Personalkosten in diesen Bereichen den größten

Teil der Ausgaben ausmachen, geht die erzielte Rendite fast ausschließlich zulasten der Beschäftigten.

Mit dem Arbeitsförderungsgesetz von 1969 waren die Bedingungen für die Einrichtung von Arbeitsbeschaffungsmaßnahmen verbessert worden. Mitte der 1970er Jahre hatte man diese bereits in weiten Teilen umgesetzt, ebenfalls orientiert an den Tarifen des öffentlichen Dienstes. Über solche Maßnahmen den Einstieg in das Erwerbsleben zu schaffen, war frei von jeglichem sozialen Stigma. Wer dennoch langfristig arbeitslos wurde, hatte im Anschluss an das Arbeitslosengeld unbefristet Anspruch an die ebenfalls am vorigen Einkommen orientierte Arbeitslosenhilfe. Doch das war einmal. Heute haben wir uns scheinbar daran gewöhnt, dass nur noch ein Drittel der Arbeitslosen unmittelbar nach dem Verlust ihres Berufs überhaupt Leistungen aus der Arbeitslosenversicherung erhält. Alle anderen werden auf die eigenen Rücklagen oder an die Grundsicherung verwiesen. Eine tarifliche Bezahlung auch in den personenbezogenen Diensten, der Vorrang guter Pflege vor hoher Rendite, eine fair ausgestaltete Arbeitsförderung und eine Arbeitslosenhilfe ohne eingebauten Armutscountdown hin zur Grundsicherung – all das scheint nicht nur den Jüngeren heute schier fantastisch. Vielleicht liegt es daran, dass wir uns stets fragen: »Rechnet sich das?« Und: »Wer soll das bezahlen?« Genau diese Gedanken sind ein Ausdruck des Problems.

Erfolgsgeschichte und Erbschaften des Neoliberalismus

Der übersteigerte Marktfundamentalismus auch in den Bereichen, in denen der Markt »es« eben nicht regelt, wird allgemein als Neoliberalismus bezeichnet. Im Folgenden ist darunter »eine ideologisch geformte Lehre zur Verteidigung der von politischen Korrekturen gefreiten Marktwirtschaft« zu verstehen, die »auch die permanente

Suche nach einer politischen und institutionellen Strategie und Taktik zur Durchsetzung der Marktgesellschaft« beinhaltet.[4] Diese Definition umfasst die wichtige Erkenntnis, dass Neoliberalismus mehr als ein Wirtschaftsprogramm oder eine Theorie des Wirtschaftens darstellt. Dann wäre er nämlich einfach zu überwinden. Der Neoliberalismus ist aber nicht nur ein wirtschaftliches, sondern auch ein politisches, soziales und kulturelles Projekt, das von Beginn an darauf gerichtet war, unser Alltagsverständnis umzukrempeln. Nahezu niemand bezeichnet sich als neoliberal, und doch verfolgt uns diese Ideologie fortwährend. Sie bleibt unsichtbar, doch ihre Hand waltet allerorten. Und was sich nicht greifen lässt, lässt sich auch nur schwer überwinden. Der Neoliberalismus ist »als Weltanschauung mittlerweile so tief im Alltagsleben verwurzelt [...], dass er als nahezu ›ideologiefreie Ideologie‹ durchgehen kann«.[5] Das aber ist des Pudels Kern: »Die schönste List des Teufels ist es, uns zu überzeugen, dass es ihn nicht gibt.«[6]

Im Mittelpunkt der neoliberalen Programmatik steht nicht die Abschaffung von Institutionen, die gesellschaftliche Freiheit befördern, sondern die Schaffung von Institutionen, die diese Freiheiten einhegen und begrenzen. Sein Ziel ist nicht, »Märkte zu befreien, sondern sie zu ummanteln, um den Kapitalismus gegen die von der Demokratie ausgehende Bedrohung zu isolieren und einen Ordnungsrahmen zu schaffen, der es ermöglichen würde, das oft irrationale menschlicher Verhalten unter Kontrolle zu bringen«.[7] Entstehung und Entwicklung des Neoliberalismus sind an anderer Stelle ausführlich beschrieben worden.[8] Im Mittelpunkt dieses Beitrages sollen stattdessen Strategien und Bedingungen seiner fortgesetzten »Landnahme«[9] stehen, ebenso wie seine Erfolge dabei, Gegenbewegungen durch die Integration einzelner Elemente ihrer Programmatik nicht nur zu neutralisieren, sondern selbst diese noch mit Gewinn zu verkaufen oder als »trojanische Pferde« zu benutzen.

Nach dem Zweiten Weltkrieg waren die Ausgangsbedingungen für Forderungen nach einen Minimalstaat denkbar schlecht, wie das berühmte Ahlener Programm der CDU aus dem Jahr 1947 illustriert. Dort heißt es: »Das kapitalistische Wirtschaftssystem ist den staatlichen und sozialen Lebensinteressen des deutschen Volkes nicht gerecht geworden.« Notwendig sei eine grundlegende Neuordnung: »Durch eine gemeinwirtschaftliche Ordnung soll das deutsche Volk eine Wirtschafts- und Sozialverfassung erhalten, die dem Recht und der Würde des Menschen entspricht.«[10]

Nach der Verabschiedung des Grundgesetzes blieb die Rolle und Bedeutung des Sozialstaates zwar umstritten, jedoch wäre keine der Parteien damals auf den Gedanken gekommen, dass die Deckung der grundlegenden Bedürfnisse der Bevölkerung durch den Markt geregelt werden sollte. Der konservative Staatsrechtslehrer Ernst Forsthoff entwickelte, aufbauend auf Karl Jaspers, das Konzept der »Daseinsvorsorge«. Den Ausgangspunkt bildete seine Diagnose, dass der durch die Bürger selbst in vorindustrieller Zeit »beherrschte Raum« immer weiter geschrumpft war.[11] Forsthoff sah es als Obliegenheit des Staates an, grundlegende Infrastruktur über die öffentliche Hand zur Verfügung zu stellen. Dabei war er aber kein Befürworter des Sozialstaates, sondern in der frühen Bundesrepublik dessen schärfster Gegner. Dass seine Position, die uns in der heutigen wirtschaftspolitischen Debatte als abenteuerliche Verstaatlichungsfantasie präsentiert würde, in den 1950er und 1960er Jahren noch das staatskritischste Extrem verkörperte, sagt einiges über den Wandel unserer Werte und die Neuformatierung des öffentlichen Bewusstseins aus.

Noch bis in die 1970er Jahre war der Neoliberalismus keine wirksame Bewegung und politisch marginalisiert. Der marxistische Historiker Eric Hobsbawm bezeichnete die Zeit von 1945 bis zum Beginn der 1970er Jahre als »goldenes Zeitalter«: Die Wirtschaft florierte, der Sozialstaat wurde – auch unter dem Druck der Systemkonkurrenz – immer weiter auf- und ausgebaut, die Gewerkschaften befanden sich auf einem Höhepunkt ihres Einflusses und soziale Bewegungen sammelten mehr und mehr Anhänger.

Erst besonders »günstige« wirtschaftliche Umstände ermöglichten die schrittweise Durchsetzung des neoliberalen Modells. Ein Markstein war dabei der sogenannte »Nixon-Schock«. Am 15. August 1971 verkündete der amerikanische Präsident Richard Nixon, dass der Dollar nicht länger an Gold gebunden sei. Daran zerbrach das seit der Konferenz von Bretton Woods im Jahr 1944 bestehende System fester Wechselkurse – mit gravierenden Folgen:

> Da es keine Anbindung an Gold oder andere Waren gab, war Geld nun nichts weiter als ein Versprechen, erteilt auf Anordnung desjenigen Staates, der es ausgab. [...] In ihrem Namen konnten nun auch Privatbanken Geld in Form von Krediten schaffen [...] Der Untergang von Bretton Woods entfesselte das Kapital.[12]

Die Folge war ein fataler Wertewandel. Mit der Entkoppelung der Finanz- von der Realwirtschaft wuchsen Zinsen und Gewinne im Bankensektor rasch. Galten Banken und andere Finanzdienstleister noch bis in die 1970er Jahre als unproduktiv, zählten sie sich nun zu den Produktivkräften und fanden als solche neuen Einzug in die Volkswirtschaftliche Gesamtrechnung: »Die Gewinn des Finanzsektors [...] wurden mit dieser Entscheidung zu den Ergebnissen produktiver Aktivitäten umdeklariert.«[13]

Damit vollzog sich eine folgenreiche Täuschung, die dem späteren Stellenwert des Finanzsektors als »zu groß zum Scheitern« den Weg ebnen sollte: »In Wirklichkeit ist sein Beitrag zur Produktion (Output) gleich null, wenn nicht gar negativ. Diesen Maßstab angelegt, ist er für die Gesellschaft von Grund auf herzlich unproduktiv.«[14] Der Ethnologe David Graeber bezeichnete die damit verbundenen Tätigkeiten als »Bullshit-Jobs«: »Eine Form der Beschäftigung, die so vollkommen sinnlos, unnötig oder schädlich ist, dass selbst der Beschäftigte ihre Existenz nicht recht-fertigen kann.«[15] Große Teile der Finanzindustrie fallen ohne Zweifel in diese Kategorie hinein. Oder hat jemand eine Idee, welchen Beitrag der Hochfrequenzhandel oder die Konstruktion einer »Collateralized Debt Obligation« (CDO) – der Stoff, aus dem Finanzkrisen gemacht sind – zum Gemeinwohl leisten? Trotzdem ist es dieser wertabschöpfende Sektor, der mit seinen Renditeerwartungen die Spielregeln auch für die wertschöpfenden Sektoren bestimmt. Diese Art der Betrachtungsweise führte unter anderem dazu, dass der Stellenwert gerade der gemeinwohlorientierten Sorgearbeit auf den Kopf gestellt wurde: Während Finanzdienstleistungen das Bruttosozialprodukt steigern, rechnet man unbezahlte Care-Arbeit gar nicht und öffentliche Dienste sowie personenbezogene Sozial- und Gesundheitsdienstleistungen nur hinsichtlich ihrer Kosten auf, ohne ihnen irgendeine Wertschöpfung zuzusprechen.

Die verzerrte Perspektive wirkt sich auch auf die Finanzierung von öffentlichen Kultur- und Bildungseinrichtungen sowie des Sozial- und Gesundheitswesens aus. Stammen ihre Mittel aus der öffentlichen Hand, gelten sie häufig als Kostgänger des Staates, finanziert aus der Besteuerung der Bevölkerung und vermeidlich produktiverer Sektoren. Daraus resultiert ein hoher Rationalisierungs- und Legitimationsdruck. Dass diese Zuordnung austauschbar ist, belegt ein Gedankenexperiment:

> Wir leben in einer Welt, in der die Gehälter von Ärzten mit den von privaten Telefongesellschaften und anderen Unternehmen entrichteten Steuern bezahlt werden, aber diese Welt würde auf den Kopf gestellt, sollte der Staat die Telefongesellschaften verstaatlichen und das Gesundheitswesen privatisieren: Dann würden mit den von Krankenhäusern entrichteten Steuern die Gehälter im Callcenter der staatlichen Telefongesellschaft bezahlt.[16]

Ein Perspektivenwechsel ist also dringend notwendig.

Strategien der Entsolidarisierung

Die Durchsetzung des Neoliberalismus war auf die Zustimmung breiterer Bevölkerungsgruppen angewiesen. Dazu musste die Entsolidarisierung aktiv vorangetrieben und das Wettbewerbsdenken massiv befördert werden. Wer einmal den 23. Band der Asterix-Comics mit dem Titel *Obelix GmbH und Co. KG* gelesen hat, dem wird das Muster nur zu vertraut vorkommen. In jenem Band vollziehen die Römer, inspiriert durch den jungen Berater Technokratus, einen Strategiewechsel: Anstatt sich wieder und wieder von den widerständigen Dorfbewohnern verprügeln zu lassen, macht man diese zu wichtigen Handelspartnern im Hinkelsteingeschäft. Schließlich verwandelt sich die gallische Renitenz in römische Dekadenz – ein zeitloses Erfolgsrezept!

Die britische Premierministerin Margaret Thatcher hatte die Bedeutung einer kollektiven Entsolidarisierung nicht nur erkannt, sondern auch radikal umgesetzt. Ein unerlässlicher Hebel, um öffentliche oder gemeinnützige Strukturen zu beseitigen, besteht darin, diese – zumindest dem Anschein nach – in Privateigentum zu verwandeln. Schon Konrad Adenauer soll bei der Einführung der Wohnungsbauprämie bemerkt haben: »Wer ein Haus baut, macht keine Revolution.«[17]

Zu Beginn von Thatchers Regierungszeit waren in Großbritannien etwa 30 Prozent aller Wohnungen sogenannte »council houses«, also öffentliches Eigentum. Unter der konservativen Regierung gab man diese mit prozentualen Ermäßigungen für die bisherigen Mieter zum Verkauf frei. Das war ein riesiges Verlustgeschäft für den Staat, aber darum ging es gerade. Innerhalb von nur zehn Jahren verkaufte man zwischen 1979 und 1989 eine Million dieser Häuser. Die Zahl der Hauseigentümer stieg insgesamt um drei Millionen auf 64 Prozent der Bevölkerung, auch wenn die tatsächlichen neuen Besitzer in vielen Fällen die kreditgebenden Banken waren. Das blieb nicht folgenlos: »Die Verwandlung von Millionen abhängig Beschäftigter in Eigentümer auf Kredit schwächte die Streik- und Kampfeslust der Arbeiter und verschaffte der Premierministerin die notwendige Rückendeckung«,[18] um weitergehende Maßnahmen durchzusetzen. Dazu zählte auch die Privatisierung von staatseigenen Betrieben in gewaltigem Umfang. Die Zahl der dort beschäftigten Arbeitnehmer ging in ihrer Amtszeit von fast zehn auf nur noch zwei Prozent der Beschäftigten zurück, dafür wuchs die Zahl derer, die Aktien hielten, auf zwischen 12 und 15 Millionen Menschen. Mehr noch: Mit der Förderung privater Altersvorsorge in Pensionsfonds entstanden gigantische Kapitaltöpfe, die international auf die Suche nach maximaler Rendite gingen. Der moderne Finanzkapitalismus entstand, gestützt auf Millionen von Arbeitern und Kleinanlegern, die mit Blick auf ihre Aktien und Alterssicherung ein vitales Interesse an hohen Renditen entwickeln mussten[19] – nicht selten bis hin zum Stockholm-Syndrom, bei dem die Opfer Sympathie für die Täter entwickeln.

Die Schwächung öffentlicher Institutionen und deren Substitution durch renditeorientierte Systeme fanden in Deutschland mit Verzögerung statt, aber der Rückbau setzte dennoch früh ein. Schon in der Regierungszeit von Helmut Kohl nahm man deutliche Einschnitte in das soziale Netz vor. Ulrich Schneider hat diesen »Rückzug des Staates aus der Sozialpolitik« ausführlich beschrieben. So ging das Realeinkommen der Sozialhilfeempfänger zwischen 1977 und 1983 um 6,9 Prozent zurück,[20] während parallel die Staatsausgaben zwischen 1979 und 1989 um 4 Prozent sanken. In den 1990er Jahren erfolgte eine Privatisierung von Energieversorgern und Stadtwerken sowie von bis dahin öffentlichen Wohnungsbeständen in breitem Umfang. Auch die Bundesbahn überführte man 1994 in eine Aktiengesellschaft.

»Reaganomics« und »Thatcherismus« übten einen hohen Anpassungsdruck aus und überall in Europa übernahm die Linke neoliberale Glaubenssätze.[21] Trotzdem war noch die Wiedervereinigung »politisch und rechtlich eine Erweiterung der ›alten‹ Bundesrepublik«,[22] in der die Sozialversicherungen, insbesondere die Rentenversicherung, zum Einsatz kamen, um unter Aufwendung von Milliardensummen den sozialen Frieden in Deutschland zu bewahren – eine notwendige Maßnahme, denn der versuchte Aufbau der durch Bundeskanzler Helmut Kohl in Aussicht gestellten »blühenden Landschaften« fiel in eine Hochphase der neoliberalen Konjunktur, als die Privatisierung des Staatseigentums vor dessen Sanierung ging. Dies betraf schon bis 1992 über 10000 der 12534 Staatsbetriebe der DDR.[23] Steffen Mau bilanziert:

> Von den im Jahr 1989 Erwerbstätigen arbeiteten vier Jahre später gut zwei Drittel nicht mehr in ihrem Beruf, bei Personen in höheren Leitungspositionen waren es 90 Prozent. Arbeitslosigkeit wurde binnen kürzester Zeit zum ostdeutschen Kollektivschicksal [...] Unglaubliche drei Viertel der ostdeutschen Erwerbsbevölkerung wurden in den ersten Jahren nach der Wende in arbeitsmarktpolitische Maßnahmen gebracht, um ihre »Marktgängigkeit« zu erhöhen.[24]

Kaum jemand macht sich heute noch bewusst, dass die neoliberale Rosskur, der gerade Ostdeutschland unterzogen wurde, auch der »Umprogrammierung« von Mentalitäten und Ansprüchen diente: »Als ›Arbeitskraftunternehmer‹ [...] sollte man sich den Erfordernissen des Marktes anpassen. Das galt nicht nur in fachlicher, sondern auch in habitueller Hinsicht: Die im Staatssozialismus erlernte Mentalitäten, Sozialtechniken, Hierarchiebegriffe und Loyalitäten sollten zugunsten adäquater Verhaltensweisen aufgegeben werden. Ohne übertrieben viel Fingerspitzengefühl führte die gesamtdeutsche Öffentlichkeit Diskurse des Ungenügens«,[25] von »Besserwessi« zu »Jammerossi«.

Mit der Regierung Clinton in den USA, der Regierung Blair in Großbritannien und später der Regierung Schröder in Deutschland erblickte zum ersten Mal ein »Neoliberalismus von Links« das Licht der Welt. Über die im Jahr 2000 beschlossene Steuerreform senkte Rot-Grün den Spitzensteuersatz von 53 auf 42 Prozent, 7 Prozent stärker als im Wahlkampf versprochen. Die Körperschaftssteuer wurde von zwischen 30 und 40 Prozent auf 25 Prozent zusammengestrichen, Gewinne aus der Veräußerung von Unternehmensanteilen waren plötzlich sogar steuerfrei. Das Körperschaftssteueraufkommen sank dadurch allein zwischen 2000 und 2001 von 23 Milliarden Euro auf -0,5 Milliarden Euro, ein Rückgang um 102 Prozent. Die neue Großzügigkeit führte etwa dazu, dass Volkswagen einen Gewinn von 37 Prozent vor Steuern auswies, der sich nach »Abzügen« sogar auf 144 Prozent erhöhte.[26] Dadurch gerieten die Staatsfinanzen noch weiter ins Trudeln und ließen den Ruf nach weiteren Kürzungen lauter werden.

Der Missbrauch der Rentenversicherung zur Finanzierung einigungsbedingter Ausgaben trieb diese unvermeidlich in eine finanzielle Schieflage. Das machte sie zu einem vorrangigen Objekt für neoliberale Attacken, die sich mit der Riester-Rentenreform in den Jahren 2000 und 2001 schließlich manifestierten. Zusätzlich befördert wurde dieser Privatisierungskurs durch den Boom an den Aktienmärkten. Die Einführung der Riester-Rente trug, ebenso wie die zum Jahresbeginn 1995 vollzogene Umwandlung des öffentlich-rechtlichen Unternehmens Deutsche Bundespost Telekom in eine Aktiengesellschaft, dazu bei, das Selbstverständnis der Bevölkerung als Marktbürger weiterzuentwickeln und die Bedeutung öffentlicher Sicherungssysteme zu relativieren. Der spätere Absturz der 1996 breit beworbenen »Volksaktie«, die viele tausend Menschen um ihre Ersparnisse brachte, und die chronische Renditeschwäche der Riester-Rente, die sich lediglich aufgrund einer staatlichen Subventionierung von jährlich etwa drei Milliarden Euro für Einzelne rechnet, rächten sich bereits nach kurzer Zeit.

Die Entwicklung war bis dahin jedoch schon weiter fortgeschritten: 2003 bis 2005 kulminierte sie in den Hartz-Reformen I bis IV. Die Einführung der »Ich-AG«, eines Existenzgründungszuschusses mit erhöhten Risiken im Falle des Scheiterns, zum Jahresbeginn 2003 markierte schon begrifflich die fortgesetzte Abkehr von sozialen, gemeinschaftlichen Leitbildern. Mit der Hartz-IV-Reform wurde parallel der Ausbau eines Niedriglohnsektors forciert. Der Staat stand künftig bereit, auch Niedrigstlöhne auf ein Minimum aufzustocken und damit Ausbeutung zu subventionieren. Dadurch wurde im Zusammenhang mit der EU-Osterweiterung 2004 der Preiskampf bei den Löhnen zusätzlich befeuert. Deutschland hat seitdem einen der größten Niedriglohnsektoren in Europa. Dieser umfasst bis zu einem Viertel der Beschäftigten und erweist sich für die Betroffenen nicht als Sprungbrett, sondern als Falle.[27]

Der Ausbau neoliberaler Politik in Deutschland endete spätestens 2005, als der Versuch der CDU, sich mit einem neoliberalen Wahlprogramm zu profilieren, zu ihrem bis dahin schlechtesten Ergebnis in der Nachkriegszeit führte. Spätestens während der Finanzkrise 2007 forderten auch die lautesten Kritiker staatlicher Interventionen ein Eingreifen der Regierung, die nämlich die Zeche für das Platzen der Spekulationsblasen bezahlen sollte. Bis Ende 2017, so ergab eine Anfrage der Grünen im Bundestag, summierten sich die übernommenen Ausfälle, Darlehen und Bürgschaften auf 59 Milliarden Euro. Mit diesen Beträgen stehen die Bürger für die Verluste der Banken ein. Dabei sind die finanziellen Kosten, die durch Arbeitsplatzverluste und Renditeeinbußen in der Bevölkerung entstanden waren, noch gar nicht mitgerechnet. Neue Töne hört man inzwischen auch aus dem arbeitgebernahen Institut der Deutschen Wirtschaft, dessen Direktor Anfang 2020 die Schaffung eines staatlichen Investitionsfonds mit einem Umfang von 450 Milliarden Euro forderte.[28] Und in der Covid-19-Pandemie, die nach Schätzungen der Bundesregierung zum Jahresende 2020 mindestens 1,3 Billionen Euro gekostet haben wird, steht die Bedeutung des Staates ohnehin außer Frage. Das bedeutet dennoch nicht, dass der Neoliberalismus verschwunden wäre. Scheint er auch politisch tot, lebt sein giftiges Erbe beständig fort.

Spuren: Das Erbe des Neoliberalismus

Der Neoliberalismus hat über Jahrzehnte hinweg erfolgreich darum gekämpft, seine Denkweise in den Köpfen zu verankern, und es letztlich geschafft, demokratisch kontrollierte, staatliche Institutionen zu diskreditieren und Menschen glauben zu machen, dass ausgerechnet Unternehmen, die nur der Maximierung der Renditen ihrer Anteilseigner verpflichtet sind, eine größere Nähe zu den Menschen und ihren Interessen aufweisen als die Zivilgesellschaft oder der öffentliche Dienst. Bis heute wirkt die Diskreditierung der Leistungsfähigkeit der Rentenversicherung fort, immer noch scheinen private Vorsorgeangebote vielen demgegenüber als sicherere Wahl. Tatsächlich ist es umgekehrt: Experten des Deutschen Instituts für Wirtschaftsforschung haben Ende 2020 erneut bestätigt, dass die Gesetzliche Rentenversicherung mit den zusätzlichen Leistungen zur Rehabilitation, Erwerbsminderung und Hinterbliebenenrente nicht nur deutlich mehr Leistungen bietet, sondern dabei auch eine deutlich höhere Rendite auf die eingezahlten Beiträge erwirtschaftet als ihre privaten Konkurrenten.[29] Drei Prozent und mehr erreicht die Rentenversicherung, mit hoher Stabilität und Kontinuität, während die Prämienzahlungen der privat Versicherten zuerst die Abschlussprämien der Versicherungen decken müssen, um dann im Niedrigzinsumfeld nur mit Glück und steuerlicher Förderung des Staates vielleicht gerade mal die Inflation auszugleichen. Wirkmächtig ist auch das Bild von der »schwäbischen Hausfrau«, die immer wieder dazu herhalten muss, den Verzicht auf staatliche Investitionen in die Zukunft ihrer Kinder zu legitimieren.

Das ABC des Neoliberalismus kennt eine Vielzahl von Euphemismen, die unser Alltagsleben prägen. Es reicht von der »Agenda 2010« und der Forderung nach »Aktivierung« des »Humankapitals« sowie des Vorantreibens von »Innovation« über die »Inwertsetzung«, bei der die Natur (und ihre Verschmutzung) mit einem Preisschild versehen wird, bis hin zu Begriffen wie »Verantwortungseigentum«, »Vermarktlichung« und »Zumutbarkeit«.[30]

Vor allem hat man daran gearbeitet, das Bewusstsein für individuelle, vorleistungsunabhängige Bürger- und Menschenrechte zu verwischen. Immer dann, wenn staatliche Leistungen nicht gleich selbst privatisiert wurden, versuchte man zumindest, diese Institutionen als »privat« zu verkleiden. Ein Beispiel: »Bürokratie« gilt uns heute als abwertender Begriff. Zu Zeiten des Soziologen Max Weber war das noch anders. Bürokratie galt ihm als Voraussetzung einer anderen Art von Herrschaft, nämlich der Demokratie. Die belächelte aktenlastige Verwaltung etwa war der Garant dafür, dass Entscheidungen nachvollzogen und überprüft werden konnten. Der bürokratische Staat sollte auf diese Weise der Freiheitsgewährleistung aller dienen. Verkörpert wurde er durch das Amt, hinter dem die Absicht einer unparteilichen Interessenvertretung steht. Dazu zählt auch, den Einzelnen unabhängig von Fähigkeiten oder Vermögen als Träger eigener Rechte zu betrachten. Aufgrund genau dieser Verfasstheit obliegt es dem Staat, zwischen konkurrierenden Interessen zu vermitteln und verbindliche Entscheidungen zu treffen. Für eine Marktgesellschaft bestand darin die größte anzunehmende Provokation, denn die Ergebnisse privater Interaktionen galten damit nicht länger absolut.

Einer der größten und am meisten vernachlässigten Erfolge des Neoliberalismus besteht deshalb im Sieg über den demokratisch legitimierten Souverän und seine Exekutive, die Ämter, die er als öffentliche Einrichtungen diskreditieren und in großen Teilen durch Vorbilder aus der Privatwirtschaft ersetzen konnte. Betrachtet man die Hartz-Reformen, mit denen sich nicht nur von Arbeitslosigkeit betroffene Menschen grundlegender Rechte beraubt sahen, dann ist offenkundig, dass der Entrechtung des Einzelnen die Entstaatlichung des Sozialstaates voranging. Bis zum Jahresbeginn 2004 war es Aufgabe der Bundesanstalt für Arbeit, Menschen in Beschäftigungsverhältnisse zu vermitteln. Eine »Anstalt« ist eine klassische Einrichtung des öffentlichen Rechts, zu deren grundlegenden Merkmalen es gehört, den Einzelnen seinem öffentlichrechtlichen Status gemäß als Bürger zu behandeln. Ersetzt wurde sie durch die Bundesagentur für Arbeit. Von ihrer Vorgängerin unterscheidet sie sich aber mehr als nur im Namen. »Agenturen« nennt man Einrichtungen, die zwischen einem Angebot und einer Nachfrage vermitteln. Zwischen diesen ist das individuelle Recht des Staatsbürgers in der Rolle des neu geschaffenen Marktbürgers nun aufgehoben.

Zeitgleich verschwand das Arbeitsamt. Es wäre verfehlt, dieses nachträglich zu idealisieren, aber dennoch war es rein kraft seiner Konstitution den Rechten seiner Klienten verpflichtet, ganz unabhängig von Angebot und Nachfrage. Dem gegenüber steht das neu geschaffene Jobcenter. Während das Amt ohne Anschauung von Fähigkeiten und Vermögen entscheidet, werden in einem Center alle Hilfesuchenden jeweils danach bewertet, was sie in die Waagschale des Markts einbringen können. Das Einkaufszentrum ist die natürliche Referenz: Dort kann sich niemand auf Menschen- oder Bürgerrechte berufen, sondern nur auf sein Vermögen. Das Einkaufszentrum ist der Ort institutionalisierter Ungleichheit.

Während ein Amt Ansprüche der Bürger erfüllt, müssen diese einem Center gegenüber Verträge schließen. Wer dort erstmals vorstellig wird, sieht sich sogleich mit der sogenannten Eingliederungsvereinbarung konfrontiert. Sie entmächtigt Antragstellende zugunsten der Institutionen, denn Verträge knüpfen Leistung an Gegenleistung. Echte Grundrechte gelten im Gegensatz dazu unbedingt. Der Anspruch auf das sozio-kulturelle Existenzminimum hat diesen Rang eingebüßt. Diejenigen, die der Massenverwaltung in den Jobcentern regelmäßig gegenüberstehen, sind sich dieser Entwicklung bewusst. In einer der zahlreichen Austauschrunden zur Reform der Arbeitsverwaltung brachte es ausgerechnet die Geschäftsführung eines Jobcenters auf den Punkt: Wir kennen in Deutschland kaum noch einen Rechtsbereich, in dem Menschen so sehr Objekte sind. Kein Kunde könne vor dem ersten Gang zum Jobcenter wissen, ob er dieses mit einem konkreten Förderangebot oder der Verpflichtung zur Übernahme einer Arbeitsgelegenheit mit Mehraufwandsentschädigung verließe. Selbst die kleinste finanzielle Unterstützung ist an die Mitwirkung der Berechtigten gebunden. Dabei handelt es sich nicht immer nur um eine Formsache:

> Permanente Weiterbildung, lebenslanges Lernen, persönliches Wachstum – die Selbstoptimierungsimperative implizieren die Nötigung zu kontinuierlicher Verbesserung. Angetrieben wird dieser Zwang zur Selbstüberbietung vom Mechanismus der Konkurrenz. Weil jeder seine Position stets nur für den Moment und in Relation zu seinem Mitbewerber behaupten kann, darf niemand sich auf dem einmal Erreichten ausruhen.[31]

Jenseits der in den Hartz-Gesetzen postulierten Beschäftigungsform der Ich-AG hat sich diese als Programm gesellschaftlich breit etabliert. Der berühmte Satz Margaret Thatchers, dass es so etwas wie die Gesellschaft nicht gebe, wurde zur selbsterfüllenden Prophezeiung neoliberalen Denkens:

Niemand wird als *Homo oeconomicus* geboren, aber man kann Menschen durchaus dazu erziehen, wenn man sie in einem System aufwachsen lässt, in dem ständig gelehrt wird, sich als solcher zu verhalten. Theorie macht Praxis.[32]

Auch die Sozialpolitik, einst definiert als Politik gegen Märkte,[33] geriet zum Hebel, um Menschen wettbewerblich zu- und auszurichten. Der Gesellschaftsvertrag wurde neu verhandelt, in Teilen aufgekündigt und durch die individuelle Vertragsfreiheit ersetzt. So »verwandelt sich die Freiheit, Verträge schließen zu können, in den Zwang, sie schließen zu müssen. Die formale Gleichheit der Kontraktparteien wiederum verfestigt und legitimiert ihre soziale Ungleichheit.«[34] Das blieb nicht ohne Folge für die Gesellschaft, denn Zusammenhalt, die soziale Kohäsion, ist eine Ressource, deren Reproduktion wichtiger kaum sein könnte. Die Externalisierung wirtschaftlicher Kosten und deren soziale Folgen schlagen fortlaufend als Defizite zu Buche:

> Wenn das Vertragsprinzip jene Kohäsionskräfte aufzehrt, die es benötigt, aber nicht schaffen kann, vermag es keine tragfähige Ordnung zu stiften. Eine allein auf Verträgen gegründete Gesellschaft wäre keine.[35]

Neoliberale Mimikry: Das Problem als Lösung?

Die Probleme des Marktes durch den Markt selbst zu lösen, ist im Glauben an die Alternativlosigkeit der Verhältnisse naheliegend. Über »incentives« und »nudges« soll mit unsichtbarer Hand beseitigt werden, was durch diese überhaupt erst verursacht wurde. Auch dieser Strategiewechsel hat seine Geschichte. Schon in den 1970er Jahren beobachtete man die ökologische Krise mit Sorge. So veröffentlichte der Club of Rome seinen Bericht zur Lage der Menschheit im Jahr 1972 unter dem für jeden Neoliberalen provokanten Titel »Die Grenzen des Wachstums«. Das *Wall Street Journal* notierte angesichts der wachsenden Kritik in der Bevölkerung, dass »eine ganz neue Industrie von Gemeinwohlvertretern auftaucht, die versuchen, die Wirtschaft zu verteufeln, beispielsweise in Fragen der Umweltverschmutzung«.[36] In dieser Zeit entwickelte sich die »Corporate Social Responsibility«: Unternehmen präsentierten sich zunehmend als Akteure, die nicht nur der eigenen Profitmarge verpflichtet waren, sondern auch vorgaben, sozial, ökologisch oder »fair« zu agieren. Auch große Konzerne konnten sich dem wachsenden Druck nicht entziehen, zumindest den Anschein von gemeinwohlbezogenem Handeln zu erwecken. »Whitewashing« und »Greenwashing« begleiten uns seitdem auf Schritt und Tritt. Die Camouflage hat sich nicht nur über die Jahrzehnte als besonderes erfolgreich erwiesen, sondern erlebte auch in jüngster Vergangenheit eine Renaissance.

Sich als progressiven und verantwortlich handelnden Akteur zu präsentieren, zählt heute zum kleinen Einmaleins der Öffentlichkeitsarbeit selbst der gierigsten Unternehmen. Ein wesentlicher Grund dafür, dass es den Renditejägern der Gegenwart gelingt, sich nicht als interessen-, sondern ideengetrieben zu gerieren, ist ihre Fähigkeit zur Mimikry – laut Lehrbuch eine »Form der Nachahmung von visuellen, auditiven oder olfaktorischen Signalen, die dazu führt, dass dem Nachahmer und Fälscher Vorteile durch die Täuschung des Signalempfängers entstehen«. Diese Strategie bleibt bis heute erfolgreich, denn längst ist es gewinnorientierten Konzernen gelungen, die Grenzen zwischen unternehmerischem und zivilgesellschaftlichem Handeln zu verwischen.

Eine Form dieser Mimikry firmiert unter dem Oberbegriff des »Social Business«, zu dessen weltweit prominentesten Vertretern der Nobelpreisträger Muhammad Yunus gehört. Er vertritt die These, dass der Kapitalismus das Potential habe, die Armut effektiver zu bekämpfen als der Staat. Voraussetzung sei, dass man den erst halb vollendeten Rahmen des Kapitalismus vollenden müsse:

> In einer von mehrdimensionalen Menschen bevölkerten Wirtschaft wird sich eine selbst verursachte Umverteilung ergeben, wenn die Reichen Social Business gründen, um soziale Probleme zu beseitigen. Regierungen könnten zu der Erkenntnis kommen, dass es einfacher und effektiver ist, den Reichen Anreize zur Lösung sozialer Probleme zu bieten – durch eigene Initiative, indem sie eine Vielzahl von Social Businesses ins Leben rufen –, als Steuereinnahmen für soziale Sicherheitsnetze und andere ineffiziente staatliche Programme zu verwenden.[37]

Yunus schlug vor, auch die Ärmsten durch Mikrokredite zu unternehmerischem Handeln zu ermutigen. Tatsächlich fanden sich die

Kreditnehmer aber weniger in einer Produzentenrolle wieder, sondern in einer Konsumentenrolle, denn die Mikrokredite wurden in Produkte investiert, die selten die erhofften Gewinne brachten. Das Risiko blieb also an den Armen hängen. Und auch Mikrokredite müssen zurückgezahlt werden – oft mit Geld von weiteren Mikrokrediten. Die Bilanz dieses »neoliberalen Empowerments« zeigte sich etwa im indischen Bundesstaat Andhra Pradesh: »Rein statistisch waren in jeden armen Haushalt der Region acht Kredite geflossen. 82 Prozent der ländlichen Haushalte waren hoch verschuldet.«[38] Die »destruktive Seite des lokalen Neoliberalismus«[39] hatte ihr hässliches Gesicht gezeigt. Yunus Grundgedanke lebte jedoch fort. Auch in Deutschland berief sich eine neue Bewegung von Marktbefürworten auf seine Ideen und warb dafür, soziale Hilfen durch mehr Unternehmertum überflüssig zu machen. Als Leitbild wurde dabei das durch den österreichischen Wirtschaftswissenschaftler Joseph Alois Schumpeter idealisierte Bild des Entrepreneurs bemüht, der als Mann der Tat für »schöpferische Zerstörung« etablierter Institutionen sorgt und neue Märkte erschließt. Durch seine Innovationskraft könne er dabei sogar Gutes tun und sich eine Rendite in Form eines »Social Profit« erwirtschaften. Der Sozialfunktionär Harald Ehlert inszenierte sich als Chef der Berliner »Treberhilfe« schon früh als Pionier eines solchen Unternehmertums. Ostentativ fuhr er im Maserati durch die Stadt, bis nach kurzer Zeit auch diese Blase platzte. Das ernüchternde Fazit fasste die *taz* folgendermaßen zusammen: »Nach Insolvenz und Übernahme der Treberhilfe muss man sich die Frage stellen, ob das überhaupt zusammengeht: Gutes tun und Gewinne einstreichen.«[40] Die realistische Antwort darauf lautet: Die Marktorientierung ist Teil des Problems, nicht seiner Lösung.

Wirkmächtig bleiben solche Instrumente und Strategien dennoch, weil sie den Menschen nicht aufgedrängt werden müssen, sondern längst als eigene Bedürfnisse und Wünsche internalisiert worden sind. Die Selbstoptimierung bildet inzwischen eine gewachsene und wachsende Branche, von der viele Wirtschaftszweige profitieren. Ähnlich verbreitet sind Hilfsmittel zur Steigerung der eigenen Leistungsfähigkeit oder, im Gegenteil, solche, die dabei helfen, sich zumindest vorübergehend vom Druck der Ellbogengesellschaft zu distanzieren. Doch auch die größten individuellen Anstrengungen stellen längst nicht mehr sicher, dass das eigene Einkommen ausreicht, um den Lebensunterhalt oder eine armutsfeste Alterssicherung zu bestreiten. Sicher, der Sozialstaat bietet immer noch eine Vielzahl von Hilfen an. Sie unterscheiden sich aber grundlegend von den Angeboten, die, wie eingangs beschrieben, noch vor wenigen Jahren selbstverständlich waren:

> Es werden befristete, beschränkte und betreute Beschäftigungsverhältnisse angeboten, aber keine Arbeit in dem Sinne, wie man es früher gewohnt war. Wer schlau ist, kann sich durchmogeln. Aber mit einem respektablen Status in einer Welt von schwerer, wichtiger und umfassender Arbeit hat das nichts mehr zu tun. Not macht erfinderisch, bloßes Auskommen aber kann einem den letzten Mut rauben.[41]

Indem sich der Sozialstaat zunehmend weniger in der Pflicht sieht, Rechte einzulösen, und stattdessen lieber als Agentur »Chancen« bietet, sendet er den hilfebedürftigen Menschen ein deutliches Signal, denn sie wissen, dass »Chance« und »Scheitern« nicht nur sprachlich nahe beieinander liegen. Das »Gerede vom Aufstieg« ist dann für die, »die unten festsaßen oder darum kämpften, sich über Wasser zu halten, weniger ein Versprechen als eine Verhöhnung«.[42]

Diese Entwicklungen betreffen nicht nur das Soziale, sondern schaden auch der Demokratie. Eine durch die Bundesregierung selbst in Auftrag gegebene Studie belegt deutlich, dass die Abkoppelung ganzer Bevölkerungsgruppen in doppelter Weise folgenreich ist. Das Fazit der Forschenden:

> Was Bürger_innen mit geringem Einkommen in besonders großer Zahl wollen, hatte in den Jahren von 1998 bis 2013 eine besonders niedrige Wahrscheinlichkeit, umgesetzt zu werden. […] Damit droht ein sich verstärkender Teufelskreis aus ungleicher Beteiligung und ungleicher Responsivität, bei dem sozial benachteiligte Gruppen merken, dass ihre Anliegen kein Gehör finden und sich deshalb von der Politik abwenden.[43]

Die Politik wendet sich von den Armen ab, und die Armen sich von der Politik. Während diese kaum Aussichten auf Besserung haben, wächst das Einkommen derer, die ohnehin schon über (Immobilien-)Vermögen verfügen, ohne eigenes Zutun wie von Zauberhand. Das macht etwas mit den Menschen. Der Soziologe Albert O. Hirschmann hat die Folgen in seinem Tunnelgleichnis beschrieben: Bildet sich ein Stau auf der Autobahn, so bewegen sich die Fahrspuren häufig ungleichmäßig. Aber selbst diejenigen, die nicht vorankommen, sehen die Vorwärtsbewegung auf der Nachbarspur anfangs positiv, verspricht es doch auch die Aussicht, selbst bald weiterfahren zu können. Geht es auf der Nachbarspur hingegen immer weiter voran, ohne Änderung der eigenen Lage, wächst die Frustration: Menschen werden wütend, begehren auf, protestieren. Es ist deshalb auch kein Zufall, dass die neoliberale Verächtlichmachung gesamtgesellschaftlicher Solidarität und die Forcierung von sozialer Ungleichheit den Nährboden für das Erstarken des Rechtsextremismus bilden: »In allen vom Neoliberalismus untergrabenen Gesellschaften herrscht massenhaft Wut. […] Neoliberal geöffnete Gesellschaften sind sozial gespaltene Gesellschaften.«[44]

Souveränitätsverluste: Zur Privatisierung verurteilt?

Eine gespaltene Gesellschaft ist keine Zwangsläufigkeit. Um den Markt wirksam vor staatlichen Interventionen zu schützen, setzten die

Neoliberalen nicht auf die Abschaffung von Regeln, sondern auf die Schaffung neuer, überstaatlicher Ordnungssysteme. Zu tief sitzt das Misstrauen, dass die Bevölkerung bei Wahlen eigene Anliegen in den Vordergrund und damit die Hoheit des Marktes in Frage stellt. Auch die Demokratie, so die neoliberale Ratio, bedürfe scharfer Grenzen, um den Schutz des Marktes vor öffentlichem Einfluss zu gewährleisten. Das lässt sich am einfachsten umsetzen, indem man Verpflichtungen schafft, die das gewünschte Resultat vom Ausgang der Wahlen entkoppeln. Ein bekanntes Zitat der Bundeskanzlerin Angela Merkel, wonach die demokratische Entscheidung so gestaltet werden müsse, dass sie »trotzdem auch marktkonform« sei,[45] entstammt dieser Denkweise.

Der Historiker Quinn Slobodian hat herausgearbeitet, dass die »Hinwendung zur Rechtsetzung die bedeutsamste Neuausrichtung des deutschsprachigen Neoliberalismus nach dem Zweiten Weltkrieg war«.[46] Um die Freiheit der Wirtschaft vor demokratischen Entscheidungen zu bewahren, schuf man langsam aber stetig eine Rechtsordnung jenseits des Nationalstaates, die dem »konstitutionellen Schutz des Kapitalismus«[47] diente. Möglich wurde das durch die »Umdeutung von Handelsrechten, Marktrechten und Kapitalrechten zu individuellen Freiheitsrechten [...]. In den fünfziger und sechziger Jahren wurden diese Rechte in Form von Marktfreiheit und Marktbürgern in das europäische Integrationsprojekt aufgenommen und in den siebziger und achtziger Jahren wurden sie im Verlauf der GATT-Reform auf die Ebene der Welthandelsorganisation transportiert.«[48] Es ist pervers: Menschenrechte drücken sich häufig in Freiheitsrechten aus, aber anstatt diese auszubauen verbriefte man dem Kapital immer größere Handlungsspielräume, während man gleichzeitig die Rechte des Einzelnen immer stärker auf solche reduzierte, die mit dessen Rolle als Marktakteur zusammenhängen. Die Grundfreiheiten der Europäischen Union sind deshalb auch die von Personen, Waren, Dienstleistungen und Kapital, wobei erstere sich vor allem auf Beschäftigte beziehen. Soziale Rechte bleiben hingegen außen vor.

Die Freiheit der Wirtschaft über Grenzen hinweg gegen demokratische Entscheidungen in einzelnen Staaten abzusichern, ist im vitalen Interesse multinationaler Konzerne. Mittlerweile sind sie darin bereits weit vorangeschritten. Schon 1956 wurde in Frankfurt am Main die Gesellschaft zur Förderung von Auslandsinvestitionen (GFA) gegründet. Den Posten des Vorsitzenden hatte zu Beginn der damalige Chef der Deutschen Bank inne, Hermann Josef Abs, der im Nationalsozialismus noch für die Enteignung jüdischer Vermögen zuständig gewesen war. Mit der GFA stellte er sich an die Spitze derer, die einen internationalen Schutz privater Vermögensrechte forderten.[49] Mit Erfolg: Auf eine Initiative der Gesellschaft hin wurden etliche internationale Investitionsschutzabkommen entwickelt. Sie sicherten nicht nur bestehendes Vermögen, etwa gegen entschädigungslose Enteignung, sondern auch gegen Ansprüche auf erwartete Gewinne in der Zukunft. Welche Bedeutung Investitions- und Freihandelsabkommen haben, macht **Olaf Zimmermann** in diesem Band am Beispiel der Kultur eindrucksvoll deutlich, indem er nicht nur die Mechanismen hinten den Regularien erläutert, sondern auch davor warnt, dass es sich bei der Tyrannei von Effizienz und Rendite um einen Prozess handelt, »der im Begriff ist, die Vielfalt der Kulturen nachhaltig zu zerstören«.

Diese Verträge betreffen alle Bereiche: Ein in Deutschland bekanntes Beispiel ist das vom schwedischen Energieversorger Vattenfall im Mai 2012 initiierte Schiedsverfahren, in dem der Konzern auf der Basis des Energiecharta-Vertrages von 1994 Schadensersatzansprüche gegenüber Deutschland geltend macht. Dort hatte man nach der Nuklearkatastrophe von Fukushima gesetzliche Einschränkungen durchgesetzt, die auch konzerneigene Atomkraftwerke betrafen. Für die Maßnahmen zum Schutz der natürlichen Lebensgrundlagen begehrt Vattenfall eine Entschädigung von etwa 4,7 Milliarden Euro. Wie 2021 bekannt wurde, führt der deutsche Energieversorger RWE einen ähnlichen Prozess gegen die Niederlande, wo man den Kohleausstieg bis 2030 beschlossen hat. Der Konzern, dessen Aktionäre zu etwa 24 Prozent deutsche Kommunen sind, klagt deshalb auf entgangene Einnahmen im Umfang von 1,4 Milliarden Euro gegen die Niederlande. Diese beiden Beispiele zeigen, wie der »konstitutionelle Schutz des Kapitalismus« die Umkehr der Werte in ihr Gegenteil ermöglicht. In dieser verqueren Logik steht nicht die Natur unter Schutz, sondern die Verwertungsinteressen der großen Kapitaleigner. Sind solche Abkommen Einzelfälle? Im Prinzip ja – aber davon eine ganze Menge: Derzeit schätzt man, dass annähernd 3000 dieser zumeist zwischen zwei Ländern, also »bilateral«, geschlossenen Verträge bestehen.

Eine wesentliche Rolle bei der Durchsetzung unbeschränkter Konkurrenz spielt das europäische Wettbewerbs- und Beihilfenrecht. Sein Grundanliegen ist ehrenwert: Es soll gewährleisten, dass alle wirtschaftlichen Tätigkeiten gleiche Rahmenbedingungen erhalten. Dass dabei sehr ungleiche Aktivitäten identischen Regelungen unterworfen werden, ist nur in engen Grenzen vorgesehen. Ein Beispiel für den Einfluss des Wettbewerbs- und Beihilfenrechts bieten die deutschen Hilfen während der Covid-19-Pandemie. Aufgrund der monatelangen und stark umsatzschmälernden Einschränkungen versprach die Bundesregierung, Unternehmen grundsätzlich 75 Prozent des Umsatzes aus dem Vorjahr zuzusichern. Da viele frühzeitig bereits ihre Ausgaben senken mussten, sollte das auch eine Kompensation für Zusatzbelastungen der Vormonate sein. Alle Beteiligten hatten jedoch die Rechnung ohne das europäische Wettbewerbs- und Beihilfenrecht gemacht. Die Zusage der Bundesregierung wurde deshalb nie eingelöst. Stattdessen erließ man eine Förderung, bei der alle erhaltenen Hilfen angerechnet und nur eine teilweise Erstattung nachgewiesener Verluste zulässig ist.[50]

Gemeinnützige und gemeinwohlorientierte Unternehmen kennen diese Regelungen schon seit langem. So muss eine öffentliche Jugendherberge, die den Anspruch hat, auch einkommensarmen Familien einige Tage Aufenthalt zu ermöglichen, sicherstellen, dass sie ihre Preise ähnlich einem gewinnorientierten Hotelbetreiber kalkuliert. Der Gemeinnützigkeitsstatus, der gerade ausschließt, dass aus entsprechenden Tätigkeiten private Renditen erwirtschaftet werden, spielt keine Rolle. Das Beihilfenrecht gewährleistet, dass die Praxis, Gewinne auf Kosten auch einkommensarmer Menschen zu erwirtschaften, nicht zu stark unter der gemeinnützigen Konkurrenz leiden muss. Die Freiheit, unternehmerischen Profit ohne Beeinträchtigung durch Gemeinwohlverpflichtungen zu erzielen, ist nur deshalb nicht zum Grundrecht geworden, weil dieses Recht seinerseits supranational verankert ist und dadurch Vorrang selbst vor dem Grundgesetz genießt.

Marktversagen: Profite, die wir uns nicht leisten können

Die griechische Sagenwelt kennt die Geschichte von König Midas, der von Dionysos, dem Gott des Weines und des Wahnsinns, den Wunsch erfüllt bekam, dass alles, was er anfasst, zu Gold wird. Doch bald erwies sich der Segen als Fluch, denn seine grundlegenden Bedürfnisse, wie Essen und Trinken, vermochte der König nicht mehr zu erfüllen. Die Sage findet heute Parallelen auf den neu geschaffenen Märkten, denn die Kehrseite der sagenhaften Renditen, die dort erreicht werden, ist ein Marktversagen bei der Erfüllung grundlegender Bedürfnisse.

Nehmen wir das Beispiel des Wohnungsmarktes, dem sich **Melanie Weber-Moritz** in diesem Band widmet: Wohnen ist nicht nur ein elementares menschliches Bedürfnis, sondern auch ein Grund- und Menschenrecht. Der heutige Bundespräsident Frank-Walter Steinmeier hat diesen Anspruch zum Thema seiner Dissertation gemacht und dabei selbst ein Recht auf Wohnen inklusive eines Verbots von Räumungen, soweit kein angemessener Ersatz zur Verfügung gestellt wird, formuliert.[51] Aber derlei Gesetze sind nie gekommen. Die Geschichte der Wohnungspolitik in Deutschland bietet dagegen ein weiteres Beispiel dafür, wie der Anspruch des Einzelnen auf staatliche Unterstützung bei der Wohnungsbereitstellung immer weiter relativiert und dem Markt überlassen wurde. Dieser ist jedoch sozial blind, denn »auf Märkten zählen nicht Bedürfnisse und Bedarf, sondern allein die Nachfrage. Denkt man die Marktlogik konsequent zu Ende, dann ist Obdachlosigkeit im ökonomischen Sinn kein Zeichen für eine Versorgungslücke, weil es ja keine zahlungskräftige Nachfrage gibt«.[52]

In Deutschland geriet der soziale Wohnungsbau von einem Instrument der Förderung breiter Bevölkerungsschichten während der 1970er und 1980er Jahre »zu einem Instrument der Wohnungsversorgung sozialer Randgruppen«.[53] Endgültig vollzogen wurde dies mit dem Wohnraumförderungsgesetz aus dem Jahr 2002, das als Zielgruppe Haushalte bestimmte, die sich auf dem Markt nicht selbstständig mit Wohnraum versorgen können. Sozialer Wohnungsbau war damit endgültig zu einer Sache für die Marginalisierten geworden – für Arme, Arbeitslose, Alleinerziehende, Ausländer und Alte. Viele ihrer Wohnlagen entwickelten in den vergangenen Jahren eine hohe Attraktivität für die andere »A«-Gruppe der Ärzte, Anwälte, Architekten und sonstigen Akademikern. Einer Interessengemeinschaft zwischen breiten Bevölkerungsschichten und marginalisierten Minderheiten in Bezug auf den sozialen Wohnungsbau entzog man damit buchstäblich den Boden. Während noch in den 1950er und 1960er Jahren etwa 80 Prozent der fertiggestellten Wohnungen staatlich gefördert wurden, orientierte sich der neu bestimmte Bedarf nur noch an wenigen, politisch kaum repräsentierten Gruppen.

Schlimmer noch: Die Vollendung dieses Richtungswechsels in Kombination mit wachsender Wohnungsnot stellt einkommensarme gegen normal und gut verdienende Haushalte, da diese ein wachsendes Interesse an einer abnehmenden Sozialbindung von Wohnungen entwickeln müssen. Ohnehin ist der soziale Wohnungsbau in Deutschland lange schon nur noch als »Förderung privater

Mietwohnungsinvestitionen mit sozialer Zwischennutzung«[54] gekennzeichnet, denn mit der öffentlichen Förderung wird lediglich eine zeitlich befristete Sozialbindung privaten Eigentums gefördert, die sich nach Ablauf der Frist ins Nichts auflöst. Deshalb ist der Wohnungsmarkt hierzulande für Investoren aller Herren Länder attraktiv. 2018 wohnten knapp 58 Prozent der Haushalte in Deutschland zur Miete.[55] Umso eher sehen sie sich gezwungen, hohe Mieten zu zahlen, je knapper das Angebot wird. Und dieses ist bei rund zwei Millionen fehlenden Wohnungen sehr knapp.

Die Renditen, die sich auf dem Wohnungsmarkt erzielen lassen, sind eindrucksvoll und wachsen mit der Nachfrage an Wohnraum in der Bevölkerung. Eine Dividende drückt das Gegenteil eines Bedarfs aus. Sie ist Ausdruck reinen Überflusses. Ihre Höhe markiert den Reingewinn, den Unternehmen an ihre Aktionäre weitergeben wollen. Eine der renditeträchtigsten Branchen ist dabei die Immobilienwirtschaft. Während das Bruttoinlandsprodukt in Deutschland im Krisenjahr 2020 um etwa 5 Prozent sank, hatte die Branche ungebrochen Konjunktur. Der Konzern Vonovia zum Beispiel gab im März 2021 bekannt, dass sein Gesamtumsatz 2020 um 6,2 Prozent auf 4,37 Milliarden Euro gestiegen sei. Mit den etwa 416 000 Wohnungen des Konzerns wurde 2020 eine Jahresrendite von 956 Millionen Euro erwirtschaftet, das entspricht über 191 Euro an Rendite pro vermieteter Wohnung und Monat.[56] Bei anderen Immobilienkonzernen sind die Gewinne kaum schlechter. Der Berliner Mieterverein veröffentlichte Berechnungen, dass die Deutsche Wohnen SE mit ihren etwa 163 000 Wohnungen ähnliche Renditen erzielt: Insgesamt betrug die Dividendenausschüttung für das Jahr 2019 über 350 Millionen Euro. Der durchschnittliche Mieter der Deutsche Wohnen zahlt für seine Wohnung jeden Monat 177 Euro allein in das Portemonnaie der Aktionäre.[57]

Dass diese Renditen nicht nur buchstäblich auf Kosten der Mietenden erwirtschaftet werden, sondern auch den maßgeblichen Anreiz für gewerbliche Unternehmen auf dem Wohnungsmarkt bilden, auch künftig am Bedarf der Bevölkerung vorbeizuplanen, liegt auf der Hand, denn – wie schon Friedrich Engels 1872 zur »Wohnungsfrage« feststellte – »unter diesen Verhältnissen wird die Bauindustrie, der teurere Wohnungen ein besseres Spekulationsfeld bieten, immer nur ausnahmsweise Arbeiterwohnungen bauen«.[58] All die viel zitierten Erzählungen, die zur Legitimation einer Wohnraumversorgung über den Markt herangezogen werden, widersprechen deshalb der Logik des Marktes selbst. Wenn einzelne Unternehmen mehrstellige Millionensummen an ihre Aktionäre ausschütten, unterliegen diese ganz offensichtlich keinerlei Einschränkungen, um Investitionen in den Wohnungsbestand zu tätigen. Sie haben unter Marktbedingungen schlicht kein Interesse zu reinvestieren. Und die vielfachen Mietsteigerungen durch Modernisierungen sind regelmäßig nicht deren Folge, sondern das Ziel. Der Stadtsoziologe Andrej Holm nennt dies eine »Ökonomie der Verdrängung«.[59] Auch dieses Beispiel zeigt: Eine Wohnungspolitik im Interesse der Bevölkerung ist eine Wohnungspolitik, die Wohnraum nicht durch, sondern notfalls auch gegen den Markt schafft. »Der Vorrang der Marktsteuerung […] hat fatale Folgen, denn in der Welt der Investoren werden Häuser für den Profit gebaut und nicht für Menschen. Doch heute braucht es Häuser für Menschen.« Dazu ist es nötig, die Ursachen der Spekulation mit Wohnraum zu beseitigen. Das geschieht heute allerdings nicht.

Die Nicht-Wohnungspolitik verändert auch das Verhältnis von Stadt und Land. Wir erleben, dass nicht nur einzelne Menschen abgehängt werden, sondern ganze Regionen. Deutschland entfernt sich immer weiter vom Postulat »gleichwertiger Lebensverhältnisse«. Es kommt zu einer folgenreichen Krise des ländlichen Raums: Während urbane Zentren zunehmend stärker wachsen und das Leben dort so teuer wird, dass Beschäftigte aus öffentlichen und sozialen Diensten es sich immer weniger leisten können, dort zu arbeiten, wo man sie braucht, vermehren sich gleichzeitig Orte, in denen sich die Immobilienpreise im freien Fall befinden. Gleichzeitig schnellen die Aufrechterhaltungskosten der Infrastruktur in die Höhe. Auch dies kam nicht von ungefähr. Ab den 1980er Jahren war »die Entmachtung kommunaler und regionaler Entscheidungszentren sowie die Marginalisierung intermediärer Assoziationen und gemeinnütziger Einrichtungen [...] die politische Voraussetzung für die Privatisierung und Auslagerung von Leistungen, da diese Leerstellen den politischen Widerstand gegen den Angriff auf die Fundamentalökonomie schwächte«.[60] Als Fundamentalökonomie werden dabei alle die Bereiche bezeichnet, die »umso mehr zum gesellschaftlichen Wohlstand beitragen, je weniger sie nach kapitalistischen Prinzipien organisiert sind und funktionieren«.[61] Der Soziologe Wolfgang Streeck spricht dabei vom »alltäglichen Kommunismus, der unserem alltäglichen Kapitalismus unterliegt und ihn überhaupt erst ermöglicht«.[62] Diese Form der Solidarität gedeiht besonders im sozialen Nahraum, in dem sich Menschen wiedererkennen, sich grüßen, Vertrauen gewinnen und Verbundenheit entwickeln.

Klaus Dörre, ebenfalls Soziologe, kritisiert deshalb, dass schon seit den 1970er Jahren »marktbegrenzende Institutionen zum Objekt einer neuen Landnahme«[63] werden. Gerade bisher nicht von Rentabilitätslogiken gesteuerte Gesellschaftsbereiche geraten dabei unter Druck. Das bezieht sich auf Grund und Boden, aber auch auf Produktions- und Lebensweisen. Im ländlichen Raum führt die neoliberale Landnahme dazu, dass »soziale Knotenpunkte«, wie **Mara Dehmer und Cornelia Harrer** in diesem Band schreiben, zunehmend verschwinden. In der Vergangenheit waren etwa Dorfgemeinschafts- oder, in Ostdeutschland, Kulturhäuser die jeweiligen Zentren der Gemeinde. Sie dienten als Versammlungsmöglichkeit für Gruppen oder Initiativen und ermöglichten Familienfeierlichkeiten, ohne teuer Räume anmieten oder Essen bestellen zu müssen. Regelmäßig wurde zusätzliche soziale Infrastruktur in der Nähe geschaffen, beispielsweise gemeinschaftlich genutzte Tiefkühlräume oder Gefrieranlagen, in denen die Familien über eigene

Fächer verfügten, um sich die Kosten einer eigenen Anschaffung zu ersparen. Waschanlagen, Näh- und Backstuben sowie Bibliotheken gehörten ebenfalls dazu. Der hessische Ministerpräsident Georg-August Zinn, der die Schaffung solcher Gemeinschaftseinrichtungen in den 1950er Jahren intensiv gefördert hatte, sprach in diesem Zusammenhang von der »sozialen Aufrüstung des Dorfes«. Spätestens seit den 1980er Jahren wurde dagegen auf breiter Front sozial abgerüstet, die lokale Infrastruktur verschlankt und damit genau die Orte reduziert, an denen sich Menschen als Bürger, nicht nur als Konsumenten begegnen konnten. Das hatte spürbare negative Effekte auf die politische und soziale Einbindung der Einzelnen in die lokale Gemeinschaft, denn Zusammenhalt (ent)steht oder fällt vor Ort. Dafür braucht es Räume, »die für die soziale Redundanz sorgen, an denen man sich immer wieder über den Weg läuft; Orte, die eben nicht ›nur‹ Nicht-Zuhause und Nicht-Arbeitsplatz sind, sondern gemeinschaftlich nutzbarer öffentlicher Raum, für alle zugängig, mit niedriger Eingangsschwelle, inkludierend statt exklusiv«.[64]

Die Pflege bietet ein weiteres Beispiel für die Konsequenzen einer Politik, die, wie zuvor beschrieben, individuelle Rechte zurücknimmt und mit vertraglich vereinbarten Verpflichtungen überschreibt. Dieser Wandel betrifft Einzelpersonen, wenn soziale Bürgerrechte, wie am Beispiel der Jobcenter ausgeführt, vom Abschluss sogenannter Eingliederungsverträge abhängig gemacht werden. Aber auch soziale Organisationen bleiben nicht verschont. Bis zum Inkrafttreten des Pflegeversicherungsgesetzes wurden ambulante und stationäre Pflegeleistungen vorwiegend durch öffentliche Träger und die gemeinnützigen Dienste der Freien Wohlfahrtspflege erbracht. Beiden Trägergruppen war das Ausschütten von privaten Renditen verboten. Das entsprach aber ohnehin nicht der Werteorientierung der Dienstleister. Der Sozialwissenschaftler Christoph Strünck, der sich insbesondere mit der Organisation des Verbraucherschutzes beschäftigt, hat die Konsequenzen der Pflegeversicherung genau analysiert: »Jahrzehntelang prägten die Wohlfahrtsverbände [...] das Prinzip einer Dienstgemeinschaft im Sinne Max Webers, in der auch die hauptamtlichen Mitarbeiter für und nicht von der Organisation lebten.«[65] Das war deshalb möglich, weil man gemeinnützigen Diensten im Gesetz einen Vorrang vor anderen Angeboten eingeräumt hatte.

Diesen Status beseitigte der Gesetzgeber über das Pflegeversicherungsgesetz mit dem Ziel, die Dienstleistungen für öffentliche Träger billiger und für gewinnorientierte Anbieter attraktiver zu machen. Erstere verloren ihre Vorrangstellung und wurden abhängig von Verträgen im Wettbewerb mit Unternehmen, die sich nicht als Dienstgemeinschaft, sondern als Renditejäger definierten. Dadurch opferte man die »lange Zeit prägende Konvergenz der Interessenlagen einer Interessen-Divergenz der verhandelnden Akteure«.[66] Die Pflegekassen unterlagen dem Druck des Bundesarbeitsministeriums und erhielten »Kontrollinstrumente wie Wirtschaftlichkeitsprüfungen, Kosten und Leistungsnachweise an die Hand [...], die sie als Mittel zur Kostendisziplinierung der Wohlfahrtsverbände und ihrer Einrichtungen einsetzen konnten«.[67] Da die Kosten der Pflege weit überwiegend Personalausgaben sind, wurde der Ausbeutung des Pflegepersonals mit der Pflegereform nicht nur Tür und Tor geöffnet, sondern auch dafür Sorge getragen, dass Unternehmen sich dem neuen Preiswettbewerb unterwerfen mussten, wollten sie nicht ohne Vertrag bleiben und damit ganz als Dienstleister vom Markt verschwinden. Die Folgen dieser Entwicklung hat **Ulrich Schneider** in diesem Band eindrücklich beschrieben.

Inzwischen wird selbst der Umweltschutz wesentlich an den Markt delegiert, obwohl dessen Versagen beim Schutz der natürlichen Lebensgrundlagen in der Vergangenheit immer stärker sichtbar wurde. Dass exponentielles Wachstum Leben und Überleben gefährden kann, ist nicht erst seit der Covid-19-Pandemie bekannt. Der bereits erwähnte Bericht des Club of Rome über die »Grenzen des Wachstums« verwies auf die Gefahren von Umweltzerstörung und Raubbau an natürlichen Ressourcen. Mit einem »weiter so« im Rahmen der bisherigen Wirtschaftsweise sei das Überleben der Menschheit nicht mehr langfristig zu gewährleisten. Dass sich dennoch nichts Grundlegendes ändert, lässt sich auf den politischen Widerstand profitorientierter Unternehmen zurückführen. Sie sind buchstäblich lebensgefährlich.

Zweifellos erschiene es den meisten Menschen absurd, ausnahmslos alle Bereiche des Gemeinwohls der unsichtbaren Hand des Markts zu überlassen. Das Mittel ist in diesen Fällen das Verbot etwa von Waffen, Drogen und anderen Dingen, die gesellschaftlichen Schaden verursachen. Anders verhält es sich mit der Verschmutzung unserer Umwelt, die durch Lizenzen explizit ermöglicht wird. Der beschönigend als »Emissionshandel« betitelte Markt soll es richten. Aber wer die Verschmutzung der Umwelt nur mit einem Preisschild versieht, legitimiert sie. Auch diese Initiative hat eine lange Vorgeschichte, denn schon während der Erarbeitung des zitierten Berichts machte der amerikanische Präsident Richard Nixon den Vorschlag, Verschmutzungsrechte zu verkaufen.[68] Dies entsprach ganz der neoliberalen Logik:

> Sollen ökologische Gegebenheiten berücksichtigt werde, müsse man sie, den Neoliberalen zufolge, in die kapitalistische Wertlogik integrieren, was voraussetzt, den Bereich des Privateigentums auf jene Gemeingüter zu erweitern, die sich ihm bislang noch entzogen haben. Das Postulat lautet, dass sobald eine Sache privatisiert wird und einen Marktwert erhält, diejenigen, die von ihr einen Nutzen haben, an ihrem Erhalt interessiert sind [...] Die Grundthese lautet, dass die kommerzielle Aneignung der Natur Voraussetzung ihres Erhalts ist. »Gemeingüter« hingegen stehen in dem Ruf, eine Tragödie zu sein.[69]

Die Industrie nutzt indes die Klimakrise, um zusätzliche Profite zu erwirtschaften, frei nach Churchill: »Never let a good crisis go to waste.« Teile des Werbebudgets werden in Projekte der Corporate Social Responsibility investiert, mit denen sich die Unternehmen als Hüter von hohen sozialen, ethischen und ökologischen Standards profilieren. Diese Strategie bietet gleich mehrfachen Nutzen, denn sie hilft ihnen, auch radikale Kritik einzuhegen, in kleinteiligen Sachdebatten verschwinden zu lassen und zusätzlich Eigenwerbung zu betreiben. Die Sprecherin von Fridays for Future, Luisa Neubauer, erhielt auf diese Weise zu Beginn des Jahres 2020 das Angebot, einen Aufsichtsratsposten in der Siemens Energy AG zu übernehmen, was sie jedoch ablehnte. Gleichzeitig versuchen die Unternehmen, die Verantwortung für ökologisches Handeln auf die Verbraucher abzuwälzen. Die Rettung des Planeten wird so zur Verantwortung des Einzelnen, zu einer Frage der individuellen Konsumpräferenzen. Diese Aufforderung findet mehr Anhänger, als man vermuten sollte, adressiert es doch nicht nur die als LOHAS (»Lifestyles of Health and Sustainability«) bezeichnete Gruppe, die einen bewussten, nachhaltigen Konsum als Lebensstil pflegen, sondern auch diejenigen, die im Zuge der neoliberalen Prägung den Appell an die Selbstverantwortung längst verinnerlicht haben. Die Grenzen der individuellen Bewältigung struktureller Fehlsteuerung liegen indes auf der Hand. Allein das Unternehmen Heidelberg Cement hat im Jahr 2018 grob 82 Millionen Tonnen CO_2 ausgestoßen.[70] Das entsprach in etwa der Summe der energiebedingten CO_2-Emissionen aller deutschen Haushalte.[71]

Etwa die gleiche Menge an Schadstoffen fiel 2020 im Zuge der Covid-19-Pandemie gesamtwirtschaftlich weg, wodurch Deutschland seine Klimaziele entgegen aller Erwartungen erreichen konnte. An dieser Stelle setzt **Dierk Hirschel** an. Sein Beitrag illustriert unter anderem, wie sehr sich der Anstieg des Individualverkehrs und der Zerfall des öffentlichen Personennah- und Fernverkehrs gegenseitig verstärken und wie die Privatisierung des Schienennetzes dazu beigetragen hat, die Attraktivität und Leistungsfähigkeit der Bahn als netzgebundene Daseinsvorsorge zu reduzieren. Am Beispiel des Autobauers Tesla, der vor den Toren Berlins ein neues Gigawerk aufbauen will, lässt sich hingegen ablesen, wie »marktwirtschaftlich« der Individualverkehr selbst funktioniert. Der Konzern des Milliardärs Elon Musk, dem aktuell reichsten Mann der Erde, geht dabei offiziell von Kosten in Höhe von 1,065 Milliarden Euro aus.[72] Die öffentliche Förderung, die Tesla dafür nach eigenen Angaben erhalten soll, beträgt passenderweise ebenfalls knapp über eine Milliarde Euro.[73] Ganz selbstverständlich wird so auch heute noch öffentliches Vermögen in privates Eigentum umgewandelt.

Dass man Elektroautos heute mit derart großem Aufwand als »grüne« Alternative für einen nachhaltigen Individualverkehr in Stellung bringt, hat mit einer Vielzahl von privaten Interessen zu tun – mit ökologischer Nachhaltigkeit und Gemeinwohlorientierung hingegen wenig. Ihre Produktion erfordert große Mengen an Lithium, Kobalt und anderen seltenen Erden. Die Akkus, die ein Elektroauto trotz noch begrenzter Reichweite benötigt, bringen bereits für sich genommen das Gewicht eines kleineren konventionellen Pkw auf die Waage. Inwieweit größere Stückzahlen tatsächlich recycelt werden können und mit welchen Herausforderungen dieser Prozess verbunden ist, bleibt abzuwarten. Gebaut wird dennoch, insbesondere dann, wenn die Investition dank öffentlicher Förderung ohne Eigenkapital für die Hersteller denkbar risikolos bleibt.

In den vergangenen Jahren hört man im Hinblick auf die nahende Klimakatastrophe immer öfter von sogenannten Kipppunkten, deren Überschreiten irreversible, potenziell katastrophale Veränderungen auslöst. Die Erderwärmung dient hierfür als Beispiel: Schreitet sie voran, tauen die gewaltigen Permafrostböden auf, in denen Milliarden von Tonnen an Kohlenstoff gebunden sind, und geben diesen frei. Die Erderwärmung beschleunigt sich dadurch wiederum, überschreitet weitere Kipppunkte und ist irgendwann nicht mehr umzukehren. Sämtliche bisher in diesem Beitrag diskutierten Bereiche des Lebens zeigen, dass es nicht nur ökologische Kipppunkte gibt, sondern auch kulturelle, soziale und politische. Wenn man am Abgrund steht, kann es kein »Weiter so!« geben.

Was verändern?

Die Krise ist das Stichwort unserer Zeit und eine Krise kommt selten allein. Meist sind wir mit mehreren Problemen gleichzeitig konfrontiert. Wir zählen Krisen des Sozialen und der Ökologie, der Wirtschaft und des Politischen, um nur vier zu nennen. Sie finden nicht nebeneinander statt, sondern hängen zusammen und verstärken sich gegenseitig. Auf den zurückliegenden Seiten wurde dargelegt, dass die Folgen neoliberalen Denkens weit über die Wirtschaftspolitik hinausreichen. Es prägt bis heute Mentalitäten, die zu einer Entsolidarisierung in der Gesellschaft beigetragen, die Organisationsfähigkeit kollektiver Interessen geschwächt und das Profitstreben rechtlich geschützt haben. Auch viele dieser Entwicklungen sind wechselseitig miteinander verbunden. Umgekehrt gilt aber gerade deshalb auch, dass die Stärkung gemeinnütziger und gemeinwohlorganisierter Institutionen auf soziale Mentalitäten zurückwirkt. Aus einer Stärkung der Ressourcen für solidarisches und nachhaltiges Wirtschaften erwachsen neue Handlungsmöglichkeiten für eine Rückeroberung des öffentlichen Raumes, die Solidarität und Zusammenhalt wieder in den Mittelpunkt rückt.

In Bereichen, in denen es um die Bereitstellung lebensnotwendiger Einrichtungen und Dienstleistungen für die Bevölkerung geht, hat Profitstreben nichts verloren. Die Gewinne werden vorwiegend zulasten der Beschäftigten erwirtschaftet. Sie gehen an private Profiteure und fehlen dadurch dem Gesundheits- und Pflegesystem. Bei gemeinnützigen Anbietern ist das anders: Wenn tatsächlich Gewinne erwirtschaftet werden, müssen diese zeitnah auch wieder in gemeinnützige Anliegen zurückfließen. Angesichts der chronischen Unterfinanzierung und wachsender Bedürfnisse in diesen Bereichen können wir uns profitorientierte Dienste nicht leisten. Der Vorrang gemeinnütziger Organisationen, muss deshalb in der Sozialgesetzgebung erneuert und in andere Bereiche übertragen werden.

Eine häufig unterschätzte Qualität gemeinnütziger Organisationen ist ihre demokratische Verfassung. Entsprechend sind sie weit überwiegend von der Rechtsform des Vereins bestimmt, häufig ergänzt durch von diesem geschaffene Zweckbetriebe. Derartige Organisationen formen im Prinzip kleine Demokratien, die praktische Mitgestaltungs- und Entscheidungsmöglichkeiten bieten, als Kristallisationskerne für soziales Engagement fungieren und das Wissen um die Selbstwirksamkeit des eigenen Tuns vermitteln. Wer in anderen Bereichen hilflos dem Markt ausgeliefert ist, findet hier eine Form der Teilhabe. Das gilt insbesondere dort, wo soziale Dienstleistungen in Koproduktion, von Mensch zu Mensch, oder, wie **René Mono und Olaf Bandt** vorschlagen, als »kollaborativer Prosum« geleistet werden. Auch sie stellen das menschliche Bedürfnis heraus, Teil einer Gemeinschaft zu sein und dadurch ebenfalls Selbstwirksamkeit zu erfahren. Eine solche Form des Wirtschaftens, welche die Trennung von Produzent und Konsument überwindet, ist auch in anderen Bereichen des Lebens möglich. **Olaf Bandt und Elisabeth Fresen** verdeutlichen am Beispiel der Solidarischen Landwirtschaft die praktische Umsetzung dieser Idee. Menschen können aktiv durch ihr Mitwirken oder passiv durch finanzielle Sicherheiten für Landwirte dazu beitragen, den schädlichen Zwang zum »Wachsen oder Weichen« auszuhebeln. Auch Genossenschaften leisten dazu einen wichtigen Beitrag. Dass diese Gemeinwohleffekte einen Eigenwert haben, der seinerseits honoriert werden muss, zeigt ihr Vorschlag einer Gemeinwohlprämie, die solidarisches und nachhaltiges Wirtschaften praktisch fördern kann.

Solches Engagement wächst nicht in allen Bereichen gleichermaßen, insbesondere nicht dort, wo ein hohes Maß an Kapital notwendig ist. Ver- und Entsorgungsunternehmen, netzgebundene Energieversorger oder der Nah- und Fernverkehr sind ihrer Natur nach keine Orte gemeinwohlorientierten privaten Engagements. Werden solche Leistungen nicht öffentlich-rechtlich oder gemeinnützig erbracht, sollten man sie an »gesellschaftliche Betriebslizenzen«[74] binden. Darin können Gemeinwohlverpflichtungen, etwa der Umgang mit Erträgen, Umweltschutzstandards und Beschäftigungsbedingungen, verbindlich formuliert sein. So wäre es möglich, dem gesamten Bereich der Daseinsvorsorge eine neue Gestalt zu geben. Ihr Wettbewerb würde ein anderer: um die Bedingungen für ein gutes Leben.

Dieses setzt jedoch auch voraus, dass sich das extreme Maß an sozialer Ungleichheit reduziert. Gleiche Gesellschaften sind nicht nur glückliche Gesellschaften, sondern auch gesündere,[75] wie **Rolf Rosenbrock** in seinem Beitrag herausstellt. Die extreme Ungleichheit in Deutschland ist nur vordergründig eine der Einkommen und Vermögen, denn aus ihr speisen sich auch regionale, soziale und politische Ungleichheiten, die sich zu drastisch unterschiedlichen Lebensverhältnissen summieren. Aus diesem Grund bedarf es hierzulande einer massiven Umverteilung, weit über den bisher diskutierten Umfang hinaus. Als die Vermögensteuer in Deutschland im Jahr 1996 zuletzt erhoben wurde, betrug das Gesamtaufkommen 9 Milliarden DM. Spricht man heute von einer Wiedererhebung der Vermögensteuer, ist von 5 bis 10, manchmal sogar 20 Milliarden Euro im Jahr die Rede. Solche Beträge ändern an der Ungleichverteilung nahezu nichts. Das Deutsche Institut für Wirtschaftsforschung geht davon aus, dass das Gesamtvermögen in Deutschland 2017 bei 7,7 Billionen Euro lag. Selbst ein Vermögensteueraufkommen von 20 Milliarden Euro würde nur rund 0,25 Prozent davon erfassen. Die Vermögen in Deutschland konzentrieren sich jedoch auf eine kleine Gruppe von Menschen. So verfügt das vermögendste Zwanzigstel der Bevölkerung allein über mehr als die Hälfte des Reichtums.[76] Dieser besteht überwiegend aus Betriebs- und Immobilienvermögen, welches deutlich höhere Wertsteigerungen aufweist, als die diskutierten Steuermodelle abschöpfen können.

Das Phänomen wachsender Ungleichheit würde allenfalls leicht gebremst und letztlich dennoch zunehmen.

Die Vermögensteuer sollte deshalb deutlich erhöht und progressiv gestaltet werden, denn höhere Vermögen erwirtschaften regelmäßig auch höhere Renditen. Bisher ist die Erbschaftssteuer in Deutschland nahezu eine Bagatelle. Auch sie müsste massiv steigen. Anita Tiefensee und Markus M. Grabka haben in einer Studie nachgewiesen, dass in den nächsten Jahren bis 2027 bis zu 400 Milliarden Euro an Erbschaften übertragen werden – jährlich![77] Eine Vermögensabgabe, die angesichts von besonderen Herausforderungen wie denen der Covid-19-Pandemie unbedingt gerechtfertigt erscheint, ist ebenfalls eine sinnvolle Maßnahme. Um die Ungleichheit aber wirklich zu verringern, muss nicht nur von den Reichen genommen, sondern auch den Armen gegeben werden, denn in der unteren Hälfte der Vermögensverteilung sind die Schulden fast so hoch wie die Vermögenswerte.[78]

Unmittelbar zur Verbesserung der Lebenssituation einkommensärmerer Gruppen würde es beitragen, wenn die Rahmenbedingungen dafür geschaffen werden, das Grundrecht auf Wohnen zu angemessenen Preisen endlich zu realisieren. Die Vergesellschaftung der Wohnungsbestände der großen Immobilienkonzerne, wie sie die Kampagne »Deutsche Wohnen enteignen« in Berlin fordert, ist ein wichtiger Baustein dazu – eine neue Bodenpolitik und die massive Förderung des gemeinnützigen Wohnungsbaus sind weitere. Auf dem Weg dahin sollten außerdem die Beteiligungs- und Entscheidungsrechte der Mieter gestärkt werden. Denkbar wäre, dem Betriebsrat nachgebildet, die Einführung von Mieterräten, die ein Vetorecht gegen Modernisierungsmaßnahmen zum Zwecke der Ertragssteigerung und umfangreiche Informationsrechte bekommen könnten.

Die sozial-ökologische Wende ist eine Überlebensfrage. Um sie zu vollziehen, muss der Ablasshandel mit Verschmutzungszertifikaten beendet werden. Staatliche Vorgaben und Verbote sowie das Steuersystem bieten hierzu genügend Instrumente. Eine klimaneutrale Mobilität wäre ein wichtiger Beitrag zum Klimaschutz. Dazu müssen ein kostenfreier ÖPNV, Carsharing und andere Verkehrsmittel zu einem umfassenden Mobilitätskonzept gebündelt werden. Dass ein kostenloser und attraktiver ÖPNV leicht zu finanzieren ist, zeigt ein aktueller Vorschlag aus Bremen.[79] Würde man die »freie Fahrt« in einem verbesserten ÖPNV in Bremen realisieren und dies über die Grundsteuer finanzieren, müsste diese pro Haushalt lediglich um 14 Euro monatlich erhöht werden.

Wie verändern?

Die Neoliberalisierung der Gesellschaft beförderte die Individualisierung, unterminierte das Vertrauen in die gemeinschaftliche Interessenvertretung und trug zu Resignation und Entpolitisierung bei. Der Soziologe Andreas Reckwitz deutet dies als »Krise des Allgemeinen« und diagnostiziert einen Wandel hin zu einer »Gesellschaft der Singularitäten«, in der nicht das Verbindende, sondern das Besondere in den Vordergrund rückt. Solche Individualisierungsprozesse durch eine »Singularisierung des Sozialen« bedeuteten allerdings »nicht das Ende, sondern den Anfang einer neuen Klassengesellschaft«.[80]

In dieser haben organisierte soziale Interessen allerdings erheblich an Schlagkraft verloren. So hat sich die Zahl der Mitglieder in den Gewerkschaften des Deutschen Gewerkschaftsbundes von 11,8 Millionen im Jahr 1991 auf 5,97 Millionen im Jahr 2018 halbiert, obwohl die Zahl der Erwerbstätigen von 38,4 Millionen im Jahr 1992 auf 44,9 Millionen im Jahr 2018 gestiegen ist. Ähnlich verlief die Entwicklung bei den Parteimitgliedern: Auch hier halbierte sich deren Zahl zwischen 1990 und 2020, von 2,4 auf 1,2 Millionen.[81] Dieser Schwund ist überwiegend selbst verschuldet, denn die Parteien haben sich ebenfalls aus der kollektiven Interessenvertretung verabschiedet. Ein besonders deutliches Beispiel dafür bietet die SPD, die gestützt auf große »Vorfeldorganisationen« einst kollektive Werte wie Solidarität und Gerechtigkeit in den Vordergrund stellte. Inzwischen sind diese Werte aus der politischen Rhetorik der gesamten Parteienlandschaft weitgehend verschwunden. Zu den Bundestagswahlen will die SPD nun für »Respekt« werben. Das ist aber lediglich eine Frage der Haltung und keine der Veränderung der sozialen Verhältnisse:

> Nicht mehr die soziale Gruppe, das Kollektiv oder die Arbeitsgemeinschaft, in der sich Menschen organisieren, bilden den Bezugspunkt der Partei, sondern allein der Einzelne. Auch wird die Mitgliederbeteiligung […] sondern als ein bloßes »Angebot« verstanden […] Wo Partizipation allerdings nur noch als individueller Akt begriffen wird […] da verschwinden in einer Partei auch die Ressourcen, das Alltagswissen und die Organisationskompetenzen.[82]

Es spricht vieles dafür, dass der durch den Neoliberalismus forcierte Perspektivenwechsel, der die gemeinsame Sache diskreditiert und den Einzelnen allein in den Mittelpunkt rückt, wesentlich mit dazu beigetragen hat, das Fundament sozialen Engagements langsam, aber stetig zu erodieren.

Wie können wir das ändern? Der amerikanische Sozialwissenschaftler Thomas Frank hat sich früh auf die Suche nach Gründen für den Wahlerfolg der Konservativen in den Vereinigten Staaten gemacht und sich die Frage gestellt, warum sich so viele Menschen gegen ihre eigenen wirtschaftlichen wie auch sozialen Interessen entscheiden und für neoliberale Positionen stimmen. Zu seinen zentralen Erklärungsfaktoren zählt die Vernachlässigung der zivilgesellschaftlichen Bewegungskultur, von »Agitation, Aufklärung und mühsamer Organisationsarbeit […] Während die Linken herumsitzen und sich gegenseitig zu ihrer persönlichen Tugendhaftigkeit gratulieren, hat die Rechte die zentrale Bedeutung des Aufbau einer Bewegung begriffen und sich mit bewundernswertem Fleiß an die Arbeit gemacht.«[83] Und sie hat sich darangemacht, Strategien und Aktionsformen sozialer Bewegungen zu kopieren oder deren Stoßrichtung zu vorherzusagen, um daraus Schwung für ihre eigenenAgenda zu generieren.

Eine Stärkung der sozialen Bewegungen beginnt vor Ort. Dort finden sich bereits viele beeindruckende Beispiele und Anknüpfungspunkte für gemeinschaftliches Engagement. Dieses sollte mit dem Ziel einer Repolitisierung des sozialen Nahraums ausgebaut werden. Radikaldemokratische Quartiers- und Nachbarschaftsarbeit, das »Community Organizing«, kann dazu einen wesentlichen Beitrag leisten. Dass die Krise des ländlichen Raumes mit einer Krise des sozialen Zusammenhalts in der Gesellschaft insgesamt einhergeht, ist kein Zufall. Wir sind lange schon Zeugen einer »Spaltung zwischen überlasteten Groß- und Weltstädten auf der einen und verödenden Dörfern und Landschaften auf der anderen Seite sowie einer kostspieligen, ineffizienten und nicht nachhaltigen räumlichen Reallokation von Ressourcen, einschließlich Arbeit und Kapital«.[84] Es ist ein Teufelskreis, der sich überwinden lässt. Die Mittel, um die Polarisierung zu durchbrechen und umzukehren, sind da. Das Rezept dafür kann jedoch nicht sein, den ländlichen Raum zu einem Freiluftmuseum seiner selbst umzubauen, als nur gelegentlich bewohnten Rückzugsort für das gut verdienende urbane Milieu mit einem Wochenendhaus:

> Wirtschaftlich und gesellschaftlich funktionsfähige örtliche Gemeinschaften mobilisieren lokale Kenntnisse, soziale Energien und politische Handlungsfähigkeiten, die in zentralisierten Märkten und politischen Systemen nur allzu oft unentdeckt bleiben. Nicht zuletzt versorgen und unterstützen sie, entsprechende Infrastrukturen vorausgesetzt, die urbanen Zentren durch laufenden Austausch und koppeln sie zu beiderseitigem Nutzen an die Gesellschaft zurück.[85]

Das ist kein Selbstläufer, dazu bedarf es der »Devolution, an Verlagerung von Kompetenzen nach unten«. Leitbild einer zivilgesellschaftlich gestalteten Dezentralisierung muss das Prinzip der Subsidiarität sein, das schon der Nestor der katholischen Soziallehre, Oskar von Nell-Breuning, zusammen mit der Solidarität zu »Baugesetzen der Gesellschaft«[86] erhoben hatte. Wie sich Subsidiarität heute ganz praktisch umsetzen lässt, machen **Mara Dehmer und Cornelia Harrer** in ihrem Beitrag deutlich. Was auch immer zivilgesellschaftliche Initiativen, die organisierte Selbsthilfe und der große Bereich der gemeinnützigen Vereine etwa in Kultur, Umweltschutz, Sozialem, Sport und Wohlfahrt vor Ort selbst gestalten können, sollte auch vorrangig von ihnen gestaltet werden. Dafür verdienen sie öffentliche Unterstützung. Allerdings sind heute vielen Städten und Gemeinden die Hände gebunden. Würden sie den selbstverwalteten Dorfladen fördern, den gewerblichen Discounter jedoch nicht, könnten sie gegen das europäische Wettbewerbs- und Beihilfenrecht verstoßen. Das müssen wir ändern. Gemeinnützige Initiativen sollten Vorrang vor gewinnorientierten Unternehmen erhalten. Das gilt gerade auf dem Land, denn an »Profit und Rentabilität ausgerichtete Konzepte [...] kommen im ländlichen Raum mancherorts an ihr trostloses Ende«, wie die beiden Autorinnen erklären. Hier Abhilfe zu schaffen und Subsidiarität sowie Solidarität vor Ort zu stärken, beflügelt die Demokratie und reduziert das Gefühl der Ohnmacht und des Ausgeliefertseins, das schon viele Menschen im ländlichen Raum dazu getrieben hat, Verfassungsfeinden von rechts ihre Stimmen zu geben.

Die Eindämmung der neoliberalen »Landnahme« und ihre Rückabwicklung können nur mit und durch die Zivilgesellschaft gelingen. Dabei geht es nicht um die Rekonstruktion einer vorgeblich goldenen Vergangenheit, sondern darum, die Bedeutung des gemeinsamen sozialen und politischen Engagements wieder in den Vordergrund zu rücken. Ebenso wie die Ökonomisierung sozialer Bereiche dazu geführt hat, die Widerstandskraft der Gesellschaft gegen ihre Vermarktlichung zu schwächen, stärkt die Schaffung von profitfreien Zonen und von Orten des gemeinschaftlichen Miteinanders die Widerstandskraft der Bürgerinnen und Bürger, fördert Zusammenhalt jenseits von Identitäten, bekräftigt das Selbstwirksamkeitsempfinden und hilft dabei, die Renditeorientierung zurückzudrängen und gesellschaftliche, ökologische und politische Grundbedürfnisse wieder zum Maß der Dinge zu machen. So kann die Abwärtsspirale durchbrochen und der Weg nach oben wieder frei werden. Dass ein solches zivilgesellschaftliches Bündnis in greifbarer Nähe liegt und die dafür notwendige fachliche Kompetenz vorhanden ist, dafür liefert dieses Buch selbst einen Beleg. Wir wissen: Es muss anders werden, damit es besser werden kann.

Die Narrative des Neoliberalismus: Von Verlockungen und Denkschwellen

Von Ulrich Schneider

Es ist der Neoliberalismus, der mit diesem Buch angeprangert wird – ein Marktradikalismus, der vor nichts Halt zu machen scheint, eine Ideologie, deren Heilsversprechen sich an der Lebenswirklichkeit brechen. Sei es in Gesundheit und Pflege, im Klima- und Umweltschutz, auf dem Wohnungsmarkt, in der Landwirtschaft oder in den Fragen des gesellschaftlichen Zusammenhalts, der Verteilungsgerechtigkeit und der sozialen Sicherheit: Das Versagen des Neoliberalismus ist auf vielen Feldern kaum noch zu kaschieren.

Interessanterweise würde eine jede Person, die man als Neoliberalen bezeichnete, diese Zuschreibung sofort weit von sich weisen. Zu negativ ist der Ausdruck mittlerweile beleumundet. Eine eigentümliche Lage: Der Neoliberalismus wird zweifellos praktiziert, wie ein Blick in Richtung Wirtschaftslobby, Ökonomie und Politik offenbart, hat einen atemberaubenden Siegeszug durch sämtliche Bereiche der Gesellschaft hinter sich, prägt wie keine andere Doktrin zuvor unser Leben weit über sein eigentliches Kerngebiet hinaus – und doch will sich keiner so recht zu ihm bekennen. Ganz im Gegenteil: Ein purer Kampfbegriff sei diese Bezeichnung, hört man kurioserweise gerade aus dem neoliberalen Lager selbst, ein Kampfbegriff linker Gleichmacher und Umverteiler, um gestandene Marktwirtschaftler mitsamt ihren Theorien zu diskreditieren.

So fürchterlich falsch ist diese Aussage nicht einmal. Auch ich halte »Neoliberalismus« durchaus für einen Kampfbegriff, genauso wie »Armut«, »Gerechtigkeit« »Gleichheit« oder »Reichtum«. Es sind allerdings die feindselige Atmosphäre und ein zunehmend unverhohlener Verteilungskampf selbst, der sie unweigerlich und ganz ohne strategisches Kalkül zu solchen werden lassen. Wo ein Kampf mit Begriffen ausgetragen wird, werden aus Begriffen zwangsläufig Kampfbegriffe. Nicht derjenige, der »Armut« oder »Neoliberalismus« in eine Auseinandersetzung hineinführt, macht sie zu Kampfbegriffen, sondern erst der, der sich angegriffen fühlt und seinerseits glaubt, in eine Schlacht ziehen zu müssen. Nur verlieren diese Bezeichnungen dadurch nichts von ihrem analytischen Gehalt.

Verwundern kann es allerdings nicht, wenn selbst Neoliberale Probleme damit haben, zu ihrer Ideologie zu stehen, oder sich durch die pure Zuschreibung bereits provoziert sehen. Zu negativ ist ihr Beigeschmack. Was heute landläufig und abseits der neoliberalen Ideengeschichte mit ihm verbunden wird, sind der unkluge Ausverkauf öffentlicher Güter und die ebenso unkluge Privatisierung öffentlicher Daseinsvorsorge von Elektrizitäts- und Wasserwerken bis hin zu Schwimmbädern, darüber hinaus profitgetriebene Gentrifizierung und Spekulationsgeschäfte mit Wohnraum, unverantwortbare »Bankgeschäfte«, ausbeuterische Beschäftigungsverhältnisse oder Profitstreben auf Kosten von Pflegebedürftigen und Patienten. Die verheerende Konnotation des Neoliberalismus ist damit alles andere als das Ergebnis linker Kampfrhetorik, sondern letztlich das Resultat seines eigenen Scheiterns.

Dabei mutet es völlig widersprüchlich an, dass ein Großteil der Bevölkerung entgegen dieses schlechten Leumunds nun schon seit Jahrzehnten eine Politik goutiert, die sich den Leitsätzen des Neoliberalismus verpflichtet sieht. Und dass sich diese breite Mehrheit damit ganz objektiv gegen ihre eigenen Interessen verhält. Der Frage, weshalb dies so ist, soll im Folgenden nachgegangen werden.[1] Wir wenden uns dafür den Kernthesen des modernen Neoliberalismus zu sowie den vom ihm aufgestellten Regeln und Verheißungen, müssen uns aber vor allem mit seinen Verlockungen, seiner Sprache und seiner Aggressivität auseinandersetzen.

Wirtschaft gut, alles gut – Fiktion und Scheitern

Die Grundarchitektur neoliberaler Wirtschaftspolitik ist ziemlich schlicht: Geringe Staatsausgaben und Steuern sind gut, hohe Staatsausgaben – vor allem für Soziales – und Steuern sind schlecht, wenn nicht gar fatal. Außerdem gelten nicht-marktkonforme Auflagen vom Kündigungsschutz über Abgasnormen bis hin zu Mietpreisvorgaben oder dem Tierschutz als grundsätzlich zu vermeiden. Ein guter Staat habe sich zurückzuhalten und so gut wie alles zu unterlassen, was die Gewinnerwartungen der Wirtschaft schmälern könnte. Unzureichende Renditeaussichten bei den Unternehmen führten nämlich zur Investitionszurückhaltung und damit zu gedrosselter Wirtschaftsleistung mit all ihren Konsequenzen, wie steigenden Arbeitslosenzahlen oder Steuerausfällen. Schlimmstenfalls komme eine Abwärtsspirale bis hin zur Rezession als Folge »falscher Wirtschaftspolitik« in Gang.

Die neoliberale Zauberformel ist genauso schlicht: Geht es den Unternehmen gut, geht es allen gut. Dann wird investiert, Arbeitsplätze entstehen, die Steuereinnahmen sprudeln und selbst für den Sozialstaat oder den Kulturbetrieb fällt dann noch etwas ab. Den Unternehmen wiederum geht es dann gut, wenn die Profitmarge stimmt. Deshalb müssten alle, selbst die Ärmsten, ein ganz natürliches Interesse an hohen Unternehmensgewinnen haben. Lohnzurückhaltung und Sozialabbau seien deshalb meist nur vordergründig gegen die Interessen von Arbeitnehmern und Menschen, die Transferleistungen beziehen, gerichtet. Letztlich geschieht dies auch zu ihrem Vorteil.

Bereits seit den 1980er Jahren ist in der Bundesrepublik eine immer deutlichere Hinwendung der jeweiligen Regierungen zu einer solchen angebotsorientierten Wirtschaftspolitik zu beobachten.[2] Die rot-grüne Koalition unter Bundeskanzler Gerhard Schröder machte sie schließlich zu ihrem Markenzeichen. Massive Steuersenkungen vor allem für Großkonzerne gingen nach der Jahrtausendwende einher mit dem Abbau von Restriktionen in der Leiharbeit, bei befristeten Beschäftigungsverhältnissen oder Minijobs. Nicht zuletzt wurden die sozialen Sicherungssysteme kräftig geschliffen, indem man den Leistungskatalog der gesetzlichen Krankenversicherung eingeschränkte und sogar das »heilige Prinzip« der Paritätischen Finanzierung – wonach Arbeitgeber und Arbeitnehmer sich die Kassenbeiträge teilen – zugunsten der Arbeitgeberseite kippte.

In der gesetzlichen Rentenversicherung verabschiedete man sich vom Prinzip der Lebensstandardsicherung, wonach die Rente nach einem langen Arbeitsleben wenigstens annähernd den Lebensstandard gewährleisten sollte. Stattdessen wurde auf Drängen der Arbeitgeber und ihrer Ökonomen »Beitragsstabilität« zur neuen rentenpolitischen Richtschnur erhoben – und das Rentenniveau auf Talfahrt geschickt. Mit der Arbeitslosenhilfe schnitt man gleich einen ganzen Zweig der sozialen Sicherung ohne Umschweife ab. Stattdessen kam Hartz IV und mit ihm die Abschaffung jeglicher Zumutbarkeitsklauseln in der Arbeitsvermittlung, was zusammen mit einem harten Sanktionsapparat den Ausbau eines breiten Niedriglohnsektors befördern sollte. Tatsächlich würde ihm alsbald rund jeder vierte Beschäftigte angehören. Es war die Amerikanisierung des Arbeitsmarktes.

Die Einkommensungleichheit in Deutschland nahm rapide zu.[3] Am unteren Ende der Wohlfahrtsskala wuchs die Zahl der Armen – zuletzt über 13 Millionen Menschen – fast kontinuierlich.[4] Gleichzeitig spitzte sich die Konzentration des Privatvermögens auf Reiche und Superreiche zu. Während die reichsten 10 Prozent in Deutschland zwei Drittel des gesamten Vermögens besitzen, leben die untersten 40 Prozent praktisch von der Hand in den Mund, haben kaum Erspartes oder sogar Schulden.[5] Jeder zehnte Erwachsene ist mittlerweile nicht nur verschuldet, sondern überschuldet, was wiederum bedeutet, dass es für ihn auf absehbare Zeit keine Perspektive gibt, seinen Zahlungsverpflichtungen nachzukommen.[6]

Die sogenannte Sparpolitik in den öffentlichen Haushalten bescherte schließlich allein den Kommunen einen Investitionsstau von aktuell 147 Milliarden Euro, die in Bildung, Infrastruktur und Kultur fehlen.[7] Hinzu kommen fehlende Pflegekräfte und personell ausgedünnte Kitas, Feuerwehr- und Polizeiwachen. Die Corona-Krise legte schlagartig offen, wie schwach ausgestattet Schulen, Kindergärten, Pflegeheime und Krankenhäuser mittlerweile sind. Allen wurde plötzlich klar, was es eigentlich bedeutet, wenn 120 000 Pflegekräfte in den Pflegeheimen und 80 000 in Krankenhäusern fehlen oder 100 000 Erzieherinnen und Erzieher in den Kindergärten. War Personal in Sozialeinrichtungen vormals nach Möglichkeit knapp zu halten, um die Wirtschaft nicht zu belasten, setzte sich nun überall die Erkenntnis durch, dass dieses Personal systemrelevant ist. Auch die dürftige Entlohnung von Verkäuferinnen und anderen, die man für eine kurze Zeit als Helden dieser Krise feierte, wurde nun als ungerecht empfunden, ohne dass sich freilich daran etwas geändert hätte. Gleichzeitig stieß auf, dass die Zahl der Millionäre in Deutschland während der Corona-Pandemie auf 2,2 Millionen stieg[8] und die 119 Milliardäre in Deutschland ihr Vermögen von 501 auf 595 Milliarden US-Dollar steigern konnten.[9]

Der neoliberale Status quo sah ursprünglich vor, dass wir unseren Kindern einen denkbar niedrigen öffentlichen Schuldenstand und ausgeglichene Haushalte hinterlassen, zugleich aber auch heruntergekommene Schulen, geschlossene Schwimmbäder, Jugendzentren und Bibliotheken, einen gewaltigen öffentlichen Investitionsstau und eine geteilte Gesellschaft. Nach Corona und ohne politische Korrekturen könnte es sein, dass wir ihnen die gleichen Altlasten hinterlassen – allerdings mit gehörigen Schulden und unausgeglichenen Haushalten.

Diese ausgesprochen fragile Situation wird durchaus wahrgenommen. Die Mehrheit der Bevölkerung ist der Ansicht, dass es in Deutschland alles andere als gerecht zugeht.[10] Abstiegsängste greifen um sich wie auch die Befürchtung, dass es im Alter später mal nicht reichen wird.[11]

Wie also kann es sein, dass der Neoliberalismus trotz der tiefen sozialen Spaltung, die er bewirkt, trotz all den infrastrukturellen Flurschäden, die er anrichtet, und trotz den zahllosen Ungerechtigkeiten, die er hervorbringt, fast unangefochten die Politik eines demokratischen Systems wie das der Bundesrepublik beherrscht? Was macht seine Attraktivität selbst für diejenigen aus, die alles andere als profitieren von einem unterfinanzierten Sozialstaat, von Steuererleichterungen und Aktiengewinnen? Warum lehnen sich nicht einmal seine ganz offensichtlichen Opfer wie Leiharbeiter, Niedriglöhner, Hartz-IV-Bezieher oder Wohnungslose gegen ihn auf – und sei es auch nur am Wahlsonntag? Eine Antwort finden wir in den Bildern, den Narrativen und der Sprache des Neoliberalismus.

Universalität

Der moderne Neoliberalismus und seine Protagonisten kennen keinerlei Selbstbeschränkung.[12] Trotz allen Glaubens an die Überlegenheit des freien Marktes wurde die liberale Wirtschaftswissenschaft lange von der Einsicht getragen, dass der Markt nicht alles regeln kann. Man akzeptierte, dass der Staat und weite Teile dieser Gesellschaft durchaus anderen Regeln als denen der Marktökonomie unterliegen. Und mehr noch: Der von Konkurrenzen geprägte Markt sei auf einen völlig anders funktionierenden Gegenpol geradezu angewiesen, soll er nicht als »soziales Sprengmittel wirken« und entarten, wie es der Ökonom und Sozialphilosoph Wilhelm Röpke 1950 formulierte.[13]

Dabei handelte es sich um eine Grundüberzeugung der Verfechter einer sozialen Marktwirtschaft. Diese Selbstbescheidung fand jedoch spätestens mit dem Chicagoer Ökonomen und späteren Nobelpreisträger Gary Becker ihr Ende. Bereits in den 1960er Jahren legte er den Grundstein für die Betrachtung des Menschen als volkswirtschaftliches Kapital – sogenanntes Humankapital. Seit den 1970er Jahren beanspruchten er und seine Anhänger dann marktökonomische Erklärungshoheit für so gut wie alle Aspekte menschlichen Zusammenlebens, von der Wahl des Ehepartners über Ernährungsstile bis hin zu Phänomenen wie der Rassendiskriminierung.[14] Der Neoliberalismus reklamierte für sich sukzessive eine Art Allzuständigkeit und bot dafür ein geschlossenes Gesellschafts- und sogar Menschenbild. Jegliches kollektive Verhalten und sämtliche individuellen Entscheidungen resultierten aus einem im Kern rationalen Kosten-Nutzen-Vergleich. Der Mensch sei im Grunde ein Verwalter seines Humanvermögens, seiner Fähigkeiten und Aktiva. Entsprechend obliege es seiner jeweils eigenen Verantwortung, wie er damit umgehe.[15] Die Verheißung: Wenn nur alle nach den Regeln des Marktes spielten, könnten sich dessen Kräfte entfalten und für eine inhärente Ordnung sorgen, die Freiheit und Wohlstand für alle garantiert.

Wettbewerb

Nach den Regeln spielen heißt, Wettbewerb nicht nur zuzulassen, sondern ihn zu suchen, sich ihm zu stellen und ihn als Ordnungsprinzip anzuerkennen. Wettbewerb ist nach neoliberaler Auffassung an sich und immer gut. Er sorgt für die Auslese der Besten und dafür, dass die Schlechten ausscheiden. Marktkonkurrenz gewährleistet, dass ein jeder bekommt, was er braucht, und zwar zu den denkbar tiefsten Preisen. Sie steht für ständige Innovation, für permanenten Fortschritt und für Effizienz. Kurzum: Sie soll für Gerechtigkeit sorgen, für die angemessene Verteilung von Privilegien und Sanktionen. Im ständigen Wettbewerb bekommen alle das, was sie verdienen, ganz nach den vermeintlich objektiven Kriterien des Erfolgs gegenüber der Konkurrenz und der eigenen Leistung. Was gerecht ist, bestimmt faktisch der Markt. Wo die unsichtbar ordnende Hand des Wettbewerbs nicht walten kann, erlahmen Entwicklungen, kommen die Untüchtigen zum Zuge, werden Mittel verschwendet und gehen Volkswirtschaften und Gesellschaften auf Dauer zugrunde.

Die kalten Schattenseiten des Wettbewerbs sind hingegen Egoismus, Scheitern und Ausschluss. Diese werden von seinen Vertretern auch überhaupt nicht geleugnet. Ganz im Gegenteil: Der maximale Eigennutz ist nach neoliberaler Lesart Antrieb und Ziel zugleich. Nur wenn ein jeder sich um seinen eigenen Vorteil bemüht, könne der Markt seine »segensreichen« Kräfte entfalten: »faire« Preise, gute Versorgung, engagierte Teilnehmer, Wohlstand für alle. Altruismus und Mitleid haben auf dem Markt überhaupt nichts zu suchen. Sie würden lediglich falsche Anreize und Signale setzen. Die neoliberale Betrachtungsweise läuft damit auf eine Art Generalabsolution für jegliche Form von Egozentrik, Eigensucht oder Gier hinaus. Sie ist die Befreiung der Marktteilnehmer von ihren humanistischen Fesseln und dem Einfluss ihres Gewissens im täglichen Kampf gegeneinander.

Anders als die ordoliberalen Verfechter sozialer Marktwirtschaft (die sich nach dem Zweiten Weltkrieg um den Ökonomen Walter Eucken als Freiburger Schule formierten und nach ihrer Zeitschrift »Ordo« benannt wurden) stellt der Neoliberalismus das Wettbewerbsprinzip ganz bewusst nicht neben, sondern gegen kollektive Formen des Miteinanders. Er sucht sozusagen einen Verlierer im Wettbewerb der Systeme: Kollektive Sicherung wie eine gesetzliche Arbeitslosen- oder Rentenversicherung stehen in krassem Widerspruch zur neoliberalen Idee der immer nur individuellen und privaten Vorsorge. Es müsse dem Einzelnen überlassen bleiben, ob und wie er für die Wechselfälle des Lebens vorsorgen möchte. Institutionen wie die Sozialversicherung unterminierten jedoch das Selbsthilfepotential der Menschen und dämpften Anstrengungen des Einzelnen zur Vermeidung künftiger Notsituationen. Bürger würden tendenziell entmündigt und dazu verleitet, sich von Transferleistungen abhängig zu machen.[16]

Den empirischen Nachweis der Überlegenheit des Wettbewerbs über das Miteinander muss der Neoliberalismus schuldig bleiben. Niemand kann beispielsweise eindeutig herleiten, ob und, falls ja, welchen Anteil die Einführung von Hartz IV 2005 an der wirtschaftlichen Prosperität in Deutschland hatte, wohl aber lässt sich wissenschaftlich nachweisen, wie viele Menschen diese Regelung in die Armut gestürzt hat. Doch ist dem Neoliberalismus aus dieser empirischen Leerstelle nicht einmal ein Vorwurf zu machen, kommt es doch letzten Endes immer darauf an, woran man die Überlegenheit eines Systems festmachen will. Ob es in einer ökonomischen Betrachtung lediglich um wirtschaftliche Effizienz geht oder ob auch Lebensqualität mit in die Betrachtung einbezogen wird – bis hin zum Schicksal der jeweils Unterlegenen, das dann unter Umständen plötzlich doch eine Rolle spielt.

Wettbewerb klingt zunächst harmlos. Doch muss man sich darüber im Klaren sein, dass Wett*bewerb* immer auch Wett*kampf* ist – Rivalität und Gegeneinander aus Prinzip. Oder in den Worten des südafrikanischen Literaturnobelpreisträgers J.M. Coetzee aus seinem *Tagebuch eines schlimmen Jahres*:

> Konkurrenz ist eine Sublimierung von Krieg. Man kann versuchen, ihn humanitär zu zähmen, doch läuft er immer auf Gewinner und Verlierer hinaus, und wo es eng wird, auf Verdränger und Verdrängte. Wettbewerb ist immer das Gegenteil von Miteinander. Als Ordnungsprinzipien sind das wettbewerbliche Gegeneinander und das solidarische Miteinander unversöhnbar. Wettbewerb und Solidarität sind Gegensätze, schließen sich aus.[17]

Es gibt also Anlass genug, sich äußerst kritisch mit dem neoliberalen Wettbewerbsdogma auseinanderzusetzen. Unbestritten brauchen wir den Vergleich und die permanente Verbesserung, die mit ihm einhergeht. Wir müssen Fehlentwicklungen erkennen und vermeiden können. Das alles leistet der Wettbewerb – allerdings oftmals verbunden mit erheblichen Kollateralschäden und großem Leid. Der umstrittene Anspruch des Neoliberalismus liegt in seiner Behauptung, dass ausschließlich der Wettbewerb – und nichts anderes – Auslese und Fortschritt sicherstelle. Dem gegenüber steht die wohl unkontroverse Tatsache, dass sich das Wettbewerbsprinzip selbst in Frage stellt, wenn die Kollateralschäden zu groß werden und der propagierte freie Markt seine Grundfunktion nicht mehr erfüllt, nämlich die Versorgung aller Mitglieder einer Gesellschaft mit allen benötigten Gütern und Dienstleistungen sowie die Sicherung gesellschaftlicher Teilhabe. Hier hat der Wettbewerb als fast universelles Prinzip derzeit offensichtlich ein massives Legitimationsproblem.

Auch dürfte unbestritten sein, dass es Bereiche gibt, auf denen eigeninteressiertes Vorteilsdenken, Konkurrenz und Profitstreben inhärent kontraproduktiv sind. In weiten Feldern der Gesellschaft – beispielhaft seien Bildung und Soziales genannt – brauchen wir keinen Wettkampf isolierter Konkurrenten, sondern ein vernetztes Miteinander und Zusammenarbeit zum gemeinsamen Wohl. Wir mussten in Gesundheit und Pflege gerade während der aktuellen Corona-Krise schmerzlich erfahren, was es heißt, solche Felder für Profitinteressen und Preiswettbewerb zu öffnen, und was passiert, wenn der Bedarf hinter Gewinnerwartungen und den Anforderungen einer umfassenden Sparpolitik zurücksteht. Es ist höchste Zeit, die sehr grundsätzliche Frage neu zu stellen, welche Güter und Dienstleistungen wir tatsächlich noch in Konkurrenz über einen Markt organisieren und welche wir nicht wettbewerblich, sondern im kollektiven und solidarischen Miteinander zur Verfügung stellen sollten. Um noch einmal mit Coetzee zu sprechen: »Wenn wir Konkurrenz wollen, können wir uns für Konkurrenz entscheiden; oder aber wir können den Weg der kameradschaftlichen Zusammenarbeit einschlagen.«[18] Denn:

> Gott hat bestimmt nicht den Markt erschaffen – Gott oder der Geist der Geschichte. Und wenn wir Menschen ihn geschaffen haben, können wir ihn dann nicht abschaffen, oder ihm eine freundlichere Gestalt geben? Warum muss die Welt ein Gladiatoren-Amphitheater mit dem Motto »Töte oder Du wirst getötet« sein und nicht lieber ein, sagen wir, geschäftig zusammenarbeitender Bienenstock oder Ameisenhaufen?[19]

Homo oeconomicus

Die Antwort der Neoliberalen auf Coetzees Frage wäre: Weil der Mensch für altruistische Hingabe und selbstvergessene Kooperation einfach nicht geschaffen ist. Er sucht stets seinen Vorteil. Nicht den Vorteil eines Teams oder gar der Allgemeinheit, sondern seinen eigenen. Wenn es dazu von Nutzen ist zu kooperieren, soll auch dies sein, aber letztlich geht es ihm immer nur um sich. Der so geschaffene *Homo oeconomicus* der neoliberalen Theorie wird konsequenterweise als ein »zufälliges Bündel«[20] an Selbstinvestitionen in Form von Qualifikationen und persönlichem Vermögen gesehen und handelt immer rational und informiert. Ständig wägt er Kosten und Nutzen ab, ständig tauscht er, ständig trifft er Entscheidungen. Er ist der permanente Kunde, der permanente Unternehmer und Kapitalist in einem Wesen.

Ursprünglich war und ist der *Homo oeconomicus* eigentlich nur eine Fiktion, eine konstruierte Vorstellung vom Menschen zum Zwecke der Forschung, ein Modell für ökonomische Berechnungen.[21] Dazu musste man das zugrundeliegende Menschenbild notwendigerweise auf einige wenige Verhaltensmuster reduzieren und insgesamt stark vereinfachen. Der *Homo oeconomicus* ist damit lediglich ein »Was-wäre-wenn«, ein heuristisches Laborwesen, von der komplexen Lebenswirklichkeit und der komplizierten menschlichen Psyche weit entfernt.

Wir wissen sehr gut, wie weit es mit unseren rationalen Abwägungen und Entscheidungen außerhalb des Labors wirklich her ist. In der Psychologie und Anthropologie finden wir mehr als genug Arbeiten darüber, wie unreflektiert und irrational unsere »Entscheidungen« häufig ausfallen. Nicht selten tun wir so, als hätten wir eine Handlung kühl abgewogen, obwohl ihr tatsächlich kein einziger rationaler Gedanke vorranging. Die meisten von uns stehen jeden Morgen auf und gehen zur Arbeit – ohne täglich aufs Neue die Vor- und Nachteile abzuwägen und die Alternativen zu berücksichtigen. Wir leben in Gewohnheiten, die wir häufig auch dann noch beibehalten, wenn sie alles andere als vorteilhaft für uns sind. Unser Entscheidungsspektrum, unsere Handlungsalternativen und Wahlmöglichkeiten sind in aller Regel ziemlich begrenzt. Nicht alles, was denkbar wäre, wird auch gedacht, und nicht alles was gedacht wird, wird rational gewogen. Ganz im Gegenteil. Vieles lässt unsere Psyche gar nicht zu, wird weggedrängt oder emotional blockiert. Der Mensch ist nicht rational, sondern menschlich und damit ziemlich komplex. Ob wir gerade erschöpft sind oder Schmerz empfinden, beeinflusst unsere Entscheidungen ebenso wie unser Hormonhaushalt, unsere Sexualität, und Gefühle wie Glück oder Trauer.

Die Fiktion des *Homo oeconomicus* kann immer nur erklären, wie der Mensch handeln würde, wenn er ein ökonomisch abwägendes und in seinen Entscheidungen rationales und freies Wesen wäre. Er lebt im Konjunktiv. Und selbst wenn es sich beim Menschen tatsächlich um ein nur auf seinen Vorteil bedachtes Wesen handelte, wäre er dennoch zu kompliziert, um hinreichend präzise vorhersagen zu können, was er als seinen Vorteil empfindet.

Gleichwohl dient er der neoliberalen Politik als quasi-anthropologische Grundlage. Wann immer etwa über die Erhöhung sozialer

Transferleistungen diskutiert wird, melden sich irgendwelche neoliberale Ökonomen – meist mahnend – zu Wort.[22] Was passiert, wenn Familien 20 Euro mehr Kindergeld bekommen? Lässt die Erwerbsneigung nach? Was bewirken verlängerte Bezugszeiten beim Arbeitslosengeld für ältere Arbeitnehmer? Halten diese sie etwa vom Arbeitsmarkt fern? Welche schädlichen Nebenwirkungen könnten bessere Leistungen für Hartz-IV-Bezieher noch haben?

Die Misanthropie hinter den Hartz-IV-Gesetzen ist im Grunde nichts anderes als die konsequente Orientierung am Modell des doch sehr restringierten *Homo oeconomicus*. Der stets auf seinen Vorteil bedachte Mensch, so die Grundannahme, wird eigene Anstrengung und Mühsal meiden, wenn er auch ohne diese sein Auskommen bestreiten kann. Deshalb dürfen gemäß dieser Logik Hartz-IV-Sätze auch niemals mehr als Armutssätze sein. Das Leben mit der Grundsicherung muss wehtun. Andernfalls gehen Eigenantriebe verloren und der Mensch richtet sich in diesem vorteilhaften, weil mühelosen Dasein ein. Selbst wenn der *Homo oeconomicus* es daher gelegentlich doch als vorteilhafter empfinden sollte, einer Erwerbsarbeit nachzugehen, anstatt Hartz IV zu beziehen, wird er naturgemäß unzumutbare oder als unzumutbar empfundene Arbeiten meiden. Für Neoliberale lag es daher auf der Hand, mit der Einführung von Hartz IV jegliche Arbeit für zumutbar zu erklären und gleichzeitig ein umfassendes Sanktions- und Überwachungssystem aufzubauen, das Ausweichreaktionen verhindern und ahnden soll.

Ungleichheit

Die Härten von Hartz IV für immerhin rund sechs Millionen Menschen, aber auch die Armut von einer Million Seniorinnen und Senioren sowie Erwerbsgeminderten in der Grundsicherung, die in ähnlich prekären Verhältnissen leben müssen, sind für Neoliberale nicht etwa ein betrüblicher Nebeneffekt. Wirtschaftliche Ungleichheit bis hin zur Armut – Neoliberale sprechen lieber von »Niedrigeinkommen« – sind für sie vielmehr eine »notwendige und funktionale Eigenschaft ihres idealen Marktsystems«.[23] Erst die materiellen Differenzen,, die unterschiedliche Anstrengungs- und Leistungsniveaus symbolisieren, sorgen dafür, dass sich Menschen anstrengen. Ungleichheit sei der gesellschaftliche Motor allen Fortschritts: Reichtum motiviere und sporne an, Armut dagegen schrecke ab, schütze das Individuum vor Faulheit und die gesamte Gesellschaft vor Taugenichtsen, die nur auf ihre Kosten leben wollen.

Getragen vom Menschenbild des *Homo oeconomicus* hat die Ungleichheit – zumindest in kapitalistischen Gesellschaften – auch so gut wie keine moralische Komponente. Die jeweils gegebene Situation eines Menschen ist schlicht das Resultat seiner eigenverantwortlichen, mündigen Entscheidungen. Dem einen sei Freizeit wichtiger als Luxus, der anderen Freundschaft wichtiger als Macht. Ein Dritter tausche Liebe gegen materiellen Wohlstand ein, wie es der frühere Präsident des Instituts für Weltwirtschaft und der neoliberalen Mont Pèlerin Society Anfang der 1990er so freundlich umschrieb. Man vertritt das Prinzip des »Non-Tuismus«, also des genauen Gegenteils von Altruismus: Nichts wird verschenkt. Keiner soll sich auf dem Markt als Anwalt des anderen fühlen. Freundschaftliche Zuwendung ist völlig fehl am (Markt-)Platz.[24]

Der Vorwurf der Gleichmacherei kommt damit aus neoliberalem Mund geradezu einem Vorwurf der Gesellschaftszersetzung gleich, der Zerstörung unseres sozialen und wirtschaftlichen Fundamentes schlechthin. Denn Ungleichheit ist das notwendige Pendant zum ständigen Wettbewerb der Mitglieder einer freien Marktgesellschaft. Würde und Menschenrechte sind für Neoliberale daher auch immer nur absolute Mindeststandards. Wie viel Geld muss diese Gesellschaft einem Arbeitslosen oder Asylbewerber zukommen lassen, um seiner Menschenwürde gerade noch gerecht zu werden? Wie viel Wohnraum? Welche medizinische Versorgung? Neoliberalen

Denkmustern folgend gibt es so etwas wie eine »Mindestwürde«, die zumindest aus Imagegründen gewahrt werden muss. Der Gedanke, dass allen Menschen in einer Gesellschaft eine egalitäre Form von Würde zukommen sollte, die materielle Privilegien hinterfragt und nach mehr Gleichheit streben lässt, ist hingegen fehl am Platz.[25] Es verhält sich ähnlich wie mit der Frage nach der Gerechtigkeit: Gerecht ist nur der Markt.

Schmeicheleien und Umerziehung

Wettbewerb, Non-Tuismus, der Mensch als *Homo oeconomicus*, notwendige Ungleichheit: Dem Neoliberalismus gelang es außerordentlich gut, seine Kerndogmen an Mann und Frau zu bringen, indem er sie in ausschließlich positive Narrative und Fiktionen verpackte.

Der *Homo oeconomicus* hat ja, gefällig erzählt, durchaus schmeichelhafte Seiten, die ihn zu einem attraktiven Angebot der Selbstdefinition machen können. Immerhin wird ein Selbstbild des mündigen Entscheiders angeboten, der stets die Wahl zwischen Alternativen hat und dessen Leben voller Chancen ist. In jedem, so die Botschaft, steckt ein Sieger. Er muss nur den Wettbewerb suchen und darf kein Risiko scheuen. Unabhängig vom Realitätsgehalt dieser Aussage klingt sie zunächst einmal recht attraktiv und niemand von uns ist dagegen gefeit, sich schmeichelhaften oder hoffnungsvollen Lügen hinzugeben. Der Neoliberalismus kam nicht mehr als trockene Wirtschaftstheorie, sondern als Lifestyle-Angebot daher: Hineintauchen in die Welt des hippen Wettbewerbs und des ruppigen Gegeneinanders, die Hingabe an das Risiko, das Markenzeichen des erfolgreichen Unternehmers, als neue Lebensform und -haltung.[26] Das wirtschaftliche Selbst gerät zum Synonym für den freien Menschen, dem die Welt offensteht – wenn er in seiner Mündigkeit nur die richtigen Entscheidungen trifft. Solidarisches Miteinander wird dagegen zur Fessel, mache unfrei und behäbig und sei letztlich doch nur etwas für die Schwachen. Sich freischwimmen in der klassenlosen Konkurrenzgesellschaft, in der jedem alles offensteht, lautet die verheißungsvolle Aufforderung. Die maximale Individualisierung wird eins gesetzt mit einem Maximum an erreichbarer Freiheit.

Der Markt sah sich überschwemmt mit Ratgeberliteratur, in der die Menschen nachlesen konnten, wie sie als *Homo oeconomicus* und »unternehmerisches Selbst« zu ticken haben und wie auch sie zu Siegertypen werden können. Motivations- und Mentaltrainer zogen durch die Lande und verkauften ihre einschlägigen Erfolgsseminare.

Doch handelte es sich dabei nicht nur eine mentale, sondern auch eine moralische und ethische Umerziehung.[27] Die ausschließliche Fokussierung auf den eigenen Vorteil war überhaupt nicht mehr peinlich. »Eure Armut kotzt mich an« fand sich plötzlich auf Stoßstangen und mit »Geiz ist geil« konnte man werben. Der Mensch wurde endlich mit seinen negativen Seiten versöhnt. Zugleich machte man ihm große Verheißungen, was wiederum seiner Neigung entgegenkam, sich selbst dann gern Dinge versprechen zu lassen, wenn sie noch so unrealistisch sein mögen, nur um an bessere Zeiten glauben zu können.

Ratgeber, Erfolgscoaches, Seminare und Trainings repräsentierten eine zwar bezeichnende, aber letztlich nur kleine Facette eines komplexen Lifestyle-Umerziehungsprogramms. Seinen durchschlagenden Erfolg verdankte es vielmehr breit aufgestellten Propagandaversuchen, vor denen es kein Entrinnen gab. Arbeitgeber, Metall- und Elektroindustrie schufen mit der »Initiative neue soziale Marktwirtschaft« (INSM) ihren eigenen Lobbyapparat, den sie mit einem Millionenbudget ausstatteten.[28] Vom arbeitgebernahen Institut der Deutschen Wirtschaft in Köln ließ man sich wissenschaftlich aufmunitionieren. Über sogenannte Medienpartnerschaften, etwa mit *Focus-Money*, der *FAZ*, der *Zeit*, der *Frankfurter Rundschau* oder der *Welt*, suchte man breite Öffentlichkeit. 2005 wurde bekannt, dass sich die INSM sogar mit Geld Einfluss auf die Drehbücher einer Vorabendserie in der ARD verschaffte, um in den Dialogen neoliberale Ansichten unterzubringen.[29]

Doch auch sonst lief es für die Neoliberalen sehr gut.[30] Es fand kaum noch eine öffentliche Diskussion statt, in der man nicht ihre Ökonomen zu Rate zog. In sämtlichen Talkshows, fast egal zu welchem Thema, tauchten sie nach dem Mauerfall auf, anmoderiert als Sachwalter unbestechlicher Neutralität und interessenfreier Vernunft, selbst dann, wenn sie offensichtlich auf der Gehaltsliste der Finanzindustrie standen.[31]

Den Börsengang der Telekom nahm man zum Anlass, mit einem ungeheuren Marketingaufwand am besten gleich ein ganzes Volk von Sparern in risikobereite Aktionäre zu verwandeln. Die T-Aktie wurde zur »Volksaktie« stilisiert. Der populäre und als volksnah geltende Schauspieler Manfred Krug sollte als Werbeikone sein Publikum aufs Parkett locken.[32] Die TV-Nachrichten erklärten uns fortan jeden Abend, wie es um Dow Jones und DAX bestellt ist. Bücher von Börsengurus fanden sich auf den Bestsellertischen der Bahnhofsbuchhandlungen.

Die ebenfalls in eine Aktiengesellschaft überführte Bundesbahn startete eine immense Imagekampagne, die, ganz dem neoliberalen Zeitgeist folgend, den »Kunden« quasi zur Krönung der Schöpfung machte, selbst im Bahnabteil. Als die Helden dieser neuen Gesellschaft wurden nun Konzernmanager ausgerufen, von der Deutschen Bank über die Automobilindustrie bis hin zum Bayern-Chef Uli Höhnes, der sich, dem neuen Zeitgeist geschuldet, in einem »Beraterkreis« von Finanzminister Steinbrück wiederfand. Im Privatfernsehen begannen sich Schlüsselloch-Dokus über Hartz-IV-Bezieher zu etablieren, genauso wie Spielshows, in denen wirtschaftlich gescheiterte Existenzen noch einmal »eine Chance bekommen« sollten. Auch das gehörte zum neuen neoliberalen Lifestyle: sich an den Opfern des Versagens zu ergötzen – völlig unhinterfragt, weil ja alles seine (wettbewerbliche) Ordnung hat.[33]

Der Neoliberalismus begann sich in unseren Alltag und unserer Alltagskultur einzunisten. Selbst im Fußball war die Zeit des »11 Freunde müsst Ihr sein« endgültig vorbei. Und er nahm Besitz von einem unserer wichtigsten Kulturgüter – unserer Sprache. Vormals »übte man einen Beruf aus«, was etwas mit Berufung und Ethos zu tun hatte. Nun »machte« man »seinen Job«, genau wie man nun »sein Geld«, das man zuvor noch »verdient« hatte, ebenfalls »machte« – am besten an der Börse, unverdient. Ging es vormals um Sinn und Zweck von etwas, stand nun dessen »Mehrwert« (der ihm den Sinn erst verleiht) im Mittelpunkt. Der Neoliberalismus beherrscht den suggestiven Umgang mit Sprache perfekt. »Anspruchsdenken«, »Wohlfühlgesellschaft«, »Rentenlast«, »schlanker Staat«, »sozial Schwache« oder »Vollkaskomentalität« sind nur einige seiner raffinierten Wortkreationen, mit denen er Diskussionen beherrscht und die Richtung vorgibt.[34] Beschäftige werden nicht entlassen, sondern »freigesetzt«, Arbeitsplätze werden nicht abgebaut, sie »gehen verloren«. Firmen gehen nicht bankrott, sondern »vom Markt«. Arbeitgeber, die nach Marktlage anheuern und entlassen, haben »atmende Unternehmen«.

Ausgrenzung und Abschottung

Doch ist es nicht nur dieser Schönsprech. Umdeutungen fanden auch in anderer Richtung statt. Alte Tugenden wurden, wenn sie den neoliberalen Dogmen und Interessen zuwiderliefen, gerne auch umdefiniert und ins Gegenteil verkehrt: Wem die Nöte von Menschen am Herzen lagen, wer Empathie zeigte, wer Einzelschicksale bei all den Umwälzungen dieser Gesellschaft nicht aus dem Blick verlieren wollte oder wer einfach gütig war, der sah sich plötzlich als hoffnungsloser »Gutmensch« der Lächerlichkeit preisgegeben – nette Leute, aber leider völlig aus der Zeit gefallen und nicht mehr brauchbar. Wer sich reflektiert zeigte, seine eigenen Gedanken machte und Kritik äußerte, der wurde zum nervigen »Bedenkenträger«. Nachdenklichkeit bekam eine deutlich negative, ja fast destruktive Note, wurde gleichgesetzt mit Nörgelei und der Verbreitung schlechter Stimmung auf der großen Party des marktwirtschaftlichen Auf- und Durchbruchs. Menschen, die moralisch argumentierten, wurden zu Moralisten, Idealisten zu Ideologen.

Sein sprachliches »Meisterstück«, wenn man so möchte, lieferte der Neoliberalismus zur Gerechtigkeitsdebatte ab. »Sozialneid« war der neue Kampfbegriff, der immer dort zum Einsatz kam, wo Ungerechtigkeit und Privilegien angeprangert wurden. In aller Regel folgte auf eine solche Beschimpfung nicht einmal mehr eine Begründung. Die war auch nicht nötig. Neid klingt per se nach Missgunst, und der Neider ist per se unsympathisch. Deshalb will auch keiner als solcher geoutet werden. Neider, so suggeriert das Wort, sind immer die Unterlegenen, die Taugenichtse, die es zu nichts gebracht haben. Sie sind neidisch, nicht auf die Privilegien, die ein anderer genießt, sondern in Wirklichkeit auf dessen Leistung. Es war ein genialer rhetorischer Streich. Mit dem Sozialneidvorwurf gelang es längere Zeit tatsächlich, viele Menschen einzuschüchtern oder sogar mundtot zu machen, die eigentlich nur Gerechtigkeit verlangten. Zahllose politische Fernsehdebatten belegen den Erfolg dieser Strategie. Es funktionierte. Kaum jemand wollte sich dem Vorwurf des Neides aussetzen.

Die Verbrämung Andersdenkender als Ideologen, Gutmenschen, Bedenkenträger, Fantasten, Moralisten oder Sozialneider zeigte Wirkung. Die Begriffe gingen unreflektiert in den allgemeinen Sprachgebrauch und damit in unser Denken ein. Wer das schafft, hat im Kampf um den Zeitgeist eigentlich gewonnen. Worte prägen über kurz oder lang unser Denken. Sie erweitern oder verengen unseren Reflexionsraum und sind eng mit Assoziationen und Gefühlen verbunden – oder auch nicht. Der englische Schriftsteller George Orwell hat uns bereits in seinem Roman *1984* den subtilen Zusammenhang von Sprache, Denken und Manipulation nahegebracht. Die sozialpsychologische Wirkung von sprachlicher Beeinflussung ist fast nicht zu überschätzen, wie uns auch der jüdische Philologe Victor Klemperer in seinem 1947 erschienenen Buch *LTI. Notizbuch eines Philologen,* eindringlich klarmacht: »Sprache dichtet und denkt nicht nur für mich, sie lenkt auch mein Gefühl, sie steuert mein ganzes seelisches Wesen, je selbstverständlicher, je unbewusster ich mich ihr überlasse.«[35]

Die Anpassung der Sprache an das neoliberale Normgerüst hatte in erheblichem Maße und sehr bewusst diskreditierenden Charakter. Hinter Begrifflichkeiten wie »Sozialneider« oder »Gutmensch« stand unübersehbar die Absicht, den Andersdenkenden zu verunglimpfen und damit einer Diskussion in der Sache nicht nur auszuweichen, sondern sie von vorneherein zu verhindern, indem man das Gegenüber bereits terminologisch als schlicht nicht »satisfaktionsfähig« darstellte. Es ist die Sprache der Ausgrenzung, die bewusst keinen Diskurs auf Augenhöhe zulassen will. Der eigene Standpunkt wird nicht mehr begründet und muss in dieser Rhetorik auch nicht mehr begründet werden. Er markiert die Grenzen des Spielfeldes, auf dem die Auseinandersetzung stattzufinden hat. Wer grundsätzlich anderer Ansicht ist, muss vom Platz und scheidet aus.

Es war kein Geringerer als Bundeskanzler Gerhard Schröder, der diese neoliberal-totalitäre Denkstruktur geradezu zum Programm erhob: »Es gibt keine linke oder rechte Wirtschaftspolitik mehr, sondern nur noch eine richtige oder falsche«, dieser Schlüsselsatz, im Jahr 1998 verkündet, gilt in diesem Zusammenhang als Axiom.[36] Er wirkt beim ersten Lesen harmlos, wenn nicht sogar ansprechend, weil pragmatisch und dezidiert unideologisch, ganz und einzig am Wohle des Landes orientiert. Tatsächlich bedeutet dieser Satz jedoch die Beendigung eines demokratischen Diskurses und einer inhaltlichen Auseinandersetzung um gesellschaftspolitische Visionen und Ziele. Es ist die grundsätzliche Verneinung jeglicher gesellschaftlichen Interessenwidersprüche. Die Botschaft war unüberhörbar: »Vergesst alles an weltverbesserischen und linken Flausen. Das

Einzige, was ab jetzt noch zählt, ist der volkswirtschaftliche Erfolg. Alles andere sollten wir ihm unterordnen. Klassengegensätze und -kämpfe waren gestern. Das Heute fordert wirtschaftspolitische Geschmeidigkeit.«

Was Rot-Grün dann umsetzte, war nichts Anderes als neoliberale Angebotspolitik. Die Wettbewerbsfähigkeit deutscher Unternehmen wurde zur Staatsräson. Das neoliberale Argument, wonach sich Interessengegensätze bei rationaler ökonomischer Betrachtung ohnehin im gemeinsamen Trachten nach größtmöglicher Rendite deutscher Unternehmen weitestgehend auflösen müssten, fand in Schröders »radikalem Pragmatismus«,[37] wie er es selbst nannte, die perfekte politische Vermarktung. Eine neue Dichotomie wurde eröffnet: Sachlichkeit versus Unsachlichkeit. Als sachlich galten alle, die sich den vermeintlich objektiven ökonomischen Gesetzmäßigkeiten und den Herausforderungen globaler Konkurrenz stellten, als unsachlich hingegen all jene, die Politik nach wie vor in Traditionen verhaftet sahen, als ein Ringen um gesellschaftliche Leitbilder und Visionen, als wertorientiert oder sogar -gebunden.

Von dieser neuen Sachlichkeit war es nur ein kleiner Schritt zum gern bemühten »Sachzwang« und von diesem wiederum nur ein weiterer kleiner Schritt zur »Alternativlosigkeit«. Die Einführung dieses 2010 zum Unwort des Jahres gekürten Ausdrucks in die politische Auseinandersetzung wird gern Angela Merkel zugeschrieben. Tatsächlich war es Gerhard Schröder, der die rhetorische Figur schon bei der Durchsetzung seiner Agenda-Politik stark strapazierte. Er begann, den Neoliberalismus als ein mental totalitäres System zu präsentieren: Wer pragmatisch ist und sachlich, werde auch die Sachzwänge akzeptieren, und wer die Sachzwänge akzeptiere, werde anerkennen müssen, dass die jeweilige politische Entscheidung alternativlos ist. Wer das nicht tue, argumentiere offensichtlich nicht mehr rational, sondern irrational, in altmodischen Lagern und Ideologien verstrickt. Mainstream-Kritiker brandmarkte man konsequenterweise als Ideologen, wobei der Ideologiebegriff, passend zum neuen Pragmatismus, einen merklich negativen Bedeutungswandel erfuhr. Bezeichnete er ursprünglich noch eine Weltanschauung, eine theoretische Erklärung dieser Gesellschaft, erhielt der Begriff in der anklagenden Konnotation mehr und mehr die Zuschreibung, abgehoben, dogmatisch, realitätsfern oder auch manipulativ zu sein. Der Ideologe in neuer Bedeutung war jemand, der sich nicht den Menschen oder seinem Land, sondern allein seinen – meist linken – Ideen verpflichtet fühlt. Seine politischen Ansichten sind damit grundsätzlich gefährlich. Das Gegenüber ist bei solcher Logik nicht mehr anderer, aber respektabler Ansicht, sondern befindet sich bereits außerhalb des akzeptierten Diskursrahmens. Eine echte Richtungs- und Wertediskussion wird damit gleichsam diffamiert, bevor sie überhaupt beginnen könnte.

Die Sachzwangrhetorik ist im Grunde zutiefst opportunistisch und entlarvt sich schnell als argumentativ zirkulär. Denn sie setzt bereits die Annahme voraus, bestimmte Rahmenbedingungen seien mehr oder weniger unabänderlich: Verteilungsstrukturen etwa zwischen Unternehmern und Arbeitern, das Primat des Profits als Leitschnur politischen Handelns, Eigentums- und Vermögensverhältnisse, Macht- und Einflussstrukturen zwischen Wirtschaft und Politik. Das Gegebene als gegeben zu akzeptieren, ist Voraussetzung und Effekt dieses kunstvoll vorgetragenen Zirkelschlusses zugleich. Es kommt jedoch sehr darauf an, ihn »selbstverständlich« genug vorzutragen – dann wird auch jeder Gedanke an substantielle Veränderung sogleich ins Reich des Absurden verbannt. Mit Floskeln wie »Wir sind hier doch nicht bei ›Wünsch Dir was‹« oder »Das ist doch Wolkenkuckucksheim« speist man diejenigen ab, die ernsthaft gegen den neoliberalen Mainstream aufbegehren und beispielsweise mehr Ausgaben für Bildung, Kindergeld, Pflege oder Sozialhilfe einfordern. Der Aufwand, ernsthaft und respektvoll zu argumentieren, entfällt. Man hat es über die Jahre tatsächlich geschafft, die angebliche Nicht-Finanzierbarkeit eines funktionierenden Sozialstaates von der These zum Axiom zu erheben, zur grundlegenden, nicht mehr überprüfbaren und auch nicht mehr überprüfenswerten Grundannahme politischen Denkens und Handelns. Diskussionen werden abgewürgt, bevor sie überhaupt begonnen haben – ganz so als hätte man in Frage gestellt, dass eins und eins gleich zwei seien. Bezeichnenderweise muss derjenige, der den neoliberalen Mainstream vertritt, seine Behauptung trotz oder vielleicht wegen ihrer Rigorosität nie untermauern. Die Beweislast liegt immer bei dem, der die Doktrin ablehnt.

Der Neoliberalismus hat es in den öffentlichen Meinungsschlachten mittels Penetranz, ständiger Wiederholung und Aggressivität geschafft, seine Lehrsätze auf den Status »fragloser Plausibilitäten« zu erheben, wie es der Soziologe Ulrich Bröckling nennt: Seine Thesen und Behauptungen geraten zu Urteilen *a priori*, die in unseren Köpfen nicht mehr überprüft werden.[38] Es sind Wirklichkeitskonstrukte, derer wir uns in unseren Denkprozessen bemächtigen, ihrerseits aber selbst keinerlei Reflexion erfahren. Dass Ungleichheit gut sein soll, dass es eine Gesellschaft ohne Armut niemals geben kann, dass Wettbewerb und Konkurrenz immer gut und notwendig sind, dass der Mensch von Natur aus auf seinen Vorteil bedacht ist, dass der Staat schlanker sein muss und selbst die Daseinsvorsorge besser dem Unternehmertum überlässt und dass der freie Markt ein geradezu alternativloses System des Wirtschaftens und des Zusammenlebens darstellt – solche und andere Setzungen werden als gegebene Wahrheiten betrachtet. Wenn annähernd die gesamte einschlägige Professorenschaft sie lehrt und in Talkshows verkündet, wenn Kommentatoren sie in unseren Leitmedien als Messlatte ihrer täglich publizierten Urteile heranziehen, die Politik ihnen folgt und nur ausgesprochene Minderheiten sich zu anderen Auffassungen bekennen, ist es bald nicht mehr möglich, Meinung von Wirklichkeit zu unterscheiden. Der Mainstream wird so allgegenwärtig, beherrschend und mitreißend, dass sich seine Thesen wie Tatsachen anzufühlen beginnen. Dann sind sie im wahrsten Sinne des Wortes »selbstverständlich« geworden, zu selbstevidenten Voraussetzungen und Ausgangspunkten unseres Denkens. Der polnisch-britische Philosoph Zygmunt Bauman hat sich sehr intensiv mit der Frage auseinandergesetzt, wie es eigentlich kommt, dass Menschen im Neoliberalismus zu derartigen unhinterfragten Gewissheiten gelangen. Es sind nach seiner Beobachtung »Gegebenheiten«, in die wir hineinwachsen und »in denen Habgier und Korruption, Konkurrenz und Egoismus überall und bei jedem walten«. Die Macht und Beständigkeit dieser Maximen erlerne man schnell. Den allermeisten bleibe kaum etwas Anderes übrig, als sich ihnen anzupassen. Es seien »Gepflogenheiten«, die, so Bauman, »bewusst oder unbewusst, absichtlich oder zufällig auf monotone Weise eine Welt reproduzieren, in der jeder gegen jeden Krieg führt«. Darin liege auch der Grund, »weshalb wir allzu oft jene (erfundenen, etablierten oder imaginierten) Gegebenheiten, die sich durch unser Zutun täglich erneuern, fälschlicherweise für die ›Natur der Dinge‹ halten, welche sich jeglicher menschlicher Einflussnahme entziehen«.[39]

Der vielfach ausgezeichnete Philosoph hatte im Verlauf seines ereignisreichen Lebens die Menschen in ganz unterschiedlichen Staats- und Wirtschaftssystemen erlebt und wusste:

> Ein »durchschnittlicher Mensch« glaubt Zeit seines Lebens, dass Notwendigkeit die Welt regiert und nicht irgendwelche abstrakten Wertvorstellungen. Er oder sie glaubt unbeirrt das, wofür der »durchschnittliche Mensch« zugegebenermaßen reichlich vernünftige Gründe hat: was sein muss, muss sein. Punktum. Wir neigen (zu Recht) dazu zu denken, dass das die Welt ist, in der wir leben müssen. Und wir folgern (zu Unrecht), dass es zu dieser Art von Welt keine Alternative gibt und auch keine Alternative geben kann.[40]

Diffamierungs- und Sachzwangsrhetorik, das Einziehen neoliberaler Setzungen in Sprache und Kultur lassen eine Art unbewusster Denkschwellen an den Rändern des auf diese Weise geprägten Glaubenssystems entstehen. Und bei wem das nicht der Fall ist, wer den Setzungen nicht glauben will, wer skeptisch bleibt, wird zumindest eingeschüchtert. Wer will sich schon am Arbeitsplatz oder im Sportverein als Ideologe, Gutmensch oder sogar als Linker outen?

Der Mensch hat prinzipiell die Wahl. Theoretisch ist niemand gezwungen, den Gegebenheiten zu folgen oder sie zu reproduzieren. Doch benennt Zygmunt Bauman auch den Preis der Wahl:

> Weigern sich die Wählenden zu tun, wozu sie gedrängt werden, so müssen sie dafür in der kostbaren Währung von sozialer Anerkennung, Status und Prestige bezahlen. Umgekehrt wird für die treue Gefolgschaft in genau dieser Währung ausgezahlt. In unserer Gesellschaft sind die Kosten so gestaltet, dass Widerstand gegen Ungleichheit und die damit einhergehenden (öffentlichen und privaten) Konsequenzen äußerst weitreichend sind. Die Chance, dass man sich dagegen auflehnt, ist daher sehr viel geringer als die Entscheidung für eine der Alternativen: gelassene, gleichgültige Unterwerfung oder bereitwillige Kooperation. Und die Würfel, die wir als Bewohner der kapitalistischen, individualisierten Konsumgesellschaft immer wieder in (beinahe) allen Lebenslagen werfen müssen, fallen zumeist zugunsten jener, die von Ungleichheit profitieren beziehungsweise hoffen, davon zu profitieren.[41]

Der Weg zu einer Überwindung neoliberalistischer Verwerfungen in unserer Gesellschaft heißt damit einmal mehr Aufklärung und Ermutigung. Wenn wir mehr Solidarität und Miteinander statt Wettbewerb und Konkurrenz haben wollen, mehr Kollektivismus statt Egozentrik, mehr Orientierung am Bedarf statt am Profit, und wieder eine Bürger- statt einer Konzerngesellschaft sein wollen, dann können wir das nur erreichen, wenn die ideologischen Bilder und Narrative des Neoliberalismus ihre Selbstverständlichkeit verlieren, wenn die Denkschwellen in den Köpfen der Menschen überwunden werden und sich der Blick wieder unverstellt klärt für echte Alternativen zu einer derart unsozialen Wirtschaftsform. Und wenn man es schafft, die Menschen zu ermutigen, Diskreditierungen nicht einfach hinzunehmen, sondern die Diskussion an Ort und Stelle auszutragen, auch wenn die wiederholte Auseinandersetzung mit naturgesetzhaft gehandelten Meinungen endlos mühselig erscheint, dann lässt sich echter Wandel verwirklichen. Beides, Aufklärung und (Selbst-)Ermutigung, werden im Miteinander gelingen.

Neues Wohnen braucht das Land: Über die Notwendigkeit einer neuen Wohnungsgemeinnützigkeit

Von Melanie Weber-Moritz

In Deutschland fehlen derzeit rund zwei Millionen Wohnungen. Parallel stagniert der Neubau und schafft keine Entlastung für die extrem angespannten städtischen Märkte. Die circa 30 000 Wohnungen, die jährlich auf diese Weise hinzukommen, decken die wachsende Nachfrage in vielen Ballungsräumen, Groß- und Universitätsstädten bei Weitem nicht ab und der Mangel an angemessenem und bezahlbarem Wohnraum hat längst auch die Mittelschicht erreicht. Das selbstgesteckte Ziel der Bundesregierung, 1,5 Millionen Wohnungen bis 2021 zu bauen, wurde weit verfehlt. So errichtete man statt der benötigten 375 000 Wohnungen im Jahr 2018 nur 285 000, im Jahr 2019 lediglich 293 000. Demgegenüber explodierte der sogenannte Bauüberhang, der das Verhältnis zwischen genehmigten und noch nicht fertiggestellten Wohnungen bezeichnet. Er liegt bei rund 770 000 Wohnungen und erreichte 2019 damit den höchsten Stand seit 1998.

Von den knapp 300 000 neu gebauten Wohnungen sind weniger als ein Drittel klassische Mietwohnungen und weniger als ein Zehntel bezahlbare Sozialwohnungen. Die ohnehin angespannte Situation wird zudem durch die in den vergangenen Jahren enorm gestiegenen Baulandpreise verschärft: Allein in den sieben größten deutschen Städten sind diese zwischen 2010 und 2018 um 175 Prozent gestiegen. Als Folge erhöhen sich die Mieten bei Wiedervermietung massiv, in manchen Städten um bis zu 10 Prozent jährlich.

Auch bei bestehenden Verhältnissen macht sich die Marktanspannung bemerkbar, und selbst während der Corona-Pandemie ziehen die Preise weiter an.[1, 2, 3]

Da Mieterhöhungsspielräume ausgereizt werden und überteuerte Modernisierungen um sich greifen, wächst die Verunsicherung der betroffenen Haushalte erheblich. Die Wohnkostenbelastung steigt zudem immer weiter,[4] während die Anzahl der Wohnungen im mittleren und niedrigen Preissegment rapide sinkt. Für einkommensschwächere Haushalte, aber auch für solche mit mittlerem Einkommen oder mit besonderen Marktzugangsschwierigkeiten, gestaltet es sich extrem schwierig, eine passende Wohnung zu erhalten. Prekäre Mietverhältnisse, zum Beispiel durch Überbelegung, nehmen zu.[5]

Die Mieten in Deutschland stiegen auch im Krisenjahr 2020 ungebremst, trotz Corona-Pandemie, Wirtschaftsabschwung und Kurzarbeit. Erneut erhöhten sich die Angebotsmieten im ersten Halbjahr 2020 in drei Viertel der Großstädte.[6] Laut Wohngeld- und Mietenbericht der Bundesregierung liegt die individuelle Wohnkostenbelastung – also der Anteil des monatlichen Einkommens, der für die Miete aufgewandt werden muss – bei fast 30 Prozent im bundesweiten Durchschnitt, bei einkommensarmen Haushalten mit einem Einkommen unter 1 300 Euro sogar bei fast 50 Prozent.[7] Zeitgleich existieren in Deutschland derzeit nur noch rund 1,1 Millionen geförderte Wohnungen mit Mietpreisbindungen, der Bedarf liegt laut Pestel-Institut dagegen bei 6,3 Millionen.[8] Dennoch geht der Bestand aufgrund unzureichenden Neubaus bei zeitgleichem Auslaufen der Preisbindung kontinuierlich um rund 45 000 Wohnungen pro Jahr zurück. 2019 wurden nur 25 565 Sozialwohnungen gefördert, das sind 5,5 Prozent weniger als im Vorjahr.

Angesichts der dramatischen Lage sind nachhaltige Reformen, die hinreichend bezahlbaren Wohnraum schaffen und langfristig erhalten, dringend geboten. Offensichtlich greifen die bestehenden Maßnahmen und Instrumente in unzureichendem Maße, um die steigende Nachfrage nach bezahlbarem Wohnraum zu decken. Die Neuauflage eines gemeinnützigen Wohnungssektors ist deshalb notwendig. Durch die Abschaffung der Wohnungsgemeinnützigkeit, den weitgehenden Rückzug des Bundes und der Länder aus der Förderung des Neubaus von Sozialwohnungen, den Verlust von Mietpreis- und Belegungsbindungen durch eine verfehlte Förderungsstruktur und den Verkauf von Werkswohnungen sowie Wohnungsunternehmen der öffentlichen Hand sind seit Ende der 1980er Jahre etwa vier Millionen bezahlbare Wohnungen aus gesetzlichen, vertraglichen oder sonstigen Bindungen gefallen.

Bestand Sozialmietwohnungen in Deutschland

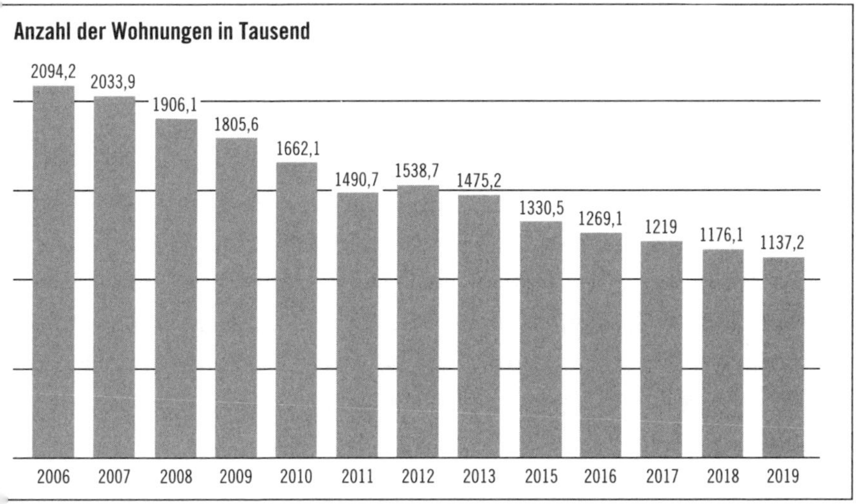

(Quelle: Statista, Bestand der Sozialmietwohnungen in Deutschland in den Jahren von 2006 bis 2019)

Durch das Auslaufen der Sozial- und Preisbindungen gingen dem Wohnungsmarkt in den vergangenen 30 Jahren rund 2,5 Millionen Sozialwohnungen verloren. Die wenigen preisgebundenen Wohnungen, deren Bestand sich weiterhin zusehends verringert – von den rund 3,3 Millionen gemeinnützigen Wohnungen in den 1980er Jahren gibt es nur noch rund 1,14 Millionen Sozialmietwohnungen[9] –, bilden heute den Grundstock für eine überwiegend rendite- und finanzmarktorientierte Immobilienwirtschaft. Als fataler Fehler ist aus heutiger Sicht besonders der Verkauf großer kommunaler Wohnungsbestände herauszugreifen, die ursprünglich in der Regel mit öffentlichen Mitteln gefördert und dann, um leere Kassen zu füllen, mitunter zum »Schnäppchenpreis« an börsennotierte Unternehmen wie Vonovia oder Deutsche Wohnen verkauft wurden.[10]

Zudem sieht die Zukunftsperspektive düster aus. Denn aufgrund der Struktur der bisherigen sozialen Wohnraumförderung und des sehr niedrigen Zinsniveaus verringert sich der Bestand sozialgebundener und damit bezahlbarer Wohnungen weiter. Auch wegen vorzeitiger Rückzahlung von Krediten fallen bundesweit etwa 80 000 Wohnungen pro Jahr aus der Förderung heraus. Zwar werden sozialgebundene Wohnungen neu gebaut, doch dieser Zustrom reicht bei Weitem nicht aus, den weiteren Schwund zu stoppen, geschweige denn das Defizit auszugleichen, sodass der Bestand an Sozialwohnungen kontinuierlich um rund 45 000 Wohnungen pro Jahr zurückgeht. Durchschnittlich wurden in den Jahren 2017 bis 2019 jährlich nur etwa 26 300 statt der benötigten 80 000 Sozialmietwohnungen neu gebaut und statt der benötigten 60 000 bezahlbaren Wohnungseinheiten pro Jahr entstanden in Deutschland weniger als 3 000. Darüber hinaus sicherte man nur rund 1 700 Wohnungen über den Ankauf von Belegungsrechten als Sozialmietwohnungen.[11]

Anstatt die Fördermittel massiv zu erhöhen, um den Abwärtstrend zu stoppen, hat die Bundesregierung für die Jahre 2020 bis 2024 die Mittel für sozialen Wohnungsbau pro Jahr um 500 Millionen auf eine Milliarde gekürzt. Im Übrigen sind auch die neuen Bindungen nur zeitlich befristet, oft sogar deutlich kürzer als im älteren Sozialwohnungsbestand. Die Wohnungspolitik in Bund, Ländern und Kommunen hat diese Entwicklung begünstigt und eine Gegensteuerung nur zaghaft in die Wege geleitet. Deshalb ist angesichts der dramatischen Wohnungsnot in den Städten und Ballungszentren die aktuell wieder aufkommende Debatte über die Wiedereinführung eines gemeinnützigen Wohnungsmarktsegments mit unternehmensbezogener Bauförderung und unbefristeten Bindungen von zentraler Bedeutung. Der Bedarf ist enorm: Um dem weiter sinkenden Bestand an Sozialwohnungen effektiv entgegenzuwirken, muss dieser bis zum Jahr 2030 auf mindestens zwei Millionen aufgestockt werden. Dazu sind sowohl Maßnahmen im Bestand als auch beim Neubau notwendig: Zum einen müssen pro Jahr 80 000 neue Sozialwohnungen gebaut, zum anderen für 75 000 bestehende Wohnungen Preis- und Sozialbindungen geschaffen werden. Darüber hinaus sollten 60 000 preisgünstige Wohnungen pro Jahr in nachgefragten Gebieten entstehen.[12] Dies gelingt nur mit ausreichender staatlicher Förderung, unter anderem Steuererleichterungen, bei gleichzeitiger Festlegung von Mietobergrenzen.

Ein gemeinwohlorientiertes Wohnungsmarktsegment, mit anderen Worten eine Neue Wohnungsgemeinnützigkeit (NWG), bietet eine mögliche Antwort auf die Frage, wie langfristig mehr bezahlbarer Wohnraum vor allem für einkommensschwache, aber auch für Mieterhaushalte mit mittleren Einkommen entstehen kann.

Die gemeinnützige Wohnungswirtschaft

Eine zentrale Säule der Baupolitik in der alten Bundesrepublik bestand in der gemeinnützigen Wohnungswirtschaft. Sowohl die kommunalen und staatlichen Baugesellschaften als auch die gewerkschaftlichen Unternehmen sowie die meisten Genossenschaften waren gemeinnützig. Bis in die 1980er Jahre hinein gab es rund 1 800 Unternehmen, die sich diesem Segment zuordnen ließen. Von 1949 bis 1989 bauten sie insgesamt 4,8 Millionen Wohnungen in der Bundesrepublik, rund ein Viertel des gesamten Neubauvolumens. Das erklärte Ziel war damals, breiten Schichten der Bevölkerung zu bezahlbarem Wohnraum zu verhelfen. Gemeinnützige Wohnungsunternehmen gibt es fast in allen europäischen Ländern. In Österreich und Frankreich gehört mehr als ein Drittel der Mietwohnungen zum gemeinnützigen Sektor, in Dänemark sind es fast die Hälfte und in den Niederlanden sogar annähernd drei Viertel. Eine Herausforderung beim sozialen Wohnungsbau war und ist zu verhindern, dass Brennpunkte entstehen, ähnlich der Banlieues in Frankreich. Die Entwicklung der Wohnungsgemeinnützigkeit lässt sich in Kürze anhand folgender Eckdaten darstellen:

- Mitte des 19. Jahrhunderts wurden die ersten Baugesellschaften und -genossenschaften gegründet.
- 1899 gab es 384 gemeinnützige Wohnungsunternehmen in Deutschland, darunter 289 Genossenschaften.
- 1930 wurde mit der Gemeinnützigkeitsverordnung eine einheitliche Rechtsgrundlage geschaffen, der im Jahr 1940 das Wohnungsgemeinnützigkeitsgesetz (WGG) folgte.
- 1982 begann der Neue-Heimat-Skandal, der 1986 mit der Auflösung des Gewerkschaftsunternehmens endete.[13]
- 1985 erschien ein Gutachten des Bundesfinanzministers Stoltenberg, das zur Abschaffung der Wohnungsgemeinnützigkeit 1989 führte.[14]

Gegen diese Maßnahme leisteten unter anderem Mieterverbände, Gewerkschaften und der Städtetag Widerstand. Auch stellte sich der gewünschte Spareffekt nicht ein, im Gegenteil, in den Folgejahren wurden der Wohnungswirtschaft deutlich höhere Steuervergünstigungen gewährt, allerdings in Form der Eigentumsförderung. Hinzu kommt, dass der Staat seitdem erheblich mehr Geld für die Subjektförderung, also vor allem für Wohngeldzahlungen und ab den Hartz-Reformen 2005 die »Kosten der Unterkunft«, ausgeben muss, aktuell über 15 Milliarden Euro jährlich. Und dies nicht zu dem Zweck, bezahlbaren Wohnraum zu schaffen, sondern lediglich, um die Mieten auf ein bezahlbares Maß zu reduzieren. Nicht zuletzt hat die Abschaffung der Wohnungsgemeinnützigkeit wesentlich zu einer massiven Steigerung der Bestandsmieten beigetragen. Viele der ehemals gemeinnützigen Wohnungsunternehmen wurden an deutsche und internationale Finanzinvestoren verkauft, die heute zu großen börsennotierten Konzernen verschmolzen sind.[15]

Die Alternative Subjektförderung kommt durch Wohngeld und Kosten der Unterkunft mit jährlichen Ausgaben von 17,5 Milliarden Euro an ihre wohnungspolitischen und sozialen Grenzen.[16] Die Zahl der Wohngeldempfänger sinkt seit Jahren und die Mietenstufen bilden die realen Kosten der Empfänger nur unzureichend ab. Zugleich steigt die Zahl der Wohnungslosen kontinuierlich, zuletzt auf die Rekordzahl von 678 000 Menschen. Als Hauptgrund nennt die Bundesarbeitsgemeinschaft Wohnungslosenhilfe (BAG) das unzureichende Angebot an bezahlbarem Wohnraum und die Schrumpfung des Sozialwohnungsbestandes.[17] Die Bundesregierung hat bisher noch keinen überzeugenden Maßnahmenplan vorgelegt, wie sich dieses soziale Dilemma auflösen oder zumindest lindern lässt. Der jährliche Neubau von rund 300 000 Wohnungen führt zu großen Teilen am eigentlichen Bedarf vorbei, da selbst die mittleren Einkommensschichten häufig außerstande sind, die Mieten für Neubauwohnungen in den meisten Städten zu bezahlen.[18]

Es liegt auf der Hand, dass – soll eine Renaissance der Wohnungsgemeinnützigkeit gelingen – die Fehler der Vergangenheit nicht wiederholt werden dürfen und eine ausreichende externe Kontrolle ebenso wie regelmäßige Evaluationen und Berichtspflichten maßgebliche Bestandteile einer Neuen Wohnungsgemeinnützigkeit sein müssen.

Leitbild und Grundsätze

Aktuell ist es das erhebliche Defizit an Wohnungen in den Ballungsräumen, Groß- und Universitätsstädten, das die Debatte um den notwendigen Anschub im Wohnungsbau in den Fokus rückt. Dabei muss allerdings die Dimension der Bezahlbarkeit gleichermaßen in den Blick genommen werden. Es sind deshalb staatliche Förderinstrumente notwendig, um preiswerten Wohnungsbestand zu schaffen oder zu erhalten und dauerhaft für diejenigen Haushalte zur Vermietung anzubieten, die besondere Schwierigkeiten auf dem Wohnungsmarkt haben.

Die 1990 aufgehobene Wohnungsgemeinnützigkeit sicherte bis dahin bei circa 3,3 Millionen Wohnungen in der alten Bundesrepublik eng festgeschriebene Mietpreisbegrenzungen gegen Steuervorteile für die zugehörigen Unternehmen. Im Gegensatz zur befristeten Objektförderung des Sozialen Wohnungsbaus gab es hier einen umfangreichen Wohnungsbestand, der auf einer als Dauerregelung konzipierten Unternehmensbindung beruhte. Hierdurch unterlagen auch die freifinanzierten Altbestände der Genossenschaften, der kommunalen Wohnungsunternehmen und erheblicher Teile des Werkwohnungsbaus einer Mietpreisbindung. 1989 konnten die damaligen politischen Mehrheiten die Abschaffung des WGG vorrangig mit dem Argument durchsetzen, dass »die Wohnungsfrage gelöst« sei. Diese wie auch viele andere Entscheidungen in diesem Bereich beruhen auf einem grundsätzlichen Irrtum. Die Geschichte hat gezeigt, dass infolge massiver Wanderungsbewegungen in bestimmten Regionen immer wieder eine erhöhte Nachfrage nach preiswertem Wohnraum entsteht. Hinzu kommt, dass Immobilienvermögen und Wohnkosten zentrale Indikatoren für soziale Disparitäten geworden sind.

Die Schlüsselfragen für eine aktuell erforderliche soziale Wohnungspolitik sind *die Bezahlbarkeit des Wohnens für Haushalte mit unterdurchschnittlichem Einkommen* und *der Zugang zu Wohnraum für am Markt Benachteiligte.* Gerade weil die Behandlung dieser beiden Probleme eine Daueraufgabe darstellt, muss ein langfristig gebundener Wohnungsbestand zur Verfügung stehen. Zudem ist dies der effizienteste Einsatz öffentlicher Mittel.

Die früheren Begründungen einer Steuerbefreiung für gemeinwohlorientierte Tätigkeiten von Wohnungsunternehmen haben nichts an Aktualität verloren. Da die Bundesregierung derzeit mit erhöhtem Finanzaufwand versucht, mehr sozialen Wohnungsneubau zu fördern, sind geeignete Instrumente einer dauerhaften sozialen Wohnraumversorgung wichtiger denn je. Steuervorteilen oder eventuellen Zuschüssen stehen nachvollziehbare Leistungen des gemeinnützigen Sektors für die Gemeinschaft gegenüber.

Der Einstieg in eine Neue Wohnungsgemeinnützigkeit muss darüber hinaus durch flankierende Objektförderung unterstützt werden. Sie sollte sich zugleich an alte und neue Unternehmen richten sowie Beitritte von Teilen oder Töchtern bestehender Unternehmen zulassen, um den Wohnungsbestand im gemeinnützigen Segment ausreichend zu vergrößern. Der Rückgriff auf frühere Modelle bedeutet aber, diese zeitgemäß »neu zu erfinden« und Fehler oder Schwächen der Vergangenheit zu überwinden. Die folgenden Bedingungen sollten den Rahmen bilden:

- Steuervorteile bis hin zur Befreiung sowie Zuschüsse zum Wohnungsbau, Neuerwerb und zur Bestandsverbesserung für gemeinwohlorientierte Wohnungsunternehmen.
- Mietpreisbegrenzung in Anlehnung an die jeweils aktuelle Höchstmiete nach öffentlicher Förderung statt der früheren Kostenmiete. Sie muss am Mietwohnungsmarkt insgesamt preisdämpfend wirken und gewährleisten, dass die Bruttomieten bezahlbar sind.
- Langfristige Zweckbindung der Mittel beziehungsweise des Vermögens der Unternehmen an Wohnungsbau, -modernisierung und -vermietung.
- Gewinnbeschränkung auf maximal drei bis vier Prozent des eingebrachten Kapitals.
- Verpflichtung zu Bau oder (Re-)Investition, um die Sicherung von preisgünstigem Wohnraum gegenüber der Kapitalmehrung sicherzustellen.

- Beachtung des Grundsatzes der sparsamen Bewirtschaftung.
- Orientierung an der Versorgung bedürftiger Bevölkerungsgruppen.
- Einrichtung von Bodenfonds für den Ankauf von Flächen und die gezielte Vergabe von Baugrundstücken durch Konzeptverfahren an soziale Wohnungsunternehmen.
- Transparenzgebote und staatliche Prüfung.
- Förderung der Mietermitwirkung und -mitbestimmung.
- Beschränkung der Veräußerung von Wohnungsbeständen auf andere gemeinnützige Träger.

Eine solche Neue Wohnungsgemeinnützigkeit benötigt und unterstützt die Bildung neuer Träger der sozialen Wohnraumversorgung. Aber auch für schon bestehende Unternehmen könnte dies ein interessantes Angebot sein, zum Beispiel um Teile des Wohnungsbestandes durch ein entsprechendes Tochterunternehmen in eine gemeinnützige Bindung zu überführen. Über den Anreiz der Steuerbefreiung oder Steuergutschriften ließe sich somit ein breites und räumlich verteiltes Angebot von dauerhaft belegungs- und mietpreisgebundenen Beständen schaffen.

An der Ausarbeitung eines gemeinsamen Konzepts des Bundes, der Länder und der Kommunen haben viele Sozial- und Mieterorganisationen, wie der Deutsche Mieterbund, und die Gewerkschaften ein großes Interesse und stünden hierfür kooperativ zur Seite.

Objektförderung und Baulandaktivierung

Die über ein Bundesgesetz geschaffenen Unternehmensbindungen müssen durch flankierende Maßnahmen der Objektförderung, der Bodenpolitik und des Planungsrechts ergänzt werden. Diese sind notwendig, damit die steuerbefreiten Unternehmen einen möglichst großen Beitrag zur Ausweitung des Angebots an preiswerten Wohnungen über Neubau und Ankäufe von Wohnungsbeständen erbringen können.

Ein großer Teil der wachsenden Nachfrage in den Ballungsgebieten konzentriert sich auf die innerstädtischen Bereiche. Hier ist Boden in öffentlicher Hand rar und private Grundstücke sind auch aufgrund von Bodenspekulationen bislang für eine soziale Wohnraumversorgung zu teuer. Auch mittels »kooperativer Baulandmodelle« wäre preisgünstiger Wohnungsneubau auf diesen innerstädtischen Flächen bislang kaum zu erreichen, da hier Baurecht zumeist schon besteht und die privaten Investoren ihre auf Eigentumswohnungen und hochpreisige Mietwohnungen ausgerichteten Wohnungsbauvorhaben über den Paragraphen 34 BauGB umsetzen können. Für neue gemeinnützige Träger gibt es daher derzeit nur sehr begrenzte Möglichkeiten, zum Beispiel über Konzeptvergaben von öffentlichen Grundstücken, sozial orientierte Neubauvorhaben zu realisieren. Wenn aber die Innenstädte für eine gemeinwohlorientierte Wohnraumversorgung nicht aufgegeben werden sollen, dann müssen bisherige planungsrechtliche Mittel, wie zum Beispiel die Ausweisung von Entwicklungsbieten, angepasst oder neue Instrumente erdacht werden. Dadurch könnte man auch Ankäufe für gemeinnützige Träger finanzierbar gestalten und eine Ausweitung des sozialgebundenen Wohnungsbestands ermöglichen.

Das in vielen Städten bundesweit angehäufte Defizit an Wohnungen kann jedoch in einem angemessenen Zeitraum nicht allein durch Unternehmen bewältigt werden, die sich unter dem Dach einer – noch zu schaffenden – Neuen Wohnungsgemeinnützigkeit versammeln. Aus diesem Grund muss man dort, wo die Kommunen mit Bebauungsplänen Baurecht geschaffen haben, auch den nichtgemeinnützigen Trägern des Wohnungsneubaus einen Beitrag zum Bau von Sozialwohnungskontingenten verpflichtend abverlangen. Eine ähnliche Zielsetzung sollte man auch gegenüber den vorhandenen Genossenschaften verfolgen, die sich bisher nicht oder nur in geringem Umfang am Neubau beteiligen. Für sie, aber nicht nur sie, kann im Rahmen der Konzeptvergabe von bislang öffentlichem Grund und Boden ein genossenschaftlicher Beitrag für den Neubau geleistet werden. Die Grundstücksvergabe aus öffentlichem Eigentum sollte darüber hinaus auch mittels Erbbaurecht und limitierter Zinsen erfolgen. Um diese Ziele umzusetzen, gilt es, die bisherige Förderpraxis in mehreren Punkten zu verändern:

1. Trotz einer erheblichen Vielfalt, je nach Bundesland und Stadt, basiert die objektbezogene Förderphilosophie auf dem Gleichbehandlungsgrundsatz von privaten und öffentlichen Unternehmen und dem Prinzip der Anreizförderung. Angesichts des allgemeinen Zinsniveaus reichen günstige Baudarlehen jedoch nicht mehr aus, um private Investoren zur Beteiligung am sozialen Wohnungsneubau zu motivieren. Das gilt erst recht, wenn die Förderverträge mit langen Bindungszeiträumen verbunden werden. Laufen diese unbefristet, entfallen die gewinnorientierten Unternehmen als potenzielle Bauträger vollständig. Faktisch, wenn auch nicht geplant, sind die kommunalen Unternehmen die einzigen Adressaten von Förderangeboten, die auch dann soziale Wohnraumfördermittel in Anspruch nehmen, wenn sie dazu nicht im Rahmen von städtebaulichen Verträgen bei der Baulandaktivierung verpflichtet werden.
2. Städte wie München, Berlin, Stuttgart, Köln, Bremen oder Hamburg und andere sind dazu übergegangen, die Vergabe von Baurecht, also die Aufstellung von Bebauungsplänen, mit Konzepten und vertraglich vereinbarten Förderkontingenten zu verbinden. Im Rahmen sogenannter kooperativer Verfahren werden mittels städtebaulicher Verträge hierüber planungsbedingte Bodenwertsteigerungen abgeschöpft und die Investoren zum Bau von Sozialwohnungskontingenten verpflichtet, zwischen einem Viertel und einem Drittel der Neubauwohnungen insgesamt. Dabei ist zu prüfen, wie diese Verfahren für Kommunen mit einem Fehlbedarf an preiswerten Wohnungen forciert werden können.

3. Da die Baulandaktivierung das eigentliche Nadelöhr für den Neubau von Sozialwohnungen ist, muss sie neben Unternehmensbindungen und Objektförderung ein integraler Bestandteil von Konzepten sein, die auf eine Vergrößerung des Bestands an preiswertem und belegungsgebundenem Wohnraum abzielen. Um den Anteil von Bauland in öffentlicher Hand zu erhöhen, müssen Kommunen verstärkt Bauland ausweisen, Bodenvorratspolitik betreiben und Grundstücke aufkaufen. Öffentlicher Grund und Boden muss auch auf Dauer öffentlich bleiben, deshalb sollten Bund und Länder ihre Grundstücke und Bauland nur in Erbpacht vergeben dürfen, um dort vor allem bezahlbare Mietwohnungen zu bauen. Darüber hinaus braucht es ein gesetzliches Vorkaufsrecht für Gemeinden, eine zeitliche Begrenzung für Baugenehmigungen und die Möglichkeit für Kommunen, Baugebote auszusprechen sowie Spekulationsgewinne abzuschöpfen.

   Das gilt besonders für den Neubau. Der Planungsvorlauf ist eine Vorleistung der öffentlichen Hand mit erheblichen Kosten und Personalaufwand. Nachdem die Kommunen in der Vergangenheit durch Sparauflagen zum Personalabbau gezwungen waren, muss der Bund auch an dieser Stelle über angemessene Mittelzuweisungen an die Länder den Neubau von Sozialwohnungen unterstützen.

Die Objektförderung ist entsprechend gemäß den neuen Anforderungen zu modifizieren. Der Einstieg in dauerhafte Bindungen sollte so erfolgen, dass ein wesentlicher Anteil der verfügbaren Fördermittel für die soziale Wohnraumversorgung mit unbefristeten Sozialbindungen vergeben wird, deren Sicherung grundbuchlich und durch dauerhafte Unternehmensbindungen erfolgt. Diese Mittel müssen gleichermaßen für Bestands- und Neubaumaßnahmen sowie für den Ankauf von Wohnungen einsetzbar sein. Neu gegründete Wohnungsunternehmen, die sich als Genossenschaften oder Kapitalgesellschaften (im Eigentum von Kommunen, Kirchen,

Wohlfahrtsverbänden, Stiftungen oder privaten Anteilseignern) verbindlich an gemeinnützige Grundsätze binden, sollten ebenfalls Zugang zu diesen Mitteln haben.

Die Förderung der gemeinnützigen Wohnungswirtschaft muss in Zukunft auch Zuschüsse und öffentliches beziehungsweise öffentlich reguliertes Beteiligungskapital umfassen, um die Eigenkapitalbasis für die Erfüllung der sozialen Aufgaben zu stärken. Die Wohnungsbauförderung sollte angesichts der auf Dauer schwierigen Lage am Wohnungsmarkt eine Gemeinschaftsaufgabe von Bund und Ländern werden. Die alleinige Zuständigkeit der Bundesländer seit der Föderalismusreform II hat sich als Sackgasse erwiesen und eine nationale soziale Wohnungspolitik nahezu unmöglich gemacht. Eine Schlüsselrolle kommt den Kommunen zu, die ihre eigenen Wohnungsunternehmen an gemeinnützige Grundsätze binden und sie in die Lage versetzen müssen, ihre gemeinnützigen Aufgaben in der sozialen und nachhaltigen Wohnungsversorgung zu erfüllen.

Bezahlbare Mietwohnungen werden in erster Linie von kommunalen Unternehmen, Genossenschaften oder anderen gemeinwohlorientierten Organisationen gebaut. Als mögliche Träger einer neuen Wohnungsgemeinnützigkeit sind sie zu unterstützen und zu fördern, damit mittelfristig der Anteil dauerhaft preisgebundener Wohnungen auf mindestens 30 Prozent steigt. Um das zu erreichen, muss auch das Instrument des Vorkaufsrechts der Gemeinde, also die Möglichkeit, Immobilien anzukaufen, gestärkt werden.

Akteure und Bündnispartner

Die isolierten Aktivitäten der Marktakteure und die Aufstockung von Fördermitteln konnten in der Vergangenheit nicht verhindern, dass sich enorme Versorgungsengpässe, insbesondere bei preiswerten Wohnungen, bilden. Um die vorhandenen Akteure in die Ziele einer sozialen Wohnraumversorgung einzubinden, werden nun in vielen Städten neue Wege beschritten. Vielerorts ist von einer Renaissance der kommunalen Wohnungsunternehmen die Rede. In Dresden hat man nach dessen Verkauf an einen Finanzinvestor inzwischen die Gründung einer neuen kommunalen Wohnungsbaugesellschaft beschlossen.[19] Auch wenn die Neubaufrage dabei oft im Vordergrund steht, gibt es vielerorts Anstrengungen, durch eine Bündelung von Aktivitäten die soziale Wohnraumversorgung zielgruppengerechter auszugestalten und den Bestand an preiswerten Wohnungen zu vergrößern. Der Regelungsbedarf ist offensichtlich. Bundesgesetzliche Maßnahmen für die Einführung einer NWG und eine entsprechende fiskalische Rahmensetzung über Steuerbefreiungen, Steuergutschriften und Zuschüsse sind hierfür wichtige Bausteine.

Die Notwendigkeit für eine NWG besteht jedoch nicht nur aufgrund des Defizits an preiswerten und sozial gebundenen Wohnungen. Für die Umsetzung des Programms »Soziale Stadt« in zahlreichen Städten des Bundesgebiets sind gemeinnützige Partner auf der Unternehmensseite unabdingbar.[20] In den alten und neu ausgewiesenen Sanierungsgebieten des Bundesgebiets können neue gemeinnützige Wohnungsunternehmen eine wichtige Rolle zur Umsetzung einer behutsamen Stadterneuerung wahrnehmen.

Die Neue Wohnungsgemeinnützigkeit ist ein wesentliches Element zum Aufbau und zur Erweiterung eines nachhaltigen Sozialkapitals an gebundenem Wohnraum in Deutschland. Für die Umsetzung gibt es eine Reihe von potenziellen Akteuren und Bündnispartnern. Die Kommunen, in denen sich ein erheblicher Handlungsbedarf aufgetürmt hat, und ihre verbandspolitische Vertretung im Deutschen Städtetag sind für die NWG wichtige Verbündete. Den kommunalen Wohnungsunternehmen wird mit den gesetzlichen und fiskalischen Regelungen sowohl ein wirtschaftlich sicherer wie sozialpolitisch ausgewiesener Aktionsrahmen angeboten. Die Wohlfahrtsverbände und ihre Partner auf der Bauträgerseite sind ebenfalls dazu aufgerufen, die Schaffung einer NWG zu unterstützen.

Soziale Stiftungen können ihren Aktionsbereich durch Gründung von Tochtergesellschaften in einem nicht gewinnorientierten stiftungskonformen Rahmen erweitern. Allen Privatunternehmen, die Interesse an einem wirtschaftlich sicheren und gewinnlimitierten Anlagebereich haben, bietet die NWG ein geeignetes Dach.

Vorstöße für eine Neue Wohnungsgemeinnützigkeit

Von verschiedener Seite erfährt die Idee der Wohngemeinnützigkeit in jüngster Zeit eine Renaissance, wenn es um Konzepte für bezahlbares Wohnen geht. Gerade angesichts der weiter schwindenden Sozialwohnungsbestände braucht es neue Ideen und Akteure zur langfristen Planung bezahlbaren Wohnraums. Häufig werden Erfolgsmodelle aus anderen Ländern, zum Beispiel die österreichische Wohnungsgemeinnützigkeit oder die Woningcorporaties in den Niederlanden, als positive Beispiele herangezogen.[21] Einer NWG muss es gelingen, insbesondere gemeinnützigen und genossenschaftlichen Wohnungsbauunternehmen ein attraktives Angebot zu machen, damit sie sich dauerhaft zu einer Sozialbindung verpflichten.

Jüngst haben ein Gesetzentwurf zur NWG seitens der Grünen-Fraktion[22, 23] und ein Antrag mit dem Titel »Neue Wohngemeinnützigkeit einführen, einen nichtprofitorientierten Sektor auf dem Wohnungsmarkt etablieren« der Linken[24] die Diskussion neu entfacht.[25] Derlei Überlegungen eint das Ziel, dauerhaft ein bezahlbares Wohnungssegment zu schaffen, damit Menschen mit geringen oder keinen Einkommen langfristig ein Dach über dem Kopf haben. Dies trägt nicht weniger als zum gesellschaftlichen Zusammenhalt und zum sozialen Frieden bei. Vor dem Hintergrund einer sich immer weiter zuspitzenden Wohnungskrise sind Reformen dringend geboten, damit auch langfristig bezahlbarer Wohnraum in ausreichendem Maße zur Verfügung steht. Bundesgesetzliche Regelungen für die Einführung einer NWG und eine entsprechende Rahmensetzung über Steuerbefreiungen, -gutschriften und direkte Zuschüsse sind dabei zentral. Was die Finanzierung der Maßnahmen angeht, so sollte stets berücksichtigt werden, dass mit der Förderung der NWG die Positionen für Wohngeld und Kosten der Unterkunft eingespart und stattdessen langfristig in bezahlbaren Wohnraum investiert werden.

Ein Wohnungsmarkt, auf dem private Vermieter und kapitalmarktorientierte Immobilienunternehmen dominieren, braucht ein ausreichend großes gemeinwohlorientiertes Segment als Gegenstück. Nur so kann der Wohnungsbedarf derjenigen Bevölkerungsgruppen gedeckt werden, die immer größere Zugangsprobleme zum frei finanzierten Wohnungsmarkt haben.[26] Dieser ist für derlei Missstände aber blind. Die kommunalen und gemeinnützigen Wohnungsunternehmen sollten hier einen Gegenpol bilden und Antworten auf »die soziale Frage unserer Zeit« geben.[27] Jetzt müssen sich Bund, Länder und Kommunen mit konkreten Vorschlägen der Frage stellen, wie ein sozialer Wohnungsbausektor der Zukunft aussehen soll, der kommunale und gemeinnützige Wohnungsunternehmen sowie Genossenschaften und sozial orientierte private Akteure als Partner für die langfristige Sicherung der Wohnraumversorgung vor allem einkommensschwacher Haushalte gewinnt.

Autoland wird abgebrannt? Eine sozial-ökologische Verkehrswende ist möglich

Von Dierk Hirschel

Corona ließ unseren Planeten aufatmen. In der Pandemie rollten weniger Autos und Lastwagen über den heimischen Asphalt. Home-Office und Videokonferenzen ersetzten Pendeln und Dienstreisen. Der reduzierte Straßen- und Luftverkehr verbesserte die Stadtluft. Abgeschaltete Kraftwerke und geschlossene Industrieanlagen schonten nicht mehr die Umwelt. Dank Corona erreichte Deutschland seine Klimaziele: Die CO_2-Emissionen schrumpften 2020 um 80 Millionen Tonnen.

Auch hatte Corona die Wirtschaft ausgebremst. Nach Ausbruch der Pandemie mussten viele Unternehmen ihre Produktion drosseln, da wichtige Vorprodukte nicht mehr geliefert wurden. In den Häfen stapelten sich die Container, Frachter lagen wochenlang vor Anker, an den Grenzen bildeten sich kilometerlange Lkw-Staus und Frachtflieger blieben am Boden. Die Pandemiebekämpfung unterbrach den Warenkreislauf.

Normalität kehrte jedoch schnell zurück. Nach Grenzöffnung erholte sich der Welthandel und der Konjunkturmotor sprang wieder an. Gleichzeitig wuchs der Verkehr zulasten der Umwelt. Schon bald durchpflügten Containerschiffe erneut die Weltmeere, Lkw verstopften die Fernstraßen und unzählige Frachtflugzeuge starteten durch. Wirtschaft und Verkehr sind zwei Seiten der gleichen Medaille.

In unserer Wirtschaft dreht sich alles um Profit. Unternehmen produzieren Waren und Dienstleistungen, um eine Rendite auf ihr investiertes Kapital zu erzielen. Der Kapitalismus steht auf grenzenloses Wachstum. Seine Produktionsweise zielt auf die Erzeugung einer größeren Warenmenge in gleicher Zeit oder der gleichen Warenmenge in kürzerer Zeit ab.[1] Der internationale Handel nahm seit 1960 um das 20-Fache zu. Globale Wertschöpfungs- und Lieferketten, Just-in-time-Produktion und E-Commerce beschleunigen den Warenaustausch. Der wachsende Güterstrom erzeugt seit über 150 Jahren ein permanentes Verkehrswachstum. Mehr Verkehr entsteht aber auch durch erzwungene Ortwechsel. Die Standortwahl der Unternehmen und der Wohnungsmarkt zwingen viele Beschäftigte zu langen Arbeitswegen. Wer nicht vom Kapitalismus reden will, sollte vom Verkehr schweigen.[2]

Das fossile Verkehrssystem stößt heute an seine Grenzen. In den letzten Jahren musste die Automobilindustrie mit schrumpfender Nachfrage und Absatz kämpfen. Der Pkw kommt aus der Mode. In den überfüllten Straßen der Metropolen gehört der Stau zum Alltag. Das Fahrzeug wird zum Stehzeug. Gleichzeitig belastet die wachsende Blechlawine Mensch und Umwelt – Millionen leiden unter Feinstaub, Stickoxiden, Unfällen und Lärm. Die Treibhausgase des Verkehrssektors verschärfen den Klimawandel. Kurzum: Der motorisierte Individualverkehr steckt in einer funktionellen, stofflichen, sozialen und ökonomischen Krise.[3]

Aus diesem Grund ist eine sozial-ökologische Verkehrswende bereits überfällig. In den letzten Jahren konnte die Umweltbewegung erfolgreich die Idee einer klimagerechten Mobilität popularisieren. Doch der ökologische Umbau unserer autozentrierten Verkehrsinfrastruktur ist eine Mammutaufgabe. Dabei geht es nicht zuletzt um den Bruch mit Macht- und Herrschaftsverhältnissen: Diess, Källenius, Zipse & Co. wollen auch in Zukunft immer mehr Kraftfahrzeuge verkaufen,[4] nur die Antriebstechnik soll ausgetauscht werden. Richtiger Umwelt- und Klimaschutz geht aber anders. Die öffentlichen Verkehrsmittel, das Fahrrad und der Fußweg müssen das Auto zurückdrängen, und auch der Güterverkehr sollte von der

Straße auf die Schiene verlagert werden. Diese Transformation darf aber nicht zulasten der Beschäftigten und einkommensschwacher Haushalte gehen. Das Ziel ist eine klimagerechte und bezahlbare Mobilität für alle.

Freie Fahrt im Rheinischen Kapitalismus

In Deutschland wurde das Auto erfunden, weiterentwickelt und perfektioniert. Heute rollen 48 Millionen Pkw über den Asphalt der Republik. Seit 1960 wuchs der heimische Fuhrpark um das Zehnfache. Damit hat rein statistisch jeder Haushalt ein eigenes Auto.

Der Automobilbau ist das Herzstück des Rheinischen Kapitalismus.[5] Nach dem Zweiten Weltkrieg entwickelten sich VW, BMW und Daimler zu internationalen Brachenführern. Die deutschen Konzerne waren hochproduktiv und ihre Premiumwägen im globalen Vergleich konkurrenzlos. Der Automarkt hierzulande ist stark vermachtet, denn allein die drei größten Konzerne mit ihren Töchtern kontrollieren ihn zu über 60 Prozent.

Die deutschen Autokonzerne erwirtschafteten 2019 einen Umsatz von 436 Milliarden Euro. Ihr Wertschöpfungsanteil liegt bei 7 Prozent. Über 830 000 Beschäftigte erzeugten rund 4,7 Millionen Autos, von denen 75 Prozent ins Ausland verkauft wurden. Die wirtschaftliche Bedeutung der Automobilindustrie geht aber weit darüber hinaus: Hersteller von Gummi- und Kunststoffwaren, die Metallerzeugung und -bearbeitung sowie der Maschinenbau produzieren wichtige Vorleistungsgüter. Hinzu kommt eine Infrastruktur aus Tankstellen, Fahrschulen, Rast- und Werkstätten. Insgesamt hängen rund zwei Millionen Arbeitsplätze am Auto. In Baden-Württemberg, Niedersachsen, Bayern, Bremen und Saarland entstanden große regionale Cluster. Die Kraftfahrzeugindustrie ist Technologie- und Innovationsführer der heimischen Wirtschaft und verantwortet mehr als ein Drittel aller Forschungs- und Entwicklungsinvestitionen. Kein anderes Land der Welt ist so stark vom Autobau abhängig wie Deutschland.

Schaubild 1: Entwicklung des deutschen Kraftfahrzeugbestandes

Entwicklung des Kraftfahrzeugbestandes

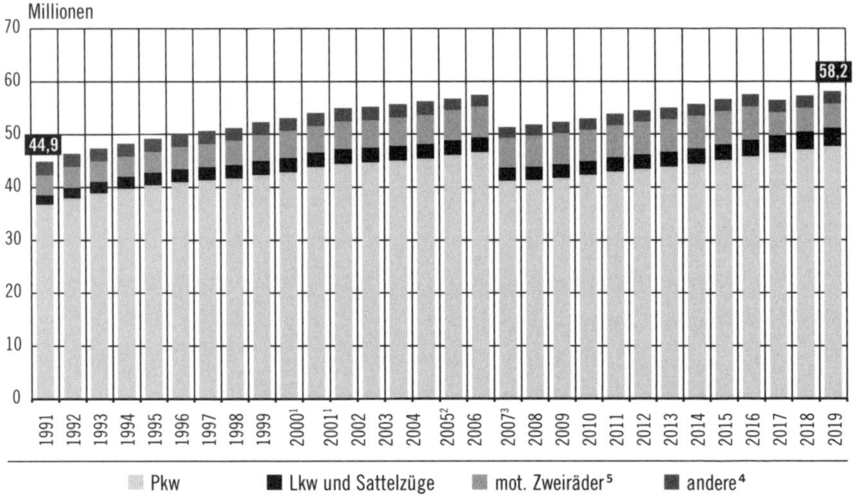

1 Ab 2000 Stand jeweils zum 01.01. des Folgejahres und von 12 auf 18 Monate geänderte Stilllegungsfrist.
2 Ab 2005 werden Fahrzeuge mit Zweckbestimmung (zum Beispiel Wohnmobile und Krankenwagen) den Pkw zugeordnet.
3 Ab 2007 ohne vorübergehend abgemeldete Fahrzeuge. Aufgrund von Umstellungen in der Statistik sind die Angaben nicht direkt mit denen der Vorjahre vergleichbar.
4 Dazu gehören: Busse, Schlepper (zum Beispiel in der Landwirtschaft) und übrige Fahrzeuge; Ausnahmen siehe unter [2].
5 Ab 2017 nicht mit den Vorjahren vergleichbar; ohne Mopeds, Mofas etc. ab 2017. Daten werden vom KBA nicht fortgeführt, da teilweise Doppelzählungen bei Versicherungswechsel Summe ab 2017 nicht mit den Vorjahren vergleichbar.

(Quelle: Bundesministerium für Verkehr und digitale Infrastruktur (Hrsg.), Verkehr in Zahlen 2019/2020 S. 147 und ältere Jahrgänge; 2019 Kraftfahrtbundesamt)

Die hohe Leistungsfähigkeit der Automobilindustrie fußte auf geduldigem Kapital,[6] einem gutem (Aus-)Bildungssystem, einem leistungsfähigen öffentlichen Sektor, kooperativen Arbeitsbeziehungen und einer sich dynamisch entwickelnden Massenkaufkraft.[7] In den Nachkriegsjahrzehnten entstand eine Art autoindustrieller Komplex: Industrie, Staat, Gewerkschaften und Wissenschaft konnten tragfähige Kompromisse aushandeln.[8] Dadurch wurde der Siegeszug des Autos erst ermöglicht.

Die großen Autofabriken des Rheinischen Kapitalismus sind gewerkschaftliche Hochburgen. In Wolfsburg, Reutlingen und München sind bis zu 80 Prozent der Belegschaft gewerkschaftlich organisiert. Einfluss und Macht der IG Metall stützen sich maßgeblich auf die Automobilindustrie. Flächentarifverträge beschränken die Lohnkonkurrenz und zwingen die Unternehmen zum Wettbewerb um die innovativsten Produkte. Betriebsräte und Arbeitnehmervertreter sind in der Lage, die Unternehmensstrategien in Aufsichtsräten mitzugestalten. Die Gewerkschaften konnten sehr hohe Löhne und Gehälter durchsetzen. Autos kaufen keine Autos, das wusste schon Henry Ford. Erst die starken Einkommenszuwächse der Nachkriegsjahrzehnte – Industrie und öffentlicher Dienst – ermöglichten der wachsenden Mittelschicht den Neuwagenkauf. Das Auto wurde zum wichtigsten Konsumgut. Die große volkwirtschaftliche Bedeutung der Automobilindustrie förderte eine enge Verflechtung von Politik und Lobby, wodurch sie gezielt Einfluss auf die staatliche Steuerung und Regulierung nehmen konnte. Dazu dienten nicht zuletzt der regelmäßige Austausch von Spitzenpersonal und umfangreiche Parteispenden. Der Verband der deutschen Automobilindustrie (VDA) ist der mächtigste Arbeitgeberverband der Republik. Hildegard Müller, ehemals Staatsministerin unter Angela Merkel, sitzt heute an der Spitze des VDA. Thomas Steg, ehemaliger Regierungssprecher Gerhard Schröders, ist VW-Cheflobbyist und Eckart von Klaeden, ebenfalls ehemaliger Staatsminister unter Merkel, bekleidet diese Funktion bei Daimler.

Das Ziel der Fahrzeughersteller war eine autogerechte Gesellschaft, die auch dem erweiterten Mobilitätsbedürfnis breiter Bevölkerungsschichten entsprach. Dabei ist die heutige Autogesellschaft aber nicht das zwangsläufige Ergebnis einer Strategie mächtiger Konzerne. Im Gegenteil: Die steigende Nachfrage nach ihrem Produkt wurde nicht künstlich geschaffen, sondern entstand organisch.

Jahrzehntelang war die Stadt- und Raumplanung auf das Kraftfahrzeug fokussiert. Die Innenstädte wurden zu autogerechten

Transiträumen ausgebaut und Neubauten mit Stellplätzen und Erschließungsstraßen ausgestattet. Eine räumliche Trennung von Wohnen, Arbeit, Bildung, Freizeit und Konsum führte zu langen Wegen, die nur noch mit dem Auto zu bewältigen waren. Dies gilt heute besonders für den ländlichen Raum, wo die Autodichte momentan bei 600 Pkw pro 1 000 Einwohnern liegt. Verkehrsminister, Landräte und Bürgermeister trieben den Straßenbau voran. In Folge wuchs das westdeutsche Straßennetz bis zur Deutschen Einheit um ein Fünftel, derzeit erstreckt es sich über 650 000 Kilometer. Zwischen Flensburg und Stuttgart werden jährlich 1 000 Kilometer neu gebaut.[9] Allein das Autobahnnetz hat sich seit 1950 vervierfacht. Das Straßenrecht und die Straßenverkehrsordnung privilegierten den Individualverkehr gegenüber der Konkurrenz. Öffentlicher Parkraum war im Vergleich zu ÖPNV-Tickets spottbillig. Die Steuer- und Abgabenpolitik förderte den Kauf und Unterhalt des Autos. Speziell die Pendlerpauschale, das Dienstwagen- und Dieselprivileg subventionierten den beruflichen Kraftwagenverkehr mit mehr als 15 Milliarden Euro jährlich. Diese Anreize zeigten Wirkung: Jedes dritte Auto hat heute einen Dieselmotor und 70 Prozent aller neu zugelassenen Pkw sind Dienstwagen. Zudem waren und sind Abgaben auf Erwerb (Umsatzsteuer, Zulassungssteuer und -gebühren), Besitz (Kraftfahrzeugsteuer, Versicherungssteuer) und Nutzung (Energiesteuer und Umsatzsteuer) im internationalen Vergleich äußerst günstig.[10] Darüber hinaus wurden die Umwelt- und Gesundheitskosten des Autoverkehrs auf die Gesellschaft abgewälzt. Allein die Klimakosten belaufen sich jährlich auf 29 Milliarden Euro.[11]

Autoland wird abgebrannt?

Das automobile Wachstum stößt aber an Grenzen. In den letzten Jahren mussten die Hersteller ihre Produktion drosseln. Im Jahr 2019 bauten sie weltweit nur noch 92 Millionen Autos,[12] rund 5 Millionen weniger als noch zwei Jahre zuvor. Damals hatten die Autobauer einen historischen Produktionsrekord erreicht. 2020 konnten die deutschen Fabriken pandemiebedingt hingegen nur noch 3,5 Millionen Fahrzeuge herstellen – das geringste Produktionsvolumen seit 1993. VW, Daimler, BMW & Co. bauten aber bereits vor der Pandemie weniger Autos. Zwischen 2017 und 2019 rollten rund eine Million weniger Pkw von deutschen Fließbändern.[13] Die Hersteller konnten jedoch aufgrund einer soliden Binnenkonjunktur, einer Konzentration auf SUV-Modelle und eines starken chinesischen Marktes ihre Verkaufszahlen, also Neuzulassungen, steigern. Inwieweit es sich hierbei um eine zyklische oder strukturelle Krise handelt, bleibt abzuwarten.

Schaubild 2: Entwicklung des deutschen Automobilproduktion

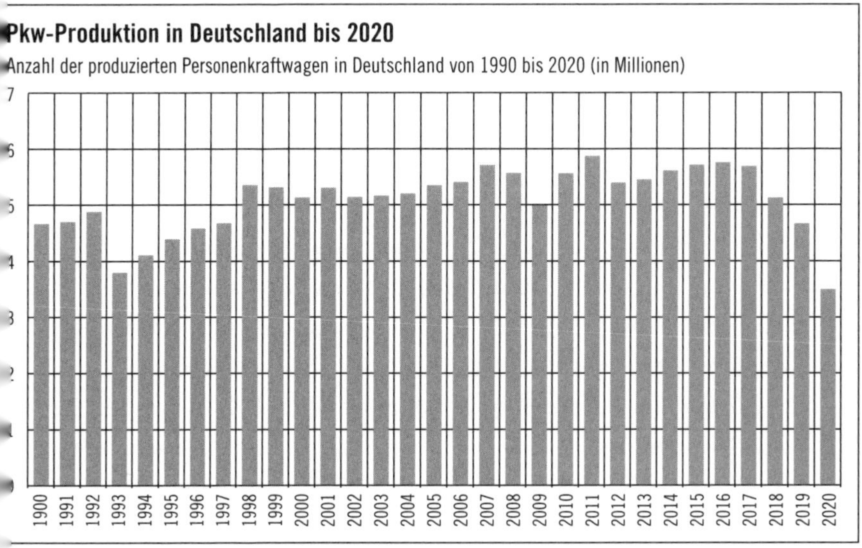

(Quelle: Statista, Anzahl der produzierten Personenkraftwagen in Deutschland von 1990 bis 2020)

Für einen Abgesang ist es allerdings noch zu früh. Nach der Jahrtausendwende hat der Rheinische Kapitalismus den Siegeszug der Aktionäre (Finanzialisierung), seine Einbindung in internationale

Wertschöpfungsketten (Globalisierung) und den digitalen Wandel gut überstanden. Im Anschluss an die Finanzmarktkrise erlebten die heimischen Autobauer ein goldenes Jahrzehnt. Ein Absatzrekord jagte den nächsten. Die deutschen Automobilstandorte spielen in den internationalen Wertschöpfungsketten, wo ihre Beiträge auch künftig von hoher strategischer Bedeutung sein werden, weiterhin die erste Geige.

Zudem ist ihre technologische Leistungsfähigkeit entgegen zahlreicher Befürchtungen unverändert intakt. Die Digitalisierung steigert den Output der Produktionsstätten über Industrie 4.0 und das Internet der Dinge zusätzlich. Die Gefahr, dass Apple, Google, Tesla & Co. die Vorherrschaft im deutschen Autobau übernehmen, ist überschaubar, denn den Internetgiganten fehlt es schlicht am notwendigen Wissen über das Produkt und die grundlegenden Herstellungsprozesse. Deswegen versuchen sie die Führungsrolle beim vernetzten autonomen Fahren zu übernehmen,[14] wo ihre Überlegenheit bei der Datensammlung und -auswertung zum Tragen kommt. Die Autokonzerne kontern diesen Angriff, indem sie ihrerseits mit Softwareschmieden kooperieren, um sich eigene digitale Ökosysteme zu schaffen.

Die Digitalisierung verändert aber parallel auch das Nutzungsverhalten. Für die Generation der Digital Natives ist der Besitz materieller Güter, einschließlich des Autos, nicht mehr wichtig. Sie nutzen stattdessen Mobilitätsangebote wie Carsharing, Rideselling, oder Ridepooling.[15] Wo einst Uber, Lyft & Co. den Personenbeförderungsmarkt modernisierten, bieten inzwischen auch die heimischen Autokonzerne eigene Sharing-Plattformen. VW, Daimler und BMW betreiben über Dienste wie ShareNow und MOIA ganze Flotten an öffentlich nutzbaren Pkw und Elektrobussen. Diese neuen Mobilitätsangebote können zu einer effizienteren Nutzung des Autos beitragen: Ein Carsharing-Wagen ersetzt zumindest theoretisch 20 individuell gekaufte Fahrzeuge. Bisher gingen die neuen Dienste aber fast ausschließlich zulasten des ÖPNV.

Das Verkehrsaufkommen nahm sogar weiter zu. Auf das Privatauto wurde kaum verzichtet.

Die Herausforderung der Elektrifizierung scheint die deutsche Automobilindustrie ebenfalls zu bewältigen. Nach einem eklatanten Fehlstart pumpen VW, Daimler, BMW und ihre Zulieferer jetzt über 40 Milliarden Euro in das Elektroauto. Die Einführung einer Quote in China und eine striktere europäische CO_2-Flottenregulierung zwangen die heimischen Hersteller im großen Umfang zum Schwenk. Die Zeit drängt. Rund 40 Prozent der deutschen Autoexporte gehen heute in Länder, die zwischen 2025 und 2040 keine Verbrennerfahrzeuge mehr zulassen. Binnen zwei Jahrzehnten werden vermutlich auch hierzulande 70 bis 85 Prozent aller Pkw-Neuzulassungen Elektroautos sein. Zeitnah wollen die deutschen Autobauer 150 unterschiedliche Modelle ins Schaufenster stellen. Insbesondere VW hat mit seiner Kleinwagenstrategie gute Chancen, den Weltmarkt aufzumischen. Gleichzeitig hilft der Staat den Unternehmen mit einer aktiven Industriepolitik im Strukturwandel, indem er die Batteriezellenproduktion fördert, eine Ladeinfrastruktur schafft und den Absatz von Elektroautos – über die Elektroprämie und Förderungen wie »Erneuerbar Mobil«, das Sofortprogramm »Saubere Luft« und »Sozial & Mobil« – unterstützt.

Mit der ausschließlichen Konzentration auf die Steckdose steht VW aber allein da. Der Verband der Automobilindustrie (VDA) will durch den flächendeckenden Einsatz von E-Brennstoffen den Betrieb sauberer Verbrennungsmotoren ermöglichen. Ottomotoren sind jedoch wegen ihres großen Energieverbrauchs – eine Kilowattstunde E-Kerosin erfordert drei Kilowattstunden grünen Strom – und seines geringen Wirkungsgrades keine umweltfreundliche Alternative. Um den gesamten deutschen Fuhrpark mit synthetischem Kraftstoff anzutreiben, müsste doppelt so viel Strom erzeugt werden, wie heute für Industrie, Gewerbe, private Haushalte und Verkehr produziert wird. Lediglich bei großen Land- und Bauwirtschaftsmaschinen sowie Flugzeuge und Schiffe ist aus technischen Gründen keine Umstellung auf Elektroantrieb möglich. Hier wäre die Verwendung von E-Brennstoffen sinnvoll.

BMW will einen Teil seiner Fahrzeugflotte dagegen mit Wasserstoff betreiben. Diese Technologie ist jedoch aufgrund ihrer hohen Infrastrukturkosten der Elektromobilität klar unterlegen.

Die Elektrifizierung geht mit großen Umbrüchen in den Betrieben einher. Die Herstellung des Elektromotors erfordert nur noch die Hälfte der Wertschöpfung eines Verbrennungsmotors. Das trifft besonders die Zulieferindustrie. Nach einer Schätzung des Fraunhofer Instituts kostet der Wechsel der Antriebstechnik – unter Berücksichtigung von Produktivitätszuwächsen – republikweit zwischen 74 000 und 125 000 Arbeitsplätze.[16] Diese Jobverluste können nicht durch Mehrarbeit in der Batterieproduktion und weiteren Elektrokomponenten kompensiert werden.

Die Kapitalstrategien des Managements und der Anteilseigner werden darüber entscheiden, ob eine der zentralen Säulen der deutschen Qualitätsproduktion – die kooperativen Arbeitsbeziehungen – wegbricht.[17] Bisher setzten Källenius, Denner, Setzer & Co. auf Kompromiss statt auf Konflikt.[18] Tarifverträge und Mitbestimmung wurden akzeptiert. Die angekündigten Massenentlassungen und Werksschließungen lassen jedoch vermuten, dass das Management die Samthandschuhe abgestreift hat. Daimler und Continental wollen jeweils 20 000 Stellen streichen, ZF 150 000, Audi 9 500 und BMW 6 000. Für 300 Betriebe mit über 730 000 Angestellten gibt es noch Beschäftigungsgarantien, aber für jeden zweiten Arbeitnehmer laufen diese 2026 aus. Die IG Metall ist in der hochorganisierten Automobilindustrie kampf- und mobilisierungsfähig. Folglich sind harte Auseinandersetzungen vorprogrammiert. Sollte die Sozialkonfliktpartnerschaft arbeitgeberseitig aufgekündigt werden, wäre die Zukunftsfähigkeit dieses industriellen Kerns ernsthaft gefährdet.

Doch damit nicht genug. Künftig könnte auch Rohstoffknappheit das automobile Wachstum bedrohen. Die Internationale Energieagentur (IEA) schätzt, dass der Scheitelpunkt der Ölförderung bereits Mitte dieses Jahrzehnts erreicht wird.[19] Dann droht eine weltweite Versorgungskrise. Ohne eine Einschränkung des Materialverbrauches könnten die Preise für fossile Rohstoffe kräftig steigen.[20] Einen Automatismus gibt es aber nicht. Die Liste der Fehlprognosen ist lang. Immer wieder senkten die Prospektion und Gewinnung zusätzlicher fossiler Energiereserven die Marktpreise. Die größte Herausforderung für die Zukunft der Autogesellschaft ist aber die ökologische Krise.

Gesundheitsgefahr auf vier Rädern

Der fossile Verkehr schadet den Menschen, der Umwelt und dem Klima. Millionen leiden täglich unter Feinstaub, Stickoxiden, Unfällen und Lärm.[21] Flächen werden zersiedelt, Lebensräume vernichtet und die Biodiversität nimmt ab. Auf deutschen Straßen sterben jährlich über 3 000 Menschen, mehr als 380 000 werden verletzt.

Der Verkehr ist der drittgrößte Luftverschmutzer. Autos, Lkw, Flugzeuge und Schiffe blasen jährlich über 160 Millionen Tonnen Treibhausgase in die Atmosphäre. Der Straßenverkehr allein ist für 95 Prozent dieser Emissionen verantwortlich. Das entspricht einem Fünftel des gesamten CO_2-Austoßes der Republik. Seit Jahrzehnten ist der Verkehr der einzige Sektor, dessen Emissionen beständig wachsen. Die verkehrsbedingten Ausstöße von Klimagasen stiegen seit 1995 um 20 Prozent.[22] Lkw und Busse verpesten die Atmosphäre sogar doppelt so stark wie noch 1990.

Doch damit nicht genug. Neben klimaschädlichen Abgasen produzieren Verbrennungsmotoren auch Stickoxide, Feinstaub, Kohlenmonoxid, Schwefeldioxid und Benzole. Die Luftqualität deutscher Großstädte ist miserabel. An vielbefahrenen Straßen werden die WHO-Grenzwerte nicht eingehalten. Der Verkehrssektor verursacht 40 Prozent aller Stickoxide, wobei zwei Drittel aus Dieselmotoren stammen. Diese haben Diabetes, Bluthochdruck, Schlaganfälle, Asthma und chronische Lungenerkrankungen zur Folge. Der Feinstaub, der durch den Reifen- und Bremsenabrieb entsteht, kann hingegen die Bronchen entzünden, Thrombose hervorrufen und das Nervensystem stören.

Schaubild 3: Treibhausgasemissionen nach Sektor

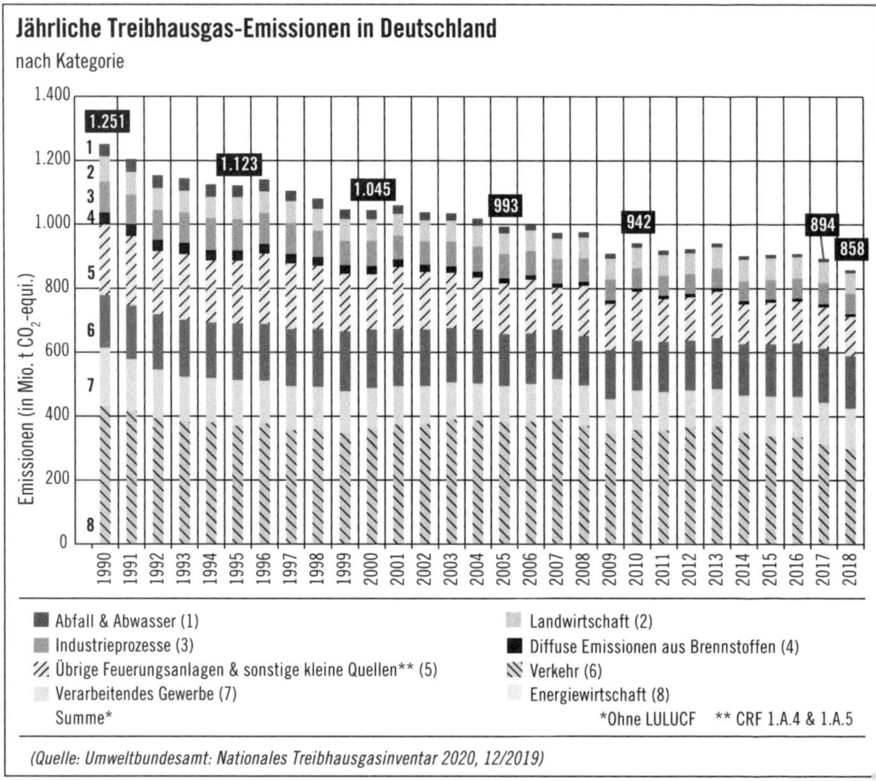

Die Gesundheitsrisiken des Autos sind ungleich verteilt. Geringverdiener und sozial Benachteiligte tragen die negativen Auswirkungen von Abgasen, Unfällen und Lärm in höherem Maß als die Mittel- und Oberschicht. Sie wohnen häufiger an vielbefahrenen Straßen und leben in Stadtteilen ohne Grünanlagen. Frauen, Kinder und ältere Menschen, die ihre Wege häufig zu Fuß bestreiten, sind in autodominierten Städten besonderen Gefahren ausgesetzt. Zudem verpesten Wohlhabende und Reiche die Umwelt stärker als Geringverdiener und sozial Benachteiligte. Sie wohnen in großen Wohnungen, fahren spritfressende Autos, fliegen häufiger und konsumieren mehr. Die reichsten 10 Prozent der Weltbevölkerung verantworten 45 Prozent aller CO_2-Emissionen, die untere Hälfte emittiert hingegen lediglich 13 Prozent des Klimagases.[23] Während der Anteil der wohlhabenden Gruppen überproportional steigt, sinkt er beim ärmsten Teil sogar. Hierzulande verursacht das reichste Zehntel der Haushalte dreimal so viel CO_2 wie die ärmsten 10 Prozent.[24] Mit steigendem Einkommen erhöht sich die verkehrsbedingte Umweltbelastung. Während die Hälfte der wohlhabenden Haushalte zwei oder mehr Autos besitzen, steht jeder zweite ärmere Haushalt gänzlich ohne Fahrzeug da.

Zwar rollen heute mehr umwelt- und klimafreundliche Autos und Lkw über unsere Straßen. Dank sauberer Verbrennungsmotoren und neuer Antriebstechniken sowie hochwertiger Kraftstoffe verursachen die Fahrzeuge weniger Schadstoffe und Treibhausgase. Diese umweltfreundlichen Effizienzgewinne werden aber durch ein starkes Verkehrswachstum und zunehmende Leistung – den sogenannten Rebound-Effekt – wieder zunichtegemacht. Hinzu kommt, dass die Autofahrer immer längere Wege zurücklegen. Pkw- und Lkw-Verkehr wuchsen zwischen 1995 und 2018 um 14 respektive 81 Prozent.[25] Gleichzeitig verkauften VW, Daimler, BMW & Co. immer größere und schwerere Pkw. Neuwagen haben heute im Schnitt 150 PS unter der Haube und jeder dritte davon ist ein SUV.

Jahrzehntelang blockierte die mächtige Automobilindustrie eine ökologische Verkehrswende. Die Chefetagen der deutschen Hersteller setzten bis zuletzt auf den klimaschädlichen Verbrennungsmotor, während die Politik auf klare umweltpolitische Vorgaben verzichtete. Gesetzliche Abgasnormen und Grenzwerte wurden entweder verwässert oder umgangen. Noch im Frühjahr 2018 wollte der damalige VW-Chef Müller den Großteil der Investitionen in die Weiterentwicklung des Verbrennungsmotors stecken.

Die europäische Automobilindustrie verpflichtete sich Ende der 1990er Jahre dazu, ihren durchschnittlichen CO_2-Ausstoß bis 2009 auf 140 Gramm pro Kilometer zu senken. Dieses Ziel wurde verpasst. Anschließend wollte die EU-Kommission die Autobauer zwingen, ihre CO_2-Emissionen auf 120 Gramm pro Kilometer zu reduzieren. Bei Überschreitung des Grenzwertes sollten VW, Daimler, Renault, Fiat und andere hohe Strafen zahlen. Diese Initiative wurde von Angela Merkel, Michael Glos und Sigmar Gabriel ausgebremst, indem man den ursprünglich geplanten CO_2-Grenzwert anhob und durchlöcherte sowie die Strafen bei Zuwiderhandlung reduzierte.

In den USA scheiterten die deutschen Hersteller jedoch an den scharfen Stickoxid-Grenzwerten der US-Behörden. Im September 2015 deckte die US-Umweltbehörde (EPA) auf, dass Volkswagen seine Motorsteuerungssoftware manipuliert hatte. Die Fahrzeuge erfüllten bei Tests die vorgegebenen Abgasnormen, auf der Straße stießen sie jedoch wesentlich mehr Emissionen aus. Die Technik arbeitete nur dann korrekt, wenn sich das Auto auf dem Prüfstand befand sowie bei bestimmten Temperaturen oder Höhen. Damit nahm der Abgasskandal seinen Lauf. Die Bundesregierung, das Verkehrsministerium und seine untergeordneten Kontrollbehörden hatten die Affäre durch Wegschauen und Nichtstun erst ermöglicht.[26] Frühen Kenntnissen und Hinweisen des Umweltbundesamtes und der Deutschen Umwelthilfe wurde nicht nachgegangen und auch die Aufarbeitung des Skandals erfolgte nur mit angezogener Handbremse. Im Gegensatz zu den USA fiel die Entschädigung der Verbraucher hierzulande nur mangelhaft aus. Man zwang die deutschen Autobauer seitens der Politik nicht, die manipulierten Diesel-Pkw mit neuer Hardware umzurüsten. Auch die steuerliche Förderung wurde bisher nicht in Frage gestellt.

Spät steuerten Diess, Källenius, Zipse & Co. auf die Elektromobilität um. Stromautos allein machen aber noch keine ökologische Verkehrswende. Ihre Herstellung und Wiederverwertung verursacht mehr CO_2 als die Produktion von Autos mit Ottomotoren. Lediglich der emissionsfreie Fahrzeugbetrieb sorgt für eine bessere Öko- und Klimabilanz. Die Gewinnung von Batterierohstoffen in afrikanischen, lateinamerikanischen und asiatischen Bergwerken zerstört die Umwelt, von den katastrophalen Arbeitsbedingungen ganz zu schweigen. Zudem ist das Recyclingproblem der Batterien weiter ungelöst. Wenn die Klimaziele bei Verkehr und Wärme durch Elektrifizierung erreicht werden sollen, müsste sich die Stromerzeugung bis 2050 verdoppeln. Entscheidend ist dann, aus welchen Quellen diese zusätzliche Energie kommt.

Außerdem hat auch bei der E-Mobilität die Straße weiterhin Vorfahrt. Noch mehr motorisierter Individualverkehr ist aber keine Lösung, da der Stromverbrauch selbst mit neuer Antriebstechnik noch höher ist als bei der Bahn. Darüber hinaus haben Elektroautos denselben Bremsen- und Reifenabrieb wie Verbrennerfahrzeuge und belegen ebenfalls 23 Stunden am Tag unnötig Platz. Allein Parkplätze machen rund 90 Prozent des öffentlichen Raums aus. Die für den Verkehr genutzte Bodenfläche ist seit 1992 um 10 Prozent gestiegen.

Ferner stehen die Autofahrer zwischen Hamburg und München jeden Tag etwa 4000 Kilometer im Stau. Letzterer löst sich aber nicht auf, wenn die Autos mit Strom fahren. Folglich müsste der motorisierte Straßenverkehr durch Verkehrsvermeidung und -verlagerung schrumpfen.

Auf- und Abstieg des öffentlichen Verkehrs

Im 19. Jahrhundert erlebte der öffentliche Verkehr einen großen Aufschwung. Die erste Eisenbahn fuhr 1835 von Nürnberg nach Fürth. Anfangs trieben noch private Aktiengesellschaften den Ausbau der neuen Mobilität voran. Die staatliche preußische Reichsbahn beendete jedoch die ruinöse Konkurrenz der Privatbahnen und schuf das weltweit drittgrößte Schienennetz. Vor Ausbruch des Ersten Weltkriegs erreichte dieses mit mehr als 58 000 Kilometern seine größte Ausdehnung. Damit waren Züge das unangefochten führende Verkehrsmittel.

Auch der öffentliche Personennahverkehr wurde im 19. Jahrhundert zu einem Massentransportsystem ausgebaut. Die erste Pferdestraßenbahn fuhr 1865 durch Berlin. Großstädte begannen, Hoch-, S- und U-Bahnen zu bauen. Gleichzeitig rollten die ersten motorisierten Omnibusse über heimische Straßen. Anfangs waren Linienführung, Kapazität und Tarife der öffentlichen Verkehrsmittel noch für ein zahlungskräftiges Publikum bestimmt. Erst um die Jahrhundertwende zwang der Staat die privaten Verkehrsgesellschaften, ihre Preise zu senken.

In der Weimarer Republik wurden die meisten Nahverkehrsunternehmen kommunalisiert und am Gemeinwohl ausgerichtet. Der öffentliche Verkehr geriet zum festen Bestandteil der öffentlichen Daseinsvorsorge.[27] In demokratischen Wohlfahrtstaaten sollten sämtliche für das Leben der Bürger notwendigen Einrichtungen und Dienstleistungen leicht erreichbar sein. Dies konnte nur sichergestellt werden, indem der Staat ein Mindestmaß an preisgünstiger Mobilität ermöglichte. Nach der Zerstörung der Weimarer Republik richtete sich der öffentliche Verkehr an den militärischen und völkermörderischen Zielen der Nazis aus.

Im Anschluss an den Zweiten Weltkrieg drängte das Auto den öffentlichen Verkehr an den Rand. Der Anteil von Bahn und ÖPNV an allen Verkehrsträgern schrumpfte auf 15 Prozent. Ende der 1960er Jahre wurden viele Bahnstrecken stillgelegt. Zahlreiche Kleinstädte und Orte büßten ihre Anschlüsse ein. Das westdeutsche Bahnnetz verlor bis zur Deutschen Einheit ein Viertel seiner Länge. Ab 1994 beschleunigte die formelle Privatisierung diese Tendenz zusätzlich. Für den geplanten Börsengang wurde die Bahn auf Rendite getrimmt. Anschließend schrumpfte das Schienennetz nochmals um fast ein Fünftel. Gleichzeitig strichen die Bahnmanager jeden sechsten Bahnhof und Haltepunkt. Die Zahl der Weichen und Kreuzungen wurde halbiert.[28] Insgesamt umfasst das Schienennetz heute nur noch 38 000 Kilometer. Das hat negative Folgen für die Mobilität ganzer Landesteile. In über 50 Mittelstädten – also zwischen 20 000 und 99 999 Einwohnern – gibt es keinen Bahnanschluss.

Schaubild 4: Verkehrsleistung nach Verkehrsmitteln

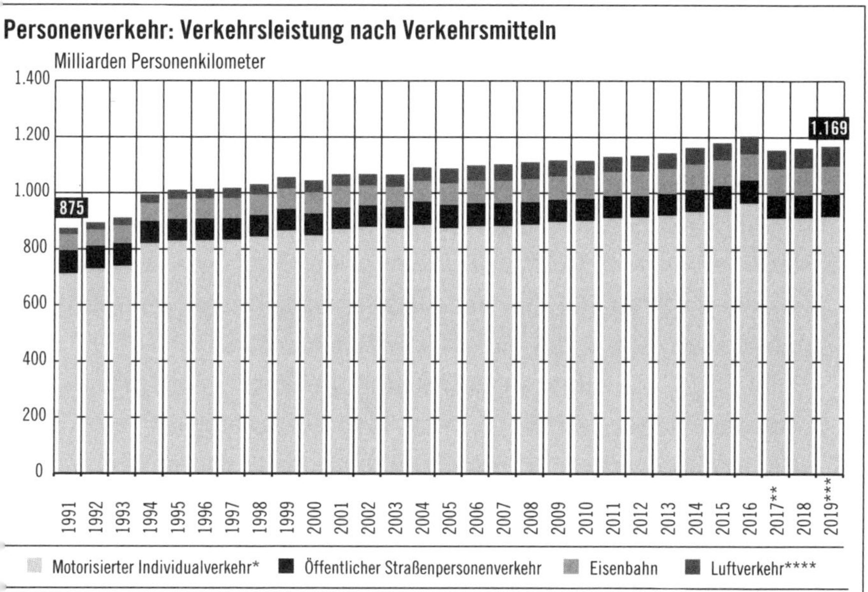

* Motor. Individualverkehr: ab 1994 veränderte Methodik, die zu einer höheren Verkehrsleistung führt
** ab 2017 Neuberechnung der Fahrleistungs- und Verbrauchsberechnung und des Personenverkehrsmodells
*** zum Teil vorläufige Werte
**** Luftverkehr: ab 2010 geänderte Erfassungsmethode, es zählt der Inlands, Gelegenheits sowie Linienflugverkehr einschließlich Pauschalreiseluftverkehr auf dem Gebiet der EU hinein

(Quelle: Bundesministerium für Verkehr und digitale Infrastruktur (Hrsg.), Verkehr in Zahlen 2020/2021, S. 218f. und ältere Jahrgänge)

Auch dem öffentlichen Nahverkehr liefen in den Nachkriegsjahrzehnten die Fahrgäste davon. Die Verkehrsbetriebe reduzierten daraufhin ihr Angebot und legten Straßenbahnen und Buslinien still. In den 1990er Jahren wurde der Nahverkehr europaweit liberalisiert. Fortan mussten die Kommunen ihre Verkehrsleistungen ausschreiben. Privatisierungen waren die Folge. Die Geschäftsführungen zogen die Kostenbremse und beschränkten ihr Angebot in städtischen Randzonen, Abend-, Sonntags- und Regionalverkehren. So konnten sie Fahrzeuge und Personal einsparen. Nach der Jahrtausendwende ließ sich der Nahverkehr jedoch mit umfangreichen Finanzmitteln stabilisieren. Die Fahrgastzahlen stiegen wieder. Dennoch haben heute viele Städte und Gemeinden keine attraktive Taktung, keine guten Umsteigemöglichkeiten und keine Barrierefreiheit. Während der Stoßzeiten sind Busse und Bahnen häufig überfüllt. Vielen Flotten fehlen umweltfreundliche, moderne Fahrzeuge. Zudem strichen die Verkehrsunternehmen in den letzten 20 Jahren jede fünfte Stelle. Schlechter Service, hohe Krankheitsstände und zahlreiche Überstunden sind die zwangsläufigen Folgen.

Erschwerend kommt hinzu, dass auch der Zugang zum öffentlichen Verkehr vom Geldbeutel abhängt. Seit der Jahrtausendwende stiegen die Preise für den Nah- und Fernverkehr um 79 respektive 57 Prozent.[29] Die ÖPNV-Tarife kletterten doppelt so schnell wie die Kauf- und Unterhaltskosten eines Kraftfahrzeugs. Dadurch wurden einkommensschwache Haushalte überdurchschnittlich belastet. Geringverdiener geben durchschnittlich 30 Prozent ihres Haushaltseinkommens für Mobilität aus. Sozialtickets werden nicht überall angeboten, und selbst wenn, übersteigen diese häufig das Mobilitätsbudget der Grundsicherung. Außerdem sind die Normalpreise des Fernverkehrs für untere Einkommensgruppen kaum bezahlbar. Dadurch ist nicht nur ihre Mobilität eingeschränkt, sondern auch ihre soziale Teilhabe.

Die Verkehrswende ist machbar

Eine sozial-ökologische Verkehrswende zielt zunächst auf klimaneutrale Mobilität. Die Treibhausgasemissionen des Verkehrssektors müssen bis 2050 auf null gesenkt werden. Dafür ist es notwendig, den motorisierten Individualverkehr emissionsfrei zu gestalten, soweit wie möglich zu schrumpfen und auf klimafreundliche Verkehrsmittel zu verlagern. Sozial ist die Verkehrswende, wenn eine diskriminierungsfreie Mobilität allen Bürgern soziale Teilhabe ermöglicht.

Eine ökologische Steuerreform sollte den Energie- und Rohstoffverbrauch progressiv belasten. Der Preisanstieg folgt dem Wachstum der Ressourcenproduktivität.[30] Die langfristig vorhersehbare Preisentwicklung verschafft den Unternehmen dabei Planungssicherheit. Eine höhere Energiesteuer oder CO_2-Bepreisung erhöht allerdings auch die Kraftstoffpreise. Die zusätzlichen Kosten für einkommensschwache Haushalte müssen komplett ausgeglichen werden. Die Rückverteilung der Einnahmen kann über sinkende Strompreise und eine Klimaprämie erfolgen.

Obwohl ein ökologisches Preissystem für die Verkehrswende von großer Bedeutung ist, reichen grüne Märkte allein aber nicht aus, um die umweltschädlichen Produktions- und Konsummuster des Kapitalismus zu überwinden. Hierfür müssen die Infrastrukturen unter politischer Regie umgebaut werden. Deswegen sollte ein ambitioniertes öffentliches Zukunftsinvestitionsprogramm im Mittelpunkt jeder Verkehrswende stehen. Dabei ist es wichtig, dass die Stadt- und Raumplanung auf eine Infrastruktur der kurzen Wege – Arbeit, Wohnen, Versorgung, Freizeit und Kultur – abzielt. Das gilt auch und insbesondere für die ländlichen Räume. Gleichzeitig sollten diese stärker an die Ballungsräume angebunden werden. Es ist zwingend notwendig, Neusiedlungen an den öffentlichen Verkehr anzuschließen. Außerdem muss die Verkehrsinfrastruktur trägerübergreifend geplant werden.

Über umfassende staatliche Investitionen sollte man eine flächendeckende Versorgung des öffentlichen Verkehrs sowie des Fuß- und Radverkehrs – Stichwort Umweltverbund – sicherstellen. Es bedarf darüber hinaus einer grundsätzlichen Verlagerung von Luft und Straße auf die Schiene. Dazu ist es erforderlich, das Bahnnetz zu erweitern, stillgelegte Strecken zu reaktivieren und wieder mehr Städte anzubinden. Wo aus technischen Gründen kein Bahnanschluss realisiert werden kann, müssen Fahrdienste auf Abruf und Schnellbuslinien in ausreichender Zahl dessen Aufgabe übernehmen. Eine integrierte Netzplanung, der Deutschlandtakt, würde kurze Umsteigeverbindungen zwischen Nah-, Regional- und Fernverkehr ermöglichen.

Die Beförderungskapazität des ÖPNV muss perspektivisch verdoppelt werden. Der öffentliche Nahverkehr braucht ein dichteres Netz, erweiterte Betriebs- und kürzere Taktzeiten sowie saubere Antriebssysteme. Die Barrierefreiheit von Haltestellen und Fahrzeugen sollte erhöht, zusätzliche Haltestellen eingerichtet sowie das Tarifsystem vereinfacht und vereinheitlicht werden. Des Weiteren gebührt dem ÖPNV über Ampelvorrangschaltungen und Busspuren freie Fahrt gegenüber dem Individualverkehr, um seine Attraktivität für etwaige Fahrgäste zu steigern. Ein gut ausgebauter Nah- und Fernverkehr benötigt aber auch mehr gut bezahltes und qualifiziertes Personal. Außerdem sollte der ÖPNV deutlich verbilligt und perspektivisch kostenlos werden.

Carsharing und Pooling-Dienste können ergänzend die Lücke zwischen Individualverkehr und öffentlichem Verkehr schließen. Die reine Nutzung des Pkw – als Alternative zum Besitz – senkt die Zahl der anfallenden Fahrten und damit das Verkehrsaufkommen. Das erfordert aber eine strikte Regulierung der neuen Mobilitätsdienste. Diese dürfen den ÖPNV nicht kannibalisieren.

Darüber hinaus sollte die Fußgänger- und Radverkehrsinfrastruktur ausgebaut werden. Autofreie Innenstädte, mehr Tempo-30-Zonen und baulich abgetrennte Wege schützen Passanten. Die Ampelschaltungen sind zu kurz. Das Rad hat als Verkehrsmittel noch viel Luft nach oben, insbesondere da derzeit noch jede zweite Autofahrt kürzer als zwei Kilometer ist. Radwege sind baulich vom Autoverkehr zu trennen und mit fahrradfreundlichen Ampelschaltungen auszustatten. Zudem sollte ein bundesweites Radschnellwegenetz aufgebaut werden. Schließlich ist das Parken von Fahrrädern in Wohnquartieren und Zielorten durch gute und sichere Stellplätze zu verbessern.

Der Güterverkehr muss stärker auf Schiene und Wasser verlagert sowie intelligent mit anderen Verkehrsträgern vernetzt werden. Die Trassenpreise gehören gesenkt und die Lkw-Maut ausgeweitet. Schienentrassen sind flächendeckend zu elektrisieren und mit Überholmöglichkeiten auszustatten. Die Infrastrukturen des kombinierten Verkehrs müssen ausgebaut werden. Dafür brauchen wir mehr multimodale Terminals.

Soweit wie möglich sollte der deutsche und europäische Flugverkehr auf die Schiene verlagert werden. Da dies zumindest in Teilen aber nicht möglich ist, gilt es, das klimaschädliche Kerosin weitgehend durch Power-to-Liquid-Kraftstoffe zu ersetzen.

Eine der größten Herausforderungen dürfte die Transformation der Automobilindustrie darstellen. Der fossile Verbrennungsmotor muss unter Einhaltung eines politischen Ausstiegspfades durch emissionsfreie Antriebe ersetzt werden. Ein Schwerpunkt sollte dabei auf der E-Mobilität als Mainstreamtechnologie liegen. Spätestens 2035 dürfen nur noch Elektroautos zugelassen werden.[31] Der heimische Fuhrpark wäre dann 2050 emissionsfrei. Gleichzeitig müssen die Grenz- und Verbrauchswerte für Kraftfahrzeuge weiter sinken.

Die Subventionierung umweltschädlicher Autos – Dienstwagenbesteuerung, Dieselprivileg – sollte endlich abgeschafft und durch eine höhere und vor allem nach CO_2-Ausstoß gespreizte Kfz-Steuer ersetzt werden. Auf Autobahnen, Fernstraßen und in Wohnsiedlungen brauchen wir ein striktes Tempolimit. Geschwindigkeitsbegrenzungen helfen beim Klimaschutz, schaffen mehr Sicherheit, reduzieren Staus und dämpfen den Anreiz, immer schnellere und schwerere Autos zu bauen.

Eine ökologische Industriepolitik sollte dafür sorgen, dass die Schlüsseltechnologien der Elektro- und Wasserstoffmobilität (Batterien, Brennstoffzellen, Power-to-X-Anlagen) in Europa entwickelt und hergestellt werden. Der Strom dafür muss natürlich rein aus regenerativen Quellen kommen. Verkehrs- und Energiewende sind somit untrennbar miteinander verbunden. Der Betrieb von Elektro- und Hybridautos erfordert den Aufbau eines flächendeckenden Netzes von Lade- und Akkuwechselstationen.

Da aber auch Elektroautos eine schlechte Öko- und Klimabilanz haben, führt kein Weg an einer Verringerung des Gesamtbestandes an Fahrzeugen vorbei. Ein ökologisches Fortbewegungskonzept braucht neue Produkte und Geschäftsmodelle für die Konversion der Autobauer. Ein Ausbau der Mobilitätswirtschaft – Herstellung von Zügen, S- und U-Bahnen, Straßenbahnen – dürfte Ersatzarbeitsplätze schaffen und eine aktive Arbeitsmarktpolitik mit passgenauen Qualifizierungs- und Weiterbildungsangeboten den Jobwechsel erleichtern. Die deutsche Wirtschaft könnte so zum international führenden Anbieter klimafreundlicher Mobilität werden. Ein Transformationsfonds sollte notwendige Zukunftsinvestitionen vorantreiben.

Der Umbau muss mit einer stärkeren Demokratisierung wirtschaftlicher Entscheidungen einhergehen. Belegschaften, Betriebsräte und Gewerkschaften sollten an der sozial-ökologischen Transformation der Automobilindustrie teilhaben. Dafür gilt es die Mitbestimmung auszubauen. Auch Umweltinitiativen und -verbände sollten über regional- und strukturpolitische Räte Einfluss nehmen können. Kurzum: Wir brauchen mehr Wirtschaftsdemokratie.

Politische Ökonomie der Verkehrswende

Die ökologische Verkehrswende verlangt nach großen privaten und öffentlichen Investitionsanstrengungen. Nach Berechnungen des Fraunhofer Instituts und MFive ist es erforderlich, bis 2035 insgesamt rund 700 Milliarden Euro zu investieren.[32] In die Verkehrsnetze müssten 537 Milliarden Euro, in die Stromversorgung des Verkehrs 72 Milliarden Euro, in Fahrzeuge des öffentlichen Verkehrs und Stationen 70 Milliarden Euro sowie in Batteriezellen und Halbleiter weitere 18 Milliarden Euro fließen. Diese Investitionsoffensive erzeugt ein moderates jährliches BIP-Wachstum von 1,1 Prozent.

Die wirtschaftliche Dynamik schafft wiederum Beschäftigung. Bis 2035 steigt die Zahl der Erwerbstätigen um über 900 000 Personen. Nach Branchen betrachtet entstehen die meisten Jobs in der Bauwirtschaft (429 000) und im Landverkehr (423 000). Neue Arbeitsplätze werden auch in der Mobilitäts- und Elektroindustrie sowie bei Energieversorgern geschaffen. Die meisten Jobs verlieren die Automobilindustrie (-295 000), das Kfz-Handwerk und der Kfz-Handel (-135 000) sowie die Chemieindustrie. Diese Zahlen unterstreichen nochmals das enorme Ausmaß des bevorstehenden Strukturwandels. Hunderttausende Beschäftigte werden in den nächsten 15 Jahren den Arbeitsplatz wechseln müssen. Bei dieser Betrachtung offenbaren sich allerdings auch die großen wirtschaftlichen Chancen einer ökologischen Verkehrswende, so man sie denn industrie- und arbeitsmarktpolitisch intelligent umsetzt.

Dennoch ist sie teuer. Nichts zu tun, wäre aber noch weitaus kostspieliger, denn die ökonomischen Verluste durch den Klimawandel sind gewaltig. Wenn die globale Temperatur um zwei bis drei Grad steigt, könnten die Ausgaben bis zur Mitte des Jahrhunderts ein Prozent des globalen Sozialprodukts erreichen.[33] Laut Angaben der Europäischen Umweltagentur EEA hat der Klimawandel die Länder der EU seit den 1980er Jahren bereits mehr als 400 Milliarden Euro gekostet. Das Deutsche Institut für Wirtschaftsforschung projiziert für Deutschland bis zum Jahr 2050 Umweltschäden in Höhe von 800 Milliarden Euro,[34] die sich bis zum Jahr 2100 sogar auf drei Billionen Euro summieren würden.

Die notwendigen Investitionen in den öffentlichen Verkehr sollten auf Pump finanziert werden.[35] Derzeit könnten die Finanzierungsbedingungen kaum besser sein, denn die Zinsen sind auf Rekordtief. Fast alle deutschen Staatsschulden sind negativ verzinst. Wenn der

Finanzminister sich heute von Anlegern 1 000 Euro borgt, muss er nach zehn Jahren – abzüglich Inflation – nur 900 Euro zurückzahlen. Zudem ist diese Kreditfinanzierung generationengerecht, da auch unsere Kinder von einem modernen ÖPNV, einer leistungsfähigen Bahn und sicheren Radwegen profitieren werden.

Dauerhaft höhere Staatsausgaben etwa für Personal sowie Stadt- und Raumplanung sollte man hingegen über eine umverteilende Steuer- und Abgabenpolitik finanzieren. Zusätzlicher finanzieller Spielraum entsteht durch den Abbau umweltschädlicher Subventionen und den Verzicht auf unsinnige Großprojekte wie Stuttgart 21.

Geld ist genug da. Das private Nettovermögen beläuft sich auf 13 Billionen Euro, mehr als das Fünffache der Staatsverschuldung. Dieser Reichtum konzentriert sich in wenigen Händen: Das reichste Zehntel der Bevölkerung besitzt fast zwei Drittel, allein die Superreichen – das reichste Tausendstel – ganze 16 Prozent dieses Nettovermögens. Durch eine stärkere Besteuerung von Topverdienern, Großerben, Multimillionären und finanzstarken Unternehmen ließen sich jährliche Mehreinnahmen von über 60 Milliarden Euro erzielen. Ein Großteil muss anschließend bei den Kommunen landen. Der Ausbau des ÖPNV könnte aber auch durch eine Unternehmensabgabe mitfinanziert werden. Diese umverteilende Steuer- und Abgabenpolitik würde vom Verursacherprinzip Gebrauch machen, schließlich haben Superreiche und finanzstarke Unternehmen häufig den größten ökologischen Fußabdruck.

Eine Allianz des Fortschritts

Der Aufbruch in eine gerechte und umweltfreundliche Gesellschaft ist möglich. Die Verkehrswende spielt für die sozial-ökologischen Transformation eine Schlüsselrolle. Gewerkschaften, Sozial- und Umweltverbände, soziale Bewegungen und fortschrittlich gesinnte Parteien können die dafür notwendigen Mehrheiten gewinnen.

Unsere Gesellschaft bewegt sich. Immer mehr Menschen wehren sich gegen die Zerstörung der Natur. Fridays for Future ist die größte Schüler- und Jugendbewegung seit 1968. Die Umweltverbände haben heute mehr Mitglieder als die Parteien. Gleichzeitig führen die Gewerkschaften einen Abwehrkampf gegen den Kahlschlag in der Automobilindustrie und streiten für die Aufwertung der ÖPNV-Berufe.

Nach der Pandemie gilt: »Geht nicht? Gibt's nicht!« Wenn die politischen und wirtschaftlichen Eliten nach zwei billionenschweren Notoperationen – Pandemie und Finanzmarktkrise – Wasser predigen, hört ihnen niemand mehr zu. Sozial-ökologischer Fortschritt ist eine Frage des politischen Willens und nicht des Kassenstandes.

Ein solcher Aufbruch kann aber auch jederzeit an internen Widersprüchen scheitern. Deswegen müssen sich die Gewerkschaften der schwierigen Debatte über die Zukunft des Autos, des Flugverkehrs, des Stahls und der Kohle stellen. Autobauer sollten zu Mobilitätskonzernen und fossile Energiekonzerne zu Energiedienstleistern umgebaut werden. Parallel müssen Fridays for Future wie auch die Umweltverbände noch stärker auf die arbeitsmarkt-, beschäftigungs- und sozialpolitischen Folgen des ökologischen Umbaus achten. Ohne Beschäftigungsperspektiven und gesellschaftlichen Ausgleich sind keine gesellschaftlichen Mehrheiten für eine ökologische Transformation möglich.

Gewerkschaften, Sozial- und Umweltverbände, soziale Bewegungen und fortschrittlich gesinnte Parteien stehen vor der Herausforderung, ihre Anstrengungen zu bündeln. Die progressiven Kräfte in der Gesellschaft haben jetzt die Chance, den Rheinischen Kapitalismus sozial und ökologisch zu zähmen. Diese sollten sie nutzen.

Klimaschutz als sozial-ökologisches, gemeinwirtschaftliches Projekt: Wikipedia und die Bürgerenergie

Von René Mono und Olaf Bandt

Immer mehr Menschen wird klar, dass es so wie bisher nicht weitergeht, wir so nicht länger leben und wirtschaften können. Die ökologische Krise, die uns angesichts von Klimawandel und Artensterben droht, ist ein Grund dafür. Ein anderer äußert sich in dem mittlerweile landläufig grassierenden Gefühl sozialer Ungerechtigkeit.[1] Für beide Aspekte wird in erster Linie der Kapitalismus neoliberaler Prägung verantwortlich gemacht. Es drängt sich zunehmend die Erkenntnis auf, dass eine tiefgreifende sozial-ökologische Transformation von Wirtschaft und Gesellschaft ansteht. Der Ausnahmezustand während der Corona-Pandemie verstärkt diesen Eindruck zusätzlich: »Zurück zur Normalität« ist für viele keine akzeptable Option mehr. Offen bleibt jedoch, wie eine neue, sozial-ökologisch transformierte Gesellschaft tatsächlich aussehen könnte.

Die Antwort auf diese Frage lässt sich theoretisch skizzieren, kann aber auch anhand praktischer Beispiele entwickelt werden. Darunter fallen etwa Rollenmodelle, die sich auch auf andere Bereiche übertragen lassen. Dies wollen wir versuchen, indem wir zwei Beispiele analysieren, die wahrscheinlich allen Leser*innen bekannt sein dürften. Dabei ergeben sich bei genauerer Betrachtung mehrere interessante Perspektiven. Wir beginnen mit der Entwicklung von Wikipedia und besprechen im Anschluss die Bürgerenergie. Dabei hoffen wir, dass beide »sozialen Phänomene«, wie wir sie hier nennen wollen, dazu inspirieren, die sozial-ökologische Transformation ganz konkret anzugehen. Denn sie ist nicht nur nötig, sondern auch möglich.

Ein unterschätztes Phänomen der Postmoderne – Wikipedia

Es gibt Werke, die den Beginn einer zeithistorischen Epoche markieren. So steht die Enzyklopädie paradigmatisch für die Aufklärung. Doch während die große französische *Encyclopédie* von Diderot und D'Alembert ein historisches Dokument bleiben sollte, überstand die *Encyclopædia Britannica* etliche geschichtliche Brüche. Entsprechend war sie auch auf die digitale Revolution vorbereitet: Im Jahr 1994 erschien ihre erste Ausgabe auf CD-Rom. Der nächste Schritt sollte eine Online-Edition sein. Doch zwischenzeitlich hatte sich ein Konkurrent entwickelt. Der frühere Börsenspekulant Jimmy Wales hatte sich das Ziel gesetzt, schneller als die *Britannica* zu sein. 2001 war es so weit: Wikipedia ging als erste echte Online-Enzyklopädie ins Netz und verzeichnete rasch einen historisch einmaligen Erfolg. Ohne feste Redaktion, ohne Chefredakteur*in, ohne Herausgeber*in – einer zentralen Kontrolle setzte Wikipedia die vollkommene Offenheit des Prozesses entgegen. Alle waren eingeladen, an ihrer Entstehung und Weiterentwicklung mitzuwirken. Diese Teilhabe ist an praktisch keine Voraussetzungen geknüpft: Jede*r kann völlig neue Artikel erstellen und muss sich dafür noch nicht einmal bei Wikipedia anmelden oder registrieren. Jede*r kann Passagen aus Artikeln oder auch ganze Artikel löschen, wenn er oder sie diese für irrelevant hält. Und jede*r kann, ohne dass er oder sie hierfür eine besondere Legitimation bräuchte, Artikel kritisieren, korrigieren, erweitern und dafür eine eigene Diskussionsseite einrichten.[2]

Als Wikipedia startete, war »Fake News« noch kein geflügeltes Wort. Trotzdem stieß die Plattform auf Skepsis: »Wie soll das denn eine verlässliche Enzyklopädie werden, wenn jeder ohne besondere

Qualifikation mitmachen kann?«, so der häufig vorgebrachte Einwand. Und ein anderer: »Öffnet das Wikipedia-Prinzip nicht Menschen mit manipulativen Absichten Tür und Tor?«

Jimmy Wales kannte diese Einwände. Aber er vertraute darauf, dass die Menschen, denen eine offene Online-Enzyklopädie wichtig ist, selbst Lösungen dafür entwickeln. Und so geschah es, denn die Wikipedia-Community organisierte sich selbst. Heute gibt es eine feingliedrige soziale Struktur mit unterschiedlichen Rollen, die – je nach Funktion – entweder demokratisch gewählt oder unter Vertrauensvorschuss ernannt werden. Ziel ist eine effektive soziale Kontrolle zur Verhinderung von redaktionellem Vandalismus. Die inhaltliche Begutachtung fällt dabei nicht in die Hände einiger Auserwählter, sondern aller Beteiligten.

Insgesamt ergibt sich somit bei Wikipedia eine »Governance«, die von drei Prinzipen getragen wird: Demokratie, Selbstbestimmung sowie Offenheit im Innen- und im Außenverhältnis. Der Erfolg ist greifbar: Weltweit gibt es 2,5 Millionen Verfasser*innen, die gemeinsam nahezu 50 Millionen Artikel erstellt haben.[3] Wikipedia ist damit um ein Vielfaches umfangreicher, als es die größte zentral verfasste Enzyklopädie je war. Aber Quantität ist nur eine Dimension des Erfolgs, Qualität eine andere.

Eine viel beachtete Untersuchung der Zeitschrift *Nature* zeigte bereits 2005: Wikipedia ist qualitativ auf Augenhöhe mit der *Britannica*: Beide weisen gewisse Unzulänglichkeiten auf, aber diese sind bei der digitalen Plattform nicht ausgeprägter als bei ihrer älteren Konkurrentin.[4] Im Jahr 2006 folgte eine Studie für das Magazin *Stern*, die Wikipedia im Vergleich mit dem *Brockhaus* eine deutlich bessere Qualität bescheinigte.[5] Später kamen weitere Untersuchungen hinzu, die zu ähnlichen Ergebnissen führten.[6]

Wikipedia ist heute ein Gemeinschaftswerk, das quantitativ gigantisch anmutet und qualitativ überzeugt. Das verblüfft. Denn eigentlich kann es gar nicht funktionieren – jedenfalls dann nicht, wenn man Wikipedia unter rein ökonomischen Gesichtspunkten betrachtet. Die Frage, warum Menschen bereit sind, unentgeltlich die Seite zu entwickeln, Artikel zu verfassen, über Beiträge anderer zu diskutieren, diese weiterzuschreiben, Grafiken zu entwerfen, Quellen und Referenzen zu suchen, Fehler zu korrigieren und vieles mehr hat aus der Perspektive der klassischen Ökonomie keine Antwort. Denn die Arbeit an Wikipedia bringt den Autor*innen vordergründig nichts, kostet aber etwas, nämlich viel Zeit. Einer Studie der Informationswissenschaftler Geiger und Halfaker zufolge haben Wikipedianer*innen in den Jahren von 2001 bis 2012 zusammen über 41 Millionen Stunden an der Erstellung der englischsprachigen Ausgabe gearbeitet.[7] Das ist fast sieben Mal so viel, wie es brauchte, um das Empire State Building zu errichten. Angenommen, dass sämtliche beteiligten Wikipedianer*innen den US-amerikanischen Mindestlohn für ihre Arbeit erhalten hätten, beliefen sich allein die redaktionellen Kosten der Wikimedia-Foundation auf 313 Millionen Dollar.

Ein weiteres vermeintliches Rätsel ergibt sich aus dem klassischen Trittbrettfahrer-Problem: Wikipedia funktioniert nur dann, wenn möglichst viele Menschen zu ihr beitragen. Darin besteht allerdings keine Nutzungsvoraussetzung, sodass es für das Individuum ökonomisch weitaus rationaler wäre, sich nicht zu beteiligen und passiv von der Arbeit Anderer zu profitieren. Verhielten sich aber alle Menschen in dieser Weise »rational«, so gäbe es Wikipedia nicht.

Nach Zahlen der Investmentfirma Klein Perkins Caufield & Parkes kam Wikipedia im Jahr 2014 durchschnittlich auf 494 Millionen User im Monat.[8] Diesen fast 500 Millionen Nutznießer*innen standen damals lediglich 70 000 Leute gegenüber, die mehr als fünf Beiträge pro Monat geschrieben hatten.[9] Was könnte ihre Motivation sein? Eine empirische Arbeit der Kommunikationswissenschaftlerin Myriam-Natalie Altmann gibt Hinweise darauf.[10] Wikipedianer*innen glauben, mit ihrer Arbeit einen ganz konkreten Beitrag zu einer besseren Gesellschaft zu leisten. Sie können ihre Artikel selbst verfassen, erkennen darin ihr eigenes Werk und sie fühlen sich einer großen Gemeinschaft zugehörig, in der sie Ideen, Regeln und Normen teilen. Vieles spricht dafür, dass die psychologische Entlohnung, die Wikipedianer*innen empfinden, typisch ist für das, was wir im Folgenden beschreiben: den »kollaborativen Prosum«.

Wikipedia und Bürgerenergie – soziologische Zwillinge

Gesamtheitlich betrachtet läuft Wikipedia auf das Verschmelzen von Produktion und Konsum zu einem einzigen unteilbaren Vorgang hinaus. Die Plattform zeigt, was entstehen kann, wenn aufgrund technischer Gegebenheiten – in diesem Fall dem Internet – »neue« Konsument*innen Wissen gemeinsam produzieren und dadurch Teilhabe erfahren. Doch dieses Potenzial beschränkt sich nicht auf die dezentrale, kollaborative Produktion von immateriellen Gütern. Es zeigt sich auch in anderen Bereichen wie bei den Erneuerbaren Energien.

Wir verdeutlichen dies an einem speziellen Beispiel: der »Energiegenossenschaft des Jahres 2013« Bergheim in der Nähe von Hanau. In dem von Wald umringten 700-Seelen-Dorf heizte man zu Beginn des 21. Jahrhunderts, wie in den wenig besiedelten Regionen des Mittelgebirges üblich, mit Ölkesseln. Irgendwann waren es die Bergheimer*innen leid, von Kartellen und Spekulation, von Mineralöl-Multis und Diktaturen abhängig zu sein. Am Stammtisch wurden erste Ideen geschmiedet. Holzschnitzel könnten in einem Heizkraftwerk auf umweltschonende Weise zur Wärmeerzeugung genutzt werden und ein Nahwärmenetz versorgen. Wirtschaftlichkeitsberechnungen ergaben, dass sich ein solches langfristig aber nur dann auszahlt, wenn fast alle Haushalte im Dorf einen Anschluss bestellen. Und genau das geschah: Von rund 200 Haushalten erklärten sich 195 bereit, Wärme künftig aus dem Nahwärmenetz zu beziehen.

Sogleich begann das Projekt über soziale Grenzen hinweg: Bergheimer Bänker*innen erstellten den Finanzierungsplan. Die technische Leitung übernahm ein Maschinenbauingenieur. Handwerker*innen und der Hausmeister der Schule waren für die Montage zuständig. Um die Genehmigungen kümmerte sich die Bürgermeisterin. Die Grundschullehrerin zeichnete für die Teamorganisation und das Projektmanagement verantwortlich. Und siehe da: Nur knapp vier Jahre nach den ersten Plänen konnten Kraftwerk und Netz in Betrieb genommen werden, Bergheim bezog saubere und regionale Wärme zu stabilen Preisen. Später entschloss sich die Genossenschaft außerdem, das Dach der Holzschnitzelanlage mit Photovoltaik auszukleiden.

Hervorzuheben ist ein Effekt, der wie eine Nebenwirkung erscheinen mag, aber sehr viel über das wahre Potenzial der Bürgerenergie verrät. Der Bergheimer Ortsvorsteher Helmut Langlitz drückte es im persönlichen Gespräch so aus: »Bevor wir angefangen haben«, so sagte er, »saßen die Menschen abends zuhause vor dem Fernseher. Genauso wie in vielen anderen deutschen Gemeinden auch. Mit der Gründung der Genossenschaft haben wir unseren Mitbürgern wieder einen neuen sozialen Bezugspunkt gegeben. Sie kamen wieder aus den Wohnzimmern heraus.« War früher der Stammtisch noch der zentrale Treffpunkt, so entwickelte sich nun um die Versammlungen der Genossenschaft ein beträchtlicher Teil des sozialen Lebens der Dorfgemeinschaft.

Die Bergheimer Energiegenossenschaft ist ein gutes Beispiel für die Dimensionen, die Gemeinschaftsprojekte im Energiebereich annehmen können. Und es ist ein Beispiel, das Schule machen wird. Dafür sprechen schlichte energiewirtschaftliche Zusammenhänge.

Der wichtigste Grund ist trivial. Zwar setzten die Bergheimer*innen auf Holz als Energieträger, doch sind sich fast alle Expert*innen einig: Sonne und Wind werden die Eckpfeiler der künftigen Energiewirtschaft sein, denn beide sind überall ausreichend verfügbar. Und dies erklärt auch, warum in den letzten Jahrzehnten nicht nur in Bergheim, sondern fast überall in Deutschland und in vielen anderen europäischen Ländern Hunderte von Bürgerenergiegenossenschaften und andere Initiativen im Energiesektor gegründet wurden.[11] Privatleute tun sich zusammen, weil sie einen Beitrag für die Energiewende leisten wollen. Tatsächlich spielt die finanzielle Rendite nur eine nachrangige Rolle. Hier wird eine erste Parallele zu Wikipedia erkennbar: Die Online-Enzyklopädie versuchte allen Menschen weltweit Zugang zu einem möglichst breiten und tiefen Allgemeinwissen zu ermöglichen. Bei der Bürgerenergie hingegen ist der globale Klimaschutz die große Aufgabe. In beiden Fällen wirkt ein übergreifendes Ziel sinnstiftend auf das Handeln der Beteiligten. Hinzu tritt außerdem sowohl bei Wikipedianer*innen als auch bei Bürgerenergie-Aktivist*innen ein zweiter Motivationsstrang, der sich aus dem Wunsch ableitet, Teil einer sozialen und wirtschaftlichen Gemeinschaft zu sein.[12]

Energiewende – ein demokratisches Gemeinschaftswerk

Genossenschaften gelten als die demokratischste Organisationsform von Unternehmen. Der Grund dafür ist, dass alle Eigenkapitalgeber*innen jeweils genau eine Stimme haben. Bei Aktiengesellschaften zum Beispiel sind die Stimmrechte dagegen nach dem Kapital verteilt, das der oder die Einzelne einbringt. Das »One-Person-One-Vote«-Prinzip hat nicht nur symbolische Bedeutung, sondern auch konkrete Auswirkungen auf die Entscheidungsfindung innerhalb des Unternehmens, da alle Beteiligten gleichermaßen gefragt sind und nicht etwa eine Handvoll Großaktionär*innen sämtliche Abstimmungen für sich entscheiden können.. Vieles spricht dafür, dass darin die minimale Voraussetzung für das Entstehen einer echten Gemeinschaft liegt.

Eng mit dem Prinzip der Selbsthilfe verbunden ist die Idee der Selbstversorgung. Das Erneuerbare-Energien-Gesetz (EEG) gibt Erzeuger*innen von Strom aus erneuerbaren Quellen das Recht, eine Einspeisevergütung in Anspruch zu nehmen. Darüber finanzierten auch viele Genossenschaften ihre Anlagen. Wer sie erhält, verliert aber, so will es das Gesetz, jede Möglichkeit, den Strom für eigene Zwecke zu nutzen – er gehört dann dem Netzbetreiber und Selbstversorgung ist nicht mehr möglich. Mittlerweile gibt es zwei zusätzliche Probleme: Zum einen hat der Gesetzgeber die Einspeisevergütung auf ein Niveau abgesenkt, auf dem die Errichtung und der Betrieb einer Anlage wirtschaftlich kaum noch tragbar ist. Zum anderen wird es zunehmend schwieriger, sie überhaupt erst in Anspruch zu nehmen. Derzeit müssen zumindest die Betreiber von größeren Photovoltaik- oder Windanlagen die Rechte in einem Ausschreibungswettbewerb der Bundesnetzagentur ersteigern. Untersuchungen zeigen, dass dieser Prozess der Bürgerenergie nicht gutgetan hat.[13] Viele Genossenschaften reagierten verunsichert und ließen zunächst von weiteren Projekten ab. Doch neue Konzepte entstehen bereits. Besonders vielversprechend ist das sogenannte Energy Sharing. Es sieht vor, dass Mitglieder von Bürgerenergieinitiativen den innerhalb ihrer Gemeinschaft erzeugten Strom untereinander teilen können. Die Bundesregierung weigert sich allerdings noch, dies auch in Deutschland zuzulassen. Dennoch ist die Zeit für das Konzept reif. Das hängt schlicht damit zusammen, dass Wind- und Solarenergie immer billiger werden. Schon heute schlägt Strom aus regenerativen Quellen an guten Standorten Gas- und Kohlekraftwerke im Preis.[14]

Wer eine neue Wind- oder Photovoltaikanlage errichten will, ist gut beraten, sich vorzeitig um Endverbraucher*innen zu kümmern, die den Strom abnehmen. Bürgerenergiegenossenschaften sind hier klar im Vorteil. Denn fast alle Genoss*innen sind, wie das Modell Bioenergiedorf Bergheim zeigt, auch Kund*innen und damit Prosument*innen. Sie haben Teil an einem Wirtschaftssegment, das vor der Energiewende großen Konzernen vorbehalten war.

Bürgerenergie bedeutet auch neue Handlungsautonomie für die Verbraucher*innen. Sie müssen die Gestaltung der Zukunft nicht mehr Großkonzernen überlassen, sondern können selbst einen Beitrag leisten. Strom oder auch Wärme werden zu Gütern, die sie kennen, mit denen sie vertraut sind und mit denen sie sich identifizieren.

Die Energiegenossenschaft als Verantwortungsgemeinschaft

Mit einer engeren persönlichen Beziehung zu Wärme und Strom tun sich weitere Chancen für die Energiewende auf. Denn natürlich steigt mit einer höheren Identifikation auch die Chance, dass man sorgsam und intelligent mit ihnen umgeht. Das ist wichtig, da die Stromnachfrage künftig auf plötzlich abflauenden Wind oder auf die Sonneneinstrahlung verringernde Wolkenfelder reagieren müssen wird. Das kann bedeuten, erst dann Strom aus dem Netz zu entnehmen oder das Elektroauto zu betanken, wenn die Sonne scheint oder der Wind weht. Und es kann auch bedeuten, auf energieintensive Aktivitäten zu verzichten, wenn über Tage hinweg die Sonne nicht scheint oder der Wind nicht weht.

Eine erfolgreiche Energiewende benötigt verantwortungsvolle Verbraucher*innen. Und die Zukunft von Bürgerenergiegesellschaften hängt maßgeblich davon ab, inwieweit es ihnen gelingen wird, ihre Mitglieder zu flexiblem Verhalten und mehr Selbstverantwortung zu motivieren.[15]

Das Fazit lautet: Als Teil einer Genossenschaft gewinnen Bürger*innen unmittelbaren und persönlichen Zugang zur abstrakten Aufgabe Klimaschutz. Anstatt auf die Ergebnisse langwieriger politischer Prozesse zu warten, leisten sie einen individuellen, sinnlich erfahrbaren Beitrag für die Energiewende. Sie sehen mit eigenen Augen wie der Strom, den sie verbrauchen, CO_2-frei erzeugt wird. Und genau dieses Gefühl, Teil der Lösung anstatt des Problems zu sein, leitet die Menschen an, die sich in Bürgerenergiegemeinschaften engagieren. Sie leisten außerdem einen Beitrag zur Aufwertung und Weiterentwicklung der Region, in der sie leben. Auch für Bürger*innen, die keine Prosument*innen sind, wird Wirtschaften damit konkret. Sie erkennen, wo, wie und wann sich ökonomische Prozesse vollziehen und sind daher auch in der Lage, selbstständig Urteile zu fällen: Geht die wirtschaftliche Entwicklung in die richtige Richtung? Wie sind Gewinne und Lasten verteilt? Werden die Belange, beispielsweise des Naturschutzes, oder die Interessen der Anwohner*innen genügend berücksichtigt? Je nachdem, wie die Antworten ausfallen, haben sie die Möglichkeit, selbst einzugreifen: sei es, indem sie als Prosument*innen selbst Teil des Wirtschaftsprozesses werden, oder indem sie versuchen, diesen so zu beeinflussen, dass mögliche negative Konsequenzen ausbleiben.

Wikipedia und Bürgerenergie – eine Synopse

Die Parallele zwischen Wikipedia und Bürgerenergie ist offensichtlich: Diejenigen, die sich bisher als Leser*innen auf die Zuverlässigkeit, die Seriosität und Integrität der *Britannica* oder des *Brockhaus* verlassen mussten, und diejenigen, die bisher als reine Verbraucher*innen auf die Investitionen der Stromerzeuger angewiesen waren, können nun selbst etwas beitragen. Es handelt sich um eine Erweiterung ihrer Handlungsmöglichkeiten. Indem sie sich so aus ihrer Entfremdung befreien, empfinden sie, wie Motivationspsycholog*innen sagen, verstärkt ein Gefühl der Selbstwirksamkeit. Der Begriff geht zurück auf Albert Bandura und bezeichnet das Bewusstsein, dass das eigene Handeln einen der Aufgabenstellung angemessenen Einfluss hat.[16] Doch was bringt Selbstwirksamkeit?

Nach jahrzehntelanger psychologischer Forschung lässt sich zeigen, dass Menschen, die in ihrer Arbeit Selbstwirksamkeit erfahren, in gleich dreierlei Hinsicht besser dran sind: Erstens setzen sie sich tendenziell höhere Ziele, zweitens neigen sie eher dazu bei der Arbeit zu lernen, und drittens trauen sie sich selbst komplexere FAufgaben zu. Mit anderen Worten: Menschen, deren Arbeit von Selbstwirksamkeit geprägt ist, sind leistungsfähiger[17] – und zwar deshalb, weil sie den Wert ihrer Arbeit unmittelbar erfahren. Auch hierin dürfte eine Gemeinsamkeit zwischen Wikipedianer*innen und Mitgliedern von Bürgerenergieinitiativen liegen.

Wir haben weiterhin gesehen: Kollaborativer Prosum zielt auf die Bereitstellung von Kollektivgütern. Geht es bei Wikipedia darum, das in der Breite verfügbare Wissen zu vergrößern, steht bei Bürgerenergie der Klimaschutz im Vordergrund.

Die Online-Enzyklopädie schafft es ganz ohne staatliche Unterstützung, das Kollektivgut eines weltweit offenen Allgemeinwissens zur Verfügung zu stellen. Auch zeigt gerade das Beispiel Energy Sharing, dass Prosum-Gemeinschaften das Potenzial haben, Erneuerbare-Energien-Anlagen ganz ohne staatliche Hilfe zu errichten und zu betreiben. Umso wichtiger erscheint es, sie politisch endlich ernst zu nehmen.

Kollaborativer Prosum als politisches Projekt

Jimmy Wales hatte Wikipedia auch gestartet, um die Macht und Vorherrschaft der großen Enzyklopädie-Verlage und -Redaktionen zu brechen. Im Vergleich dazu ist die Bürgerenergie unter anderem deshalb so wichtig geworden, weil die Energiekonzerne, früher noch Monopole, die Sorgen der Menschen vor Reaktorunfällen und Klimakatastrophen nicht ernst nahmen. Es geht also beim kollaborativen Prosum auch um die Auflösung von Strukturen, die auf hierarchischer Macht basieren und für alternative Partizipation keinen Platz lassen.

Diese Muster einer sozial-ökologisch verantwortlichen und zukunftsgerechten Wirtschaft müssen nicht auf die Bereitstellung von Allgemeinwissen und sauberer Energie begrenzt bleiben. Viele weitere Anwendungsfälle sind denkbar: Wie wäre es, wenn Menschen – ganz im Sinne der Radio-Theorie Bertolt Brechts: »Alle Hörer werden Sender!« – die digitalen Medien stärker als bisher dafür nutzten, um über politisch und gesellschaftlich relevante Themen zu debattieren? Sind wir angesichts der Vielfalt exzellenter Podcasts oder mit Blick auf Videoblogger*innen wie Mai Thi Nguyen-Kim mit ihrem Format »maiLab« oder Influencer*innen wie Luisa Dellert davon noch so weit entfernt?

Und wie sieht es in der Reiseindustrie aus? Ist Couchsurfing – also die Plattform, auf der 11 Millionen Nutzer*innen kostenlos ihr Zuhause Gästen anbieten – nicht doch die auf Dauer überlegene Lösung im Vergleich zu Booking.com oder AirBnB? Viele andere lokalere Beispiele, von genossenschaftlichen Wohnprojekten bis hin zum Urban Gardening, wären ebenfalls zu nennen.

Allerdings verdeutlichen diese Beispiele auch: Ein »Durchmarsch zum Erfolg«, wie ihn Wikipedia erlebt hat, ist keine Selbstverständlichkeit. Es gibt mächtige Gegner*innen oder zumindest Antagonist*innen, die das gerne verhindern würden. Ob wir eine sozial-ökologische Gemeinschaftsökonomie gegenüber dem herrschenden Wirtschaftsmodell, welches langfristig sämtliche Ressourcen aufbrauchen wird, durchsetzen können, ist eine sehr politische Frage.

Höchste Zeit also, kollaborativen Prosum als politisches Projekt zu definieren. Dafür ist es zunächst wichtig zu verstehen, an welche Voraussetzungen dieser geknüpft ist. Bleiben wir, um das zu veranschaulichen, für einen Moment bei der Video-Bloggerin Mai Thi Nguyen-Kim. Natürlich hätte sie auch die Möglichkeit gehabt, auf dem herkömmlichen Weg zu einer derart bedeutenden Meinungsmacherin zu werden, beispielsweise über ein Volontariat bei einer öffentlich-rechtlichen Rundfunkanstalt mit anschließender Festanstellung als Redakteurin vor der Kamera. Anstelle dieses langen und eng vorgezeichneten Weges hat sie ganz einfach ihren eigenen Video-Blog gestartet und gilt kaum fünf Jahre später als eine der Erfolgreichsten ihres Genres. Der Schritt von einer promovierten Chemikerin zur Meinungsmacherin war für sie relativ klein. Es gab keine echte Barriere. Ähnlich verhält es sich auch bei Wikipedia: Allen Beitragenden ist es möglich, ohne Registrierung, Download einer Software oder sonstigen Voraussetzungen Beiträge für Wikipedia zu erstellen oder weiterzuentwickeln.

Prosum entsteht also immer dann, wenn Menschen, die vorher lediglich eine passive Rolle im Wirtschaftsprozess innehatten, aufgrund von technischen oder sozialen Entwicklungen die Chance haben, eine aktive Rolle einzunehmen – und das ohne massive Anstrengungen und oft sogar ohne formelle Qualifikation, was, wie die Beispiele zeigen, nicht gleichbedeutend ist mit einer geringen Qualität ihrer Beiträge. Diese strukturelle Zugangsoffenheit – und nicht etwa die Frage, ob Mai Thi Nguyen-Kim eine professionelle Journalistin oder ob der Vorstand einer Energiegenossenschaft festangestellt ist oder nicht – hat konstitutive Bedeutung für Prosum.

Der Bürgerenergie-Boom, den wir zwischen 2006 und 2014 gesehen haben,[18] erklärt sich ohne Zweifel durch die zu dieser Zeit ausgesprochen große Marktoffenheit. Strom in einer Erneuerbare-Energien-Anlage zu erzeugen und in das Netz einzuspeisen, war vor 15 Jahren vielleicht nicht so einfach wie einen Wikipedia-Artikel zu erstellen oder ein Video auf Youtube hochzuladen. Aber aufgrund der sehr erzeugerfreundlichen Regelungen des EEG gestaltete es sich auch nicht viel schwieriger. Bedeutsam war vor allem das unbedingte Recht auf Einspeisung in das öffentliche Netz, welches dort sehr viel klarer und voraussetzungsloser definiert wurde, als beispielsweise im Energiewirtschaftsgesetz. Mit der Novelle des EEG im Jahr 2014 und seitdem in fast allen weiteren Gesetzesänderungen knüpfte man dieses aber an immer weiterreichende Voraussetzungen.[19] In Folge verlor die Bürgerenergie in den letzten Jahren zusehends an Bedeutung.[20] Umso attraktiver werden Modelle wie das oben erwähnte Energy Sharing.

Dabei gibt es aber zwei Probleme. Erstens hat Energy Sharing trotz der geringen Kosten für die Erzeugung von Wind- und Solarstrom keine ausreichende finanzielle Basis, da in Deutschland auch für den vor Ort erzeugten Grünstrom sämtliche Abgaben, Umlagen und Entgelte bezahlt werden müssen. Dabei entfällt lediglich die Stromsteuer unter bestimmten Umständen. Die dadurch entstehende Zusatzbelasttung summiert sich leicht auf das Dreifache der eigentlichen Erzeugungskosten. Bisher weigert sich die Bundesregierung, dem Beispiel anderer EU-Mitgliedsländer zu folgen und Strom, der von Bürgerenergiegesellschaften genutzt wird, von einem Teil dieser Abgaben, Umlagen, Entgelte und Steuern zu befreien. Daher gibt es kaum Anreize für die Genossenschaften, in das Energy Sharing einzusteigen.

Wohl noch entscheidender ist die Tatsache, dass für diejenigen, die Energy Sharing betreiben wollen, exakt die gleichen Vorschriften gelten wie für größere Energielieferanten. Diese sind aber so umfassend, dass kaum eine Bürgerenergiegesellschaft sie ohne weiteres abarbeiten kann.[21] Daher bleibt Energy Sharing als Möglichkeit von kollaborativem Prosum in Deutschland bisher leider eine abstrakte Idee ohne Praxisgehalt, während sie in vielen europäischen Nachbarländern schon realisiert wird. Dies ruft nach entsprechenden politischen Entscheidungen, denn eine solche Blockade passt nicht in unsere Zeit.

Künftig sollten Mitglieder von Energiegenossenschaften für den Strom, den sie über Energy Sharing von ihrer eigenen Genossenschaft beziehen, weniger zahlen müssen: keine EEG-Umlage, keine Stromsteuer und ein reduziertes Netzentgelt.[22] Vor allem aber müssen die Initiativen selbst von den Lasten und Pflichten für Energielieferanten freigestellt werden.

Das traurige Beispiel des Energy Sharing und damit von kollaborativem Grünstrom-Prosum in Deutschland steht leider geradezu paradigmatisch für die Energiepolitik der Bundesregierung in der Vergangenheit. Vor genau 20 Jahren startete Wikipedia, kurz vorher war das erste EEG in Kraft getreten. Doch nach kaum mehr als zehn Jahren, in denen beide noch von Erfolg zu Erfolg eilten, ging ihre Entwicklung schließlich auseinander. Während das Internet heute ohne Wikipedia kaum noch vorstellbar wäre, ist es um die Energiewende bedeutend schlechter bestellt.

Eine »Energiewende ohne Bürger« – so ein Titel der *Zeit* aus dem Jahr 2018[23] – darf keine Realität werden. Schon gar nicht in einer Ära, in der die sozialen, ökonomischen und technischen Entwicklungen geradezu danach rufen, kollaborativen Prosum auch in Form der Bürgerenergie zum dominierenden Muster der Energiewende zu machen. Und es geht um noch mehr: nämlich darum, das Vorbild einer tiefgreifenden sozial-ökologischen Transformation unserer Gesellschaft zu schaffen.

Bei der Bundestagswahl besteht die Chance, diesem Projekt die politische Heimat und Priorität zu geben, die es verdient. Wir schlagen vor, dass in der kommenden Legislaturperiode der massive Ausbau Erneuerbarer Energien von einem dezentralen und gemeinwirtschaftlich verfassten Bürgerenergiecluster getragen wird. Dafür stellen wir folgende Forderungen auf:

- Der Ausbau der Erneuerbaren Energien ist so zu gestalten, dass sich Menschen aus allen Schichten, Altersgruppen und Kulturen barrierefrei auch mit geringen Beiträgen an Energiegemeinschaften beteiligen können.
- Fehlendes Kapital ist von eigens entwickelten »Prosumer-Energiefonds« zinsgünstig, beispielsweise über die Kreditanstalt für Wiederaufbau (KfW), bereitzustellen.
- Entgelte und Abgaben für lokal agierende Gemeinschaften sind so anzupassen, dass echte Vorteile gegenüber der bundesweiten Vermarktung von Strom entstehen.

- Für diese Form gemeinwirtschaftlich organisierter Energieproduktion und -verteilung sind ähnlich dem Wohngenossenschaftsrecht bundesweit abgestimmte Grundsätze verbindlich festzulegen.

Mit diesen Eckpunkten wird es gelingen, den Zugang zur Bürgerenergie für alle gesellschaftlichen Gruppen zu erleichtern und so die Energiewende wieder zu einem Gemeinschaftsprojekt zu machen – einem Spielfeld für kollaborativen Prosum.

Für eine soziale und ökologische Agrarwende: Warum sich Landwirtschaft und Ernährungssystem am Gemeinwohl orientieren müssen

Von Olaf Bandt und Elisabeth Fresen

Die Landwirtschaft ist heutzutage mehr denn je ein Politikum, da die Erwartungen der Gesellschaft an Bäuerinnen und Bauern in den letzten Jahren stark gestiegen sind. Es geht längst um mehr als die reine Nahrungsmittelproduktion. Vor allem sollen die Landwirt*innen gesunde Lebensmittel erzeugen sowie Tier-, Umwelt-, Natur- und Klimaschutz in ihre Arbeit integrieren. Im Gegenzug verlangen diese, für diese Gemeinwohlleistungen angemessen entlohnt zu werden, da sie sich angesichts steigender Auflagen und nicht kostendeckender Preise in ihrer Existenz bedroht sehen.

Wir erleben Proteste von Bäuerinnen und Bauern, die unter existentiellem wirtschaftlichem Druck stehen, während die Proteste aus Umwelt- und Tierschutzverbänden eine grundsätzliche Systemveränderung fordern. Doch die Agrarpolitik, welche die dafür erforderlichen politischen Rahmenbedingungen setzen muss, verfolgt noch immer das überholte Credo des »Wachsens oder Weichens«. Gleichzeitig erscheinen zahlreiche wissenschaftliche Studien, deren Kernbotschaft lautet, dass wir endlich umsteuern müssen, wenn wir Biodiversität und Klima schützen wollen. Wie also kann eine Landwirtschaft aussehen, die solche Gemeinwohlleistungen erbringt – und gleichzeitig den enormen ökonomischen Druck von den Höfen nimmt sowie vielfältige Betriebsstrukturen erhält? Um dem näherzukommen, müssen wir zunächst die Aufgaben der Landwirtschaft im historischen Kontext genauer betrachten.

Jahrhundertelang ging es vor allen Dingen darum, ausreichende Mengen an Lebensmitteln zu erzeugen, bis die Industrialisierung schließlich eine beständige Steigerung der Erträge ermöglichte. Nach der Situation realen Mangels wurden aber bereits in den 1970er Jahren Überschüsse produziert, die nachfolgend neue Probleme bereiteten: In den 1980er Jahren sprach man bereits von »Milchseen« und »Butterbergen« in Europa. Die Intensivierung der Produktion ging außerdem mit anderen unerwünschten Begleiterscheinungen einher, die im Laufe der Zeit immer deutlicher wurden und dadurch den Blick auf Koppelwirkungen der Landwirtschaft öffneten. In der Sprache der Ökonomie ist dabei der Begriff »öffentliche Güter« bezeichnend. Die Landwirtschaft produziert diese nämlich nicht direkt, sondern vielmehr als Begleiterscheinungen der jeweiligen Wirtschaftsweise: Dazu gehören eine vielfältige Kulturlandschaft, artgerechte Nutztierhaltung, (Agro-)Biodiversität und Bodenfruchtbarkeit, Sauberkeit und Reinheit der natürlichen Ressourcen Boden, Wasser und Luft sowie ein geringer Ausstoß von Treibhausgasen. Auch ein sozialer und ökonomischer Beitrag wird von der Landwirtschaft erwartet, indem sie beispielsweise in ländlichen Regionen Arbeitsplätze schafft und in städtischen Ballungsräumen zu einer regionalen und direkten Versorgung mit gesunden Lebensmitteln beiträgt.

Diese Leistungen für das Gemeinwohl rückten jedoch mit der Zeit angesichts der fortschreitenden Rationalisierung und dem ökonomischen Druck immer weiter in den Hintergrund. Denn die Produktionsweisen und die Strukturvielfalt, die nötig sind, um öffentliche Güter zu erzeugen und zu erhalten, sind kostenaufwendig. Die meisten Bäuerinnen und Bauern sind sicherlich der Überzeugung, dass die Landwirtschaft einen wichtigen Beitrag zum Gemeinwohl leisten kann – doch muss es dabei gleichzeitig auch möglich sein, ein Einkommen zu erwirtschaften, das ihre Betriebe am Leben hält. Für eine gemeinwohlorientierte Landwirtschaft ist also eine ökonomische Perspektive unabdinglich; egal, ob für konventionell oder ökologisch bewirtschaftete Betriebe. Die Ziele sind umweltfreundliches

Wirtschaften, artgerechte Tierhaltung, vielfältige Strukturen und die regionale Produktion von hochwertigen Lebensmitteln. Eine Orientierung am Gemeinwohl sowie die Schaffung und der Erhalt öffentlicher Güter sind besondere Leistungen, die neu bewertet und honoriert werden müssen.

Wie sieht eine am Gemeinwohl orientierte Landwirtschaft aus?

Nicht nur die Landwirtschaft im engeren Sinne ist bei der Frage der Gemeinwohlorientierung relevant, sondern die gesamte Kette von der Saatgutzüchtung bis hin zu den Verbraucher*innen. Was die Produktionsweise betrifft, wird immer offensichtlicher, dass der fortschreitende Klimawandel und das ungebremste Aussterben von Tier- und Pflanzenarten auch einen größeren Beitrag der Landwirtschaft zu deren Schutz erfordert. Zugleich setzen viele Betriebe bereits entsprechende Produktionsweisen im Sinne des Gemeinwohls um. Im Folgenden beleuchten wir diese bewährten Systeme aus der Praxis genauer. So geht es im *Ackerbau* um eine Vielfalt der angebauten Früchte, unterstützt durch eine standortangepasste, vielfältige und gentechnikfreie Saatgutzüchtung. Ziel ist eine möglichst kleinteilige Struktur der Felder mit ausreichenden Saumstrukturen, ebenso wie die Vielfalt der angebauten Früchte neben- und nacheinander. Dies ermöglicht eine Reduzierung des Einsatzes von Pflanzenschutzmitteln und synthetischer Düngung. Als Beitrag zum Klimaschutz sind Fruchtfolgen und solche Bodenbearbeitungsformen angezeigt, die den Humusanteil im Boden steigern.

Kleinstrukturiert sollte auch das *Grünland* sein. Entscheidend im Sinne des Gemeinwohls sind Erhalt und Stärkung von artenreichem Dauergrünland, Weidehaltung und schonenden Bewirtschaftungsweisen. Grundvoraussetzung für eine am Gemeinwohl orientierte *Tierhaltung* ist das ausgewogene Verhältnis von Tieren und Futterfläche. Ein solches ermöglicht klimaverträgliche Haltung mit regionaler Fütterung, reduziert die Abhängigkeit von Importfuttermitteln sowie die Gefahr der Überdüngung. Wiederkäuer sollten hauptsächlich von Grünland versorgt werden, das für die menschliche Ernährung nicht nutzbar ist. Unverzichtbar bleibt ein artgerechter Umgang mit landwirtschaftlichen Nutztieren bei Haltung, Fütterung, Transport und Schlachtung. Dies schließt die Patentierung einzelner Arten und eine auf einseitige Extremleistungen ausgerichtete Zucht aus. Medikationen sollten tierspezifisch im Einzelfall und nicht prophylaktisch für ganze Herden oder Bestände erfolgen und auf den Einsatz von Reserveantibiotika verzichten.

Die Landwirtschaft ist Teil unseres Agrar- und Ernährungssystems. Zu ihren *Strukturen* zählen vorgelagerte Branchen wie Landtechnik, Saatguterzeugung und Agrarchemie ebenso wie nachgelagerte Bereiche mit Landhandel, Molkereien und Schlachtkonzernen. Auch hier haben Rationalisierung und Konzentration ihre Spuren hinterlassen. Momentan profitieren davon maßgeblich wenige, häufig global agierende vor- und nachgelagerte Konzerne. Der Umbau hin zu einer gemeinwohlorientierten Landwirtschaft muss deshalb auch mit dem Umbau der angebundenen Strukturen einhergehen. So ist es beispielsweise ein erklärtes Ziel der »Eiweißstrategie« der Bundesregierung, wieder verstärkt heimische Futtermittel einzusetzen, wie Ackerbohnen oder auch Soja als Alternativen zu Importfuttermitteln und als Beitrag zu einem vielfältigen Ackerbau. Erforderlich dafür sind entsprechende Saatgutzüchtungen ebenso wie ein Erfassungshandel und die entsprechenden Aufbereitungsanlagen – und natürlich eine Nachfrage am Markt. Momentan ist importiertes, gentechnisch verändertes Soja günstig und einfach zu beschaffen, was dazu führt, dass regionale Futtermittel am Markt keine Chance haben. Veränderungen im Ackerbau allein sind wirkungslos, wenn die Strukturen ringsherum bestehen bleiben. Auch die Corona-Pandemie hat deutlich gemacht, was es bedeutet, wenn in hochgradig rationalisierten Produktionsketten, die auf einige wenige Weiterverarbeitungskonzerne konzentriert sind, ein Rädchen ins Stocken kommt: Schweine und Rinder konnten nicht mehr geschlachtet werden, weil der einzige Schlachthof weit und breit schließen musste. Es kam zu Preiseinbrüchen für die Landwirt*innen und zur Überbelegung in den Ställen – selten war die Abhängigkeit von den Großkonzernen deutlicher zu sehen.

Die *Prinzipien* für eine zukunftsfähige, umweltfreundliche, klimaschonende und insgesamt nachhaltige Landwirtschaft beruhen auf bewährten bäuerlichen Wirtschaftsweisen. Zentrales Element ist die ressourcensparende Kreislaufwirtschaft: Wiederkäuer werden vom Grünland gefüttert, Schweine und Geflügel mit Nebenprodukten vielfältigen Ackerbaus versorgt; Mist und Gülle der Nutztiere sind wertvoller Dünger, der zur Erzeugung von Lebensmitteln auf dem Acker zum Einsatz kommt. Vielfalt ist ein weiteres Kernelement bäuerlichen Wirtschaftens und sorgt zudem für mehr Resilienz. Sie ermöglicht nicht nur mehr (Agro-)Biodiversität, sondern bietet für die Bäuerinnen und Bauern auch eine Risikostreuung, da Ernteausfälle einer Kultur durch eine andere ausgeglichen werden können. »Bäuerlichkeit« war und ist ein sozio-ökonomisches Prinzip, in dem die Interessen des Betriebes – der Ökonomie – eng verwoben sind mit den Interessen der dort arbeitenden Menschen – dem sozialen Aspekt. Fortschritt bedeutet zwar Arbeitserleichterung, aber Arbeitsplätze auf Kosten des Tierwohls, der öffentlichen Güter und der wirtschaftlichen Existenz gänzlich wegzurationalisieren, handelt dem Interesse der Bäuerinnen und Bauern zuwider. Nicht eine möglichst hohe Kapitalrendite war und ist das anzustrebende Ziel, sondern die Sicherung des Hofes als Existenzgrundlage für ein auskömmliches Leben über viele Generationen.

Wie aber können diese bäuerlichen Prinzipien im heutigen Ernährungs- und Landwirtschaftssystem realisiert werden? Die Grundlage dafür ist eine effiziente und wirtschaftliche Ressourcennutzung. Boden, Wasser, Luft und Klima werden nicht überstrapaziert, sondern nur innerhalb der natürlichen Grenzen genutzt. Man verzichtet darauf, mit einem hohen Einsatz von zugekauften Ressourcen wie Mineraldünger, Futter- oder Pflanzenschutzmitteln Maximalerträge zu erzielen. Die Strategie ist vielmehr, die im Betrieb vorhandenen Rohstoffe optimal und schonend zu nutzen. Ein Beispiel wäre, Milch nur aus dem Futter von Weiden und Wiesen statt von Ackerflächen zu produzieren, die der menschlichen Ernährung vorbehalten sein sollten. Auf diese Weise wird Grünland zu Milch veredelt, die Kühe bekommen artgerechten Weidegang und treten nicht in Konkurrenz zu Nahrungsmitteln für Menschen.

Vielfalt ist im Ackerbau der Schlüssel zur optimalen Ressourcennutzung ebenso wie zum Gemeinwohl: Wer viele Ackerfrüchte nebeneinander und nacheinander anbaut, setzt weniger Pestizide und synthetischen Dünger ein, schafft eine bunte, kleinteilig strukturierte Agrarlandschaft und Lebensraum für viele Arten, bindet klimaschädliches CO_2 in Form von Humus langfristig im Boden und erzeugt gesunde Lebensmittel sowie als Nebenprodukt regionale Futtermittel. Leider hat die Politik entgegen diesem bäuerlichen Prinzip in der Vergangenheit stets Größenwachstum, Leistungssteigerung und Spezialisierung gefördert. Nun braucht es jedoch eine Anpassung der Rahmenbedingungen hin zur Förderung eines optimalen Umgangs mit den Ressourcen statt unbegrenztem Input für Maximalerträge – nicht nur wegen des Natur-, Klima- und Tierschutzes, sondern auch angesichts von Überkapazitäten auf den Absatzmärkten, insbesondere bei Milch und Fleisch, und einer zunehmenden Monopolisierung durch Großkonzerne.

Gemeinschaftsgetragene Ansätze – die Solidarische Landwirtschaft und die Regionalwert AG

In eine neue Richtung geht die Bewegung der Solidarischen Landwirtschaft (Solawi). Dabei werden Betriebe gegründet, an denen sowohl Erzeuger*innen als auch Konsument*innen beteiligt sind.

Letztere bezahlen die vorauskalkulierten Kosten, dürfen bei der Produktionsweise mitbestimmen und erhalten schließlich die geernteten Produkte – je nach Ertrag in unterschiedlicher Menge, regional und saisonal. Im Konzept der Solidarischen Landwirtschaft wird den Erzeuger*innen Einkommen garantiert, der Preiswettbewerb vermieden und damit Raum geschaffen für die Erbringung von Leistungen im Sinne des Gemeinwohls. Initiativen dieser Art lassen sich auch als eine kollektive Form der Selbstversorgung verstehen, die mit überwiegend kleinteiligen Strukturen eine vielfältige Kulturlandschaft fördert und nicht zuletzt auch die Konsument*innen der regionalen und saisonalen Lebensmittelerzeugung wieder näherbringt.

Etwas großräumiger funktioniert das Konzept der Regionalwert AG, einer Bürger*innen-Aktiengesellschaft. Dahinter steht die Idee, kleinere und mittlere Betriebe der ökologischen Land- und Ernährungswirtschaft enger mit den Bürger*innen in Verbindung zu bringen und an einer regionalen Ernährungssouveränität zu arbeiten. Die einzelnen Betriebe sind zwar unternehmerisch selbständig, zugleich aber eng verwoben mit dem Ernährungssystem vor Ort. Zum Teil finanzieren sich diese auch durch die Kapitaleinlage von Bürger*innen. Das bedeutet, dass nicht nur Landwirtschaft, Lebensmittelhandwerk und Vermarktung, sondern auch die Beschaffung der Produktionsmittel in Form von beispielsweise Saatgut, Energie und Know-how wieder im regionalen System erfolgen. Der Groß- und Einzelhandel, dessen Aufgabe es ist, Ausgleich und Warenfluss zwischen den verschiedenen Wertschöpfungsräumen herzustellen, gehört ebenfalls dazu. Idealerweise geht es dabei nicht mehr um eine reine Produktionskette, die sich in einem anonymen Markt verliert, sondern um eine regionale Versorgungsökonomie. Hinzu kommt, dass sich innerhalb der Grenzen dieser Wertschöpfungsräume die oft sehr abstrakten »öffentlichen Güter« wieder zu konkreten Gütern einer in der Region verwurzelten Zivilgesellschaft verwandeln: Die örtliche Kulturlandschaft, sauberes Trinkwasser, an den Standort angepasstes Saatgut mit offenem Zugang zu den Sortenrechten, Bodenfruchtbarkeit, regionale Spezialitäten – die Liste ließe sich fortsetzen. Das erleichtert es den Beteiligten dann auch, die »wahren« oder auch »angemessenen« Kosten für Lebensmittel zu zahlen.

Wie ist eine soziale und ökologische Agrarwende möglich?

Effiziente Low-Input-Systeme, die Solidarische Landwirtschaft oder Regionalwert AGs sind gute Ansätze, unsere Landwirtschaft am Gemeinwohl auszurichten. Doch die dramatische Bedrohung der biologischen Vielfalt in der Agrarlandschaft, der schnell notwendige Klimaschutz, die dringend erforderliche Verringerung der Belastungen von Grundwasser und Oberflächengewässern oder die allseits geforderte Umstellung auf artgerechte Tierhaltung machen deutlich, dass schnell und flächendeckend gehandelt werden muss. Von Vertreter*innen der »reinen« Marktwirtschaft und des freien Handels wird dem regelmäßig entgegengehalten, dass individuelles Gewinnstreben und der Wettbewerb »wie von selbst« dafür sorgen, dass die Bevölkerung bedarfsgerecht und zu jeweils angemessenen Preisen versorgt wird. Doch für viele öffentliche Güter existiert überhaupt kein funktionierender Markt und selbst bei konkreten Produkten führen die besonderen Bedingungen der heutigen Landwirtschaft oft dazu, dass die neoliberale Theorie in der landwirtschaftlichen Praxis scheitert.

So kann die Landwirtschaft beispielsweise nicht angemessen auf Preisschwankungen reagieren. Das hat verschiedene Gründe. Von großer Bedeutung ist der hohe Kapitalbedarf für einen landwirtschaftlichen Arbeitsplatz. Nehmen wir zur Illustration einen Hof mit 60 Kühen und 60 Hektar Land. Es wäre durchaus möglich, dass eine Einzelperson diesen Betrieb bewirtschaftet. Doch die dafür benötigten Investitionen sind hoch: Im Durchschnitt kostet die Bereitstellung eines landwirtschaftlichen Arbeitsplatzes rund 500 000 Euro – und die Kredite für das Fremdkapital müssen abbezahlt werden, unabhängig davon, wie der Milch- oder Fleischpreis gerade steht. Um die Liquidität des Betriebes nicht zu gefährden, können es sich die meisten Landwirt*innen selbst bei schlechten Preisen gar nicht leisten, ihre Produktion zurückzufahren. Auch das Einsparpotenzial ist begrenzt: Ein Produktionsstopp gestaltet sich in der Landwirtschaft mit ihren naturgebundenen Produktionsprozessen äußerst schwierig – zumindest kurzfristig. Die Pflanzen wachsen weiter und die Kühe geben weiter Milch, egal wie viel am Markt ist. Weniger oder nichts abzuliefern, würde die Kosten kaum senken, aber die Erlöse gingen noch stärker zurück. Hinzu kommt, dass in der deutschen Landwirtschaft immer noch mehr als die Hälfte aller geleisteten Arbeitsstunden von Selbstständigen und ihren Familienangehörigen erbracht wird. Bei diesem Personenkreis fallen nicht die üblichen Lohnkosten an. Wenn Selbstständige ihre Arbeit einstellen, werden keine realen Kosten gespart. Unter solchen Bedingungen ist oft die volkswirtschaftlich kontraproduktive, aber einzelbetrieblich überlebensnotwendige Konsequenz, dass Landwirt*innen die Produktion fortsetzen und den Gürtel enger schnallen. Nicht selten wird sogar versucht, die drohenden Verluste durch noch umfangreichere Produktion und steigende Inputs auszugleichen. Das wäre ein weiterer Schritt in die Wachstumsspirale, aus der die Betriebe nur schwer wieder herauskommen.

Zu den besonderen Produktionsbedingungen tritt der Umstand hinzu, dass Bäuerinnen und Bauern die schwächsten Akteur*innen auf den Agrarmärkten sind. So stehen in Deutschland rund 65 000 Milchviehbetriebe etwa 100 größeren Molkereien und diese wiederum einem Oligopol von vier dominierenden Handelsketten gegenüber. Hier findet ein Wettbewerb ungleicher Partner*innen statt, in dem vor allem Verarbeitungsunternehmen und große Handelsketten die Preise bestimmen und die Gewinne einstreichen. Bäuerinnen und Bauern fordern vehement, dass Milchbetriebe Lieferverträge mit festen Preisen gegenüber den Molkereien aushandeln können.

Als Garant für ein angemessenes Einkommen der Bäuerinnen und Bauern dienen die Agrarmärkte also nicht. Im Gegenteil, sie heizen unter den jetzigen Bedingungen den Wachstumsdruck weiter an: Das Angebot steigt und die Preise fallen.

Instrumente für den Wandel

Was also tun? Dringend erforderlich sind Märkte, auf denen nachhaltiges und am Gemeinwohl orientiertes Wirtschaften ausreichend honoriert wird. Wo es diese nicht gibt oder wo sie nicht funktionieren, ist eine staatliche Steuerung nötig. Dafür braucht es öffentliche Gelder sowie neue Rahmenbedingungen, die ein Wirtschaften im Sinne des Gemeinwohls fördern und unterstützen. Immer mehr Verbraucher*innen sind bereit, für Qualitätsprodukte höhere Preise zu zahlen. Dabei hat »Qualität« eine doppelte Bedeutung: Einerseits sollen die Produkte selbst natürlich gesund, nahrhaft sowie frei von Rückständen sein und gut schmecken. Andererseits bezieht sich der Begriff auch auf die Herstellungsprozesse: Ganz unabhängig vom Endprodukt müssen Ressourcen geschont, die Biodiversität geschützt und Tiere artgerecht gehalten werden. Produkte aus dem Ökologischen Landbau sind ein Musterbeispiel dafür, wie es gelingen kann, beide Aspekte zusammenzubringen.

Bestimmte Label garantieren zudem regionale Herkunft, artgerechte Tierhaltung, Verzicht auf Gentechnik und vieles mehr. Der Absatz von Bioprodukten stieg in den letzten Jahren kontinuierlich und boomte in Corona-Zeiten geradezu. Eine hohe Qualität am Markt zu platzieren, ist jedoch ein aufwendiges Unterfangen. Im Ökologischen Landbau hatte man jahrzehntelang mit viel Engagement und Herzblut ein eigenes Zertifizierungs- und Kontrollsystem aufgebaut, bis die Europäische Union schließlich 1992 zunächst die pflanzlichen Lebensmittel aus Ökologischem Landbau gesetzlich schützte. In diesem Prozess schuf der Staat durch die Gesetzgebung zusätzlich wichtige Rahmenbedingungen zu einem Markt für entsprechend bepreiste Qualitätsprodukte.

Eine andere Variante ist die Pflichtkennzeichnung der Produktionsart von Lebensmitteln, wie beispielsweise die Eierkennzeichnung mit vier verschiedenen Klassen, die es Betrieben mit Öko-, Auslauf- oder Bodenhaltung ermöglicht, höhere Preise zu realisieren. Solche Modelle gilt es jetzt verpflichtend auf Milch, Fleisch und andere landwirtschaftliche Produkte auszuweiten. Höhere Preise sollten den größten Teil der Produktionskosten abdecken, reichen aber in der Regel nicht aus. Der Ökologische Landbau erhält deshalb zusätzlich eine flächenbezogene Förderung, auch die artgerechte Tierhaltung unterstützt man zukünftig mit öffentlichen Mitteln. Das wird noch in vielen weiteren Bereichen nötig sein. Der wissenschaftliche Beirat des Landwirtschaftsministeriums hat ausgerechnet, dass man in Deutschland bis zu fünf Milliarden Euro pro Jahr benötigt, um die Nutztierhaltung so umzubauen, dass sie den Ansprüchen der Gesellschaft entspricht. Nach Erfahrungen von Marketingexpert*innen wird man aber angesichts des aktuellen Kaufverhaltens nur rund zehn Prozent davon über Qualitätsprodukte mit einer Deklarierung der besseren Haltungsformen generieren können. Dies zeigt noch einmal, wie unwirksam der »freie« Markt hier letztlich ist. Für die weiteren Kosten dieses dringend erforderlichen Umbaus der Tierhaltung braucht es daher beispielsweise Steuern oder Abgaben, für die notwendigen Veränderungen müssen entsprechende Anreize geschaffen werden.

Sehr stark abhängig von staatlicher Finanzierung sind auch landwirtschaftliche Aktivitäten, bei denen gar keine Produkte für den Markt entstehen. Dies gilt für die Landschaftspflege in Schutzgebieten oder die Beendigung der enorm klimaschädlichen ackerbaulichen Nutzung von Mooren. Umso wichtiger ist es, die Steuergelder

der Gemeinsamen Europäischen Agrarpolitik (GAP) zielgerichteter einzusetzen. Hierfür zahlt die Gesellschaft bereits hohe Beträge, die aber weder im Sinne des Gemeinwohls noch im Sinne einer bäuerlichen Landwirtschaft verwendet werden. Ein vielversprechender Ansatz ist die sogenannte Gemeinwohlprämie, die in ähnlichen Formen sowohl der Deutsche Verband für Landschaftspflege (DVL) als auch die Arbeitsgemeinschaft bäuerliche Landwirtschaft (AbL) vorschlagen. Dabei sollen die Mittel der bisher rein flächenbezogenen Direktzahlungen gezielt zur Honorierung konkreter Leistungen für das Gemeinwohl genutzt werden. Die Höhe der Zahlungen richtet sich dann nicht mehr nach der Hektarzahl, sondern danach, welchen Einfluss der Betrieb auf vielfältige, lebendige Kulturlandschaften, gesunde Böden und Gewässer sowie das Wohl der Tiere hat. Die Kriterien der AbL für artgerechte Haltung sind beispielsweise mehr Platz je Tier im Stall, eingestreute Liegeflächen oder die Weidehaltung. Unter die Kriterien für die Flächenwirtschaft fallen vielfältiger Ackerbau, geringe Flächengröße, Verzicht auf Totalherbizide, wie zum Beispiel Glyphosat, oder ein höherer Anteil von Landschaftselementen.

Vergleichbare EU-Programme mit ähnlichen Absichten gibt es zwar bereits, aber sie sind noch zu stark regional begrenzt, zu wenig verbreitet, zu schwach finanziert und kaum einkommenswirksam. Die aktuelle »Förderung« gleicht lediglich den höheren Aufwand, also das Ertragsdefizit, gegenüber der normalen Produktionsweise aus. Bei einem insgesamt nicht kostendeckenden Niveau der Erzeuger*innenpreise führt auch die Teilnahme an entsprechenden Ausgleichsprogrammen nicht zwangsläufig zu einem angemessenen Einkommen. Notwendig ist es deshalb, sämtliche Gelder aus der Gemeinsamen Agrarpolitik der EU an Leistungen im Sinne des Gemeinwohls zu knüpfen. Die Landwirt*innen müssen dahingehend künftig aus einem attraktiven, vielfältigen Katalog wirksamer Maßnahmen wählen können.

Marktregulierung senkt den Wachstumsdruck und sichert Einkommen

Um unsere Landwirtschaft am Gemeinwohl auszurichten, braucht es weitere politische Rahmenbedingungen: Auf den herkömmlichen Agrarmärkten ist in Krisensituationen Mengenregulierung erforderlich, um einen Preisverfall zu vermeiden und den Wachstumsdruck zu verringern. Da die Landwirtschaft kurzfristig wenig passgenau auf Marktsignale reagieren kann, ist die Unterstützung mittels staatlicher Instrumente notwendig. Im Falle der Milch diskutiert man beispielsweise eine »flexible Mengensteuerung«. Zeichnen sich Überschüsse ab, sollte ein System in Kraft treten, das Erstattungen für eine Mengenreduzierung gewährt und gegebenenfalls auch Strafzahlungen bei einer Mengensteigerung erhebt. Diskutiert werden auch Mindestpreise, die einen gewissen Schutz vor existenzgefährdenden Marktentwicklungen bieten, ohne gleichzeitig die Produktion anzuheizen. Mit dem sogenannten Milch Marker Index (MMI) existiert bereits ein Verfahren, mit dem sich die durchschnittlichen Erzeugungskosten verschiedener Betriebstypen und Regionen für einen Liter Milch berechnen lassen. Das wiederum ermöglicht eine faire Preisfindung zwischen Milcherzeuger*innen und Molkereien.

Gerechte Preise für Ökologie und Tierschutz

In eine etwas andere Richtung gehen Überlegungen, denen zufolge Preise »die Wahrheit sagen« und damit eine Lenkungswirkung bei Kaufentscheidungen ausüben müssen. Überlegungen, was die Erzeuger*innen von Lebensmitteln gerechterweise bekommen sollten, spielen dabei keine Rolle. Ziel ist es vielmehr, die Preise für Erzeugnisse aus umweltschädlichen Produktionsverfahren anzuheben, damit diese die Kosten für Umweltschäden abbilden. Realisieren ließe sich dies beispielsweise durch Steuern oder Abgaben auf Betriebsmittel der Landwirtschaft wie mineralische Stickstoffdünger oder chemisch-synthetische Pflanzenschutzmittel. Die Grundannahme dabei ist, dass die Preise für Produkte aus eher schädlichen Produktionsweisen dann mindestens so hoch wären wie die der Produkte aus umweltschonender Erzeugung. Schließlich kostet die Wiederherstellung der Funktionalität beschädigter Ökosysteme wesentlich mehr als deren Erhalt. Außerdem diskutiert man momentan eine Abgabe auf Fleisch in Höhe von 40 Cent pro Kilogramm. Sie soll zwar vom Staat erhoben werden, aber direkt an landwirtschaftliche Betriebe für die tagtägliche Mehrarbeit in artgerechten Tierhaltungssystemen zurückfließen.

Doch nicht nur die Preise für Lebensmittel müssen die Wahrheit sagen. Eine am Gemeinwohl orientierte Landwirtschaft braucht auch Zugang zu Land – verbunden mit angemessenen Bodenpreisen. Acker und Grünland gehören zu den wesentlichen Produktionsmitteln der Landwirtschaft. Aber sowohl Pacht- als auch Kaufpreise schießen derzeit in die Höhe. Landwirtschaftliche Nutzflächen sind zu einem begehrten Investitionsobjekt für Nicht-Landwirt*innen geworden, die auf die Wertsteigerung der endlichen Ressource Boden spekulieren. Denn mit der Weltbevölkerung wächst auch die Nachfrage nach Lebensmitteln und nach erneuerbaren Rohstoffen, während der Flächenverbrauch durch Versiegelung zunimmt. Nicht selten übersteigt inzwischen der Verkehrswert den Ertragswert. Das bedeutet in der Folge: Bei den aktuellen Erzeuger*innenpreisen ist es gar nicht mehr möglich, die Kosten für Kauf oder Pacht allein durch den landwirtschaftlichen Betrieb zu erwirtschaften.

In Frankreich beispielsweise ist es gesetzlich geregelt, dass landwirtschaftliche Nutzflächen nicht teurer verkauft oder verpachtet werden dürfen, als mit einer normalen Bewirtschaftung dieser Flächen verdient werden kann. Die dortigen Landgesellschaften üben eine entsprechende Kontrolle aus. In Deutschland gibt es solche Gesetze hingegen nicht. Bei einer Bodenpreisbremse ginge es nicht allein darum, die Rentabilität der Landwirtschaft zu sichern, sondern sie wäre auch im Sinne des Gemeinwohls. Denn um hohe Kauf- und Pachtpreise zu refinanzieren, muss intensiv gewirtschaftet werden, und dabei treten Gemeinwohlleistungen für gewöhnlich in den Hintergrund. Das Problem ist bekannt: In Deutschland traf das Bundesverfassungsgericht bereits 1967 eine wegweisende Aussage, der zufolge Grund und Boden aufgrund ihrer Unvermehrbarkeit und Unentbehrlichkeit nicht dem unübersehbaren Spiel der freien Kräfte des Markts überlassen werden dürften. Auch die EU-Kommission hat sich entsprechend geäußert: Eine Verordnung, die den Kauf landwirtschaftlich genutzten Bodens nur nach einer vorherigen Genehmigung durch eine nationale Behörde genehmigt, wäre rechtlich möglich. Derzeit gibt es aber kaum Kriterien, diese umzusetzen. Es ist an der Zeit, dass Flächen nach Gemeinwohlkriterien verkauft oder verpachtet werden. Bund, Länder, Kommunen – und möglichst auch die Kirchen mit ihrem umfangreichen Landbesitz – sollten hier vorangehen, aber auch private Flächenbesitzer*innen tragen Verantwortung.

Das große Ziel – Schutz vor Öko- und Sozialdumping

Alle hier beschriebenen Maßnahmen zur Gestaltung einer Landwirtschaft, die Umwelt, Natur und Tiere erhält und dabei auch neue wirtschaftliche Perspektiven für die Bäuerinnen und Bauern eröffnet, sind dem Weltmarkt gegenüber verwundbar. Jederzeit wäre es möglich, günstigere Produkte, die unter verminderten ökologischen und sozialen Standards produziert wurden, aus dem unregulierten Welthandel einzuführen. Wie auch beim Klimaschutz ist deshalb ein »qualifizierter Außenschutz« an den EU-Grenzen zum Schutz vor Billigimporten aus Öko- und Sozialdumpingverhältnissen unverzichtbar. Dieser muss so gestaltet werden, dass er den Vorgaben der Welthandelsorganisation (WTO) entspricht – was durchaus im Bereich des Möglichen liegt. Allerdings wird eine solche Maßnahme dem Abschluss von Freihandelsabkommen wie beispielsweise dem EU-MERCOSUR-Abkommen im Weg stehen. Sie dennoch zu vertreten, sendet aber nicht etwa das Signal einer Abschottung vom Rest der Welt, sondern vielmehr die Botschaft, dass auch für Importe Qualitätskriterien sowie Menschenrechts- und Gemeinwohlstandards gelten müssen.

Folgerungen und politische Forderungen

Wir möchten den Menschen Mut machen – Mut zu einer gemeinwohlorientierten Landwirtschaft für alle, nicht die Wenigen. Dafür ist aber ein Wandel der geltenden Leitprinzipien und des politischen Rahmens notwendig. Denn Landwirtschaft und Gesellschaft stehen aktuell und künftig vor großen Herausforderungen. Die Menschen sind bereit für den Wandel und gestalten ihn bereits aktiv. Auch die Politik muss jetzt im Sinne des Gemeinwohls tätig werden.

- Bäuerinnen und Bauern sollen faire Preise für ihre Arbeit bekommen. Wir fordern die Stärkung ihrer Position in der landwirtschaftlichen Produktionskette. Es soll in Deutschland möglich sein, Landwirtschaft mit gesicherter Zukunftsperspektive zu betreiben.
- Die EU-Agrarsubventionen in Höhe von 54 Milliarden Euro pro Jahr in Europa wollen wir schrittweise komplett auf die Honorierung von Gemeinwohlleistungen umstellen. Dazu gehörten insbesondere Arten-, Klima- und Tierschutz in einer vielfältigen Agrarstruktur, aber auch die Sicherstellung eine starken, regionalen und diversen Lebensmittelversorgung sowie der Ausgleich natürlicher Standortnachteile.
- Wir wollen, dass die Nutztierhaltung in Deutschland komplett an Tierschutz sowie den zur Verfügung stehenden Flächen ausge-

richtet wird. Dafür braucht es Steuern oder Abgaben auf alle tierischen Produkte und deren Auszahlung an die Bäuerinnen und Bauern, um den dauerhaften Mehraufwand sowie den Umbau der Ställe zu finanzieren.
- Statt als Spekulationsobjekte zu dienen, sollten landwirtschaftliche Böden bevorzugt an gemeinwohlorientiert arbeitende Höfe verpachtet und verkauft werden.
- Es braucht den Ausstieg aus wachstumstreibenden Handelsabkommen und einen Schutz der europäischen Landwirtschaft vor Sozial- und Ökodumping.

Ein Blick in die Zukunft

Auf Grundlage unserer Forderungen wollen wir einen Blick in die Zukunft wagen: In den nächsten zehn Jahren übernehmen viele junge Menschen Höfe oder gründen neue landwirtschaftliche Betriebe. Das Berufsbild und die landwirtschaftliche Arbeit sind attraktiv und vielfältig. Die Bäuerinnen und Bauern blicken zuversichtlich in die Zukunft, denn sie erfahren Rückhalt von Gesellschaft und Politik.

Landwirt*innen mit einer Vielzahl an unterschiedlichen Betrieben bilden die Basis für ein resilientes, zukunftssicheres und regionales Ernährungssystem. Sie erzeugen gesunde, qualitativ hochwertige Lebensmittel, die in ihrer Region handwerklich oder in mittelständischen Unternehmen weiterverarbeitet und vermarktet werden. Der Ackerbau ist vielfältig, humusmehrend und unabhängig von synthetischen Düngern und Pestizideinsätzen. Er schont das Klima und bietet Lebensraum für Wildfauna und -flora. Auf den Feldern werden viele verschiedene Nutzpflanzen nacheinander und nebeneinander angebaut. Das schafft eine Risikostreuung für die Betriebe ebenso wie vielfältige Agrarlandschaften für Menschen, Insekten und das Ökosystem insgesamt.

Die Saatgutvermehrung liegt in den Händen der Bäuerinnen und Bauern und ist frei von Gentechnik. Der Ackerbau dient in erster Linie der Nahrungsmittelerzeugung – Futter- oder Energiepflanzenanbau bleiben Nebenprodukte. Die Nutztierhaltung ist artgerecht und an die Fläche eines Betriebs oder einer Kooperation gebunden, sodass die Nährstoffe zirkulieren können. Wiederkäuer werden hauptsächlich aus dem Grünland gefüttert, die anderen Tiere mit Nebenprodukten des Ackerbaus. Ihr Dung kommt als wertvoller Dünger auf die Flächen des Betriebs.

Die Verbraucher*innen sind bereit, landwirtschaftliche Tätigkeiten angemessen zu entlohnen, damit Bäuerinnen und Bauern von ihrer Arbeit leben können. Die staatliche Grundsicherung und Mindestlöhne erlauben es allen Menschen, gesundes und qualitativ hochwertiges Essen zu kaufen. Der Fleischkonsum konzentriert sich stärker auf den Sonntagsbraten und nachhaltig erzeugte Produkte. Durch gestiegene Erzeuger*innenpreise für jedes Kilogramm Fleisch konnte die Zahl der Tiere in den Ställen reduziert und das Tierwohl deutlich erhöht werden – das Einkommen auf den Höfen stimmt. Für Verbraucher*innen sind die Produktionsweisen der Nahrungsmittel bei ihrem Einkauf klar ersichtlich, etwa durch eine Pflichtkennzeichnung landwirtschaftlicher Produkte. Angemessene und faire Preise realisiert man durch verschiedene Instrumente. Dazu zählen Abgaben auf tierische Produkte entsprechend der 2019 von der Bundesregierung eingesetzten Borchert-Kommission, mit denen der tägliche Mehraufwand für tiergerechte Haltung entlohnt wird.

Ebenso nutzt man die Regeln einer fairen Marktordnung zwischen Produktion, Verarbeitung und Lebensmittelhandel, um Überproduktion und damit verbundene Preisverfälle zu vermeiden. Erzeuger*innen stärken durch Zusammenschlüsse zusätzlich ihre Position. Die von Landwirt*innen erbrachten Gemeinwohlleistungen für saubere Luft, Wasser-, Klima-, Boden-, Umwelt- und Artenschutz sind anerkannt und werden gefördert, auch von der Gemeinsamen Agrarpolitik der EU. Bäuerinnen und Bauern können aus einem großen Katalog mit wirksamen Maßnahmen für ihren Betrieb passende Leistungen auswählen und erhalten dafür einen fairen Lohn. Dieses neue, modernisierte und zukunftsfähige Agrarsystem steht auf festen Beinen, weil die EU ihre Landwirtschaft gegen Billigimporte von Lebensmitteln, die europäische Sozial- und Umweltstandards unterlaufen, schützt.

Damit wir in zehn Jahren auf diese gemeinwohlorientierte Landwirtschaft blicken können, müssen wir heute schon die Weichen stellen und die Politik zum Handeln bewegen.

Warum Gesundheit und Profit nicht zusammengehen: Anmerkungen zur aktuellen Gesundheitspolitik

Von Rolf Rosenbrock*

Der Satz »Wenn du arm bist, musst du früher sterben« gilt auch und besonders in der Pandemie. Die teils extremen materiellen Ungleichheiten in Deutschland sind der Humus, auf dem Covid-19 eine zusätzliche Verschärfung der nicht minder ungleich verteilten Gesundheits- und Lebenschancen bewirkt. Hierzulande beträgt der Unterschied in der Lebenserwartung zwischen dem »untersten« und dem »obersten« Fünftel der Bevölkerung bei Männern etwa neun, bei Frauen etwa fünf Jahre. Hinzu kommt: Menschen in Armutslagen sind im Durchschnitt etwa dreieinhalb Jahre ihrer ohnehin kürzeren Lebenszeit länger von chronischen Erkrankungen betroffen als Wohlhabende. Die Covid-19-Pandemie wirkt in dieser Situation gleich vierfach ungleichheitsverstärkend:[1]

1. Ärmere Menschen tragen bedingt durch ihre unterschiedlichen Lebens-, Wohn-, Verkehrs- und Arbeitsbedingungen ein höheres Risiko, sich zu infizieren. Davon betroffen sind nicht nur Beschäftigte in Hyperausbeutungsverhältnissen, wie sie zum Beispiel in Teilen der renditegetriebenen Fleischindustrie bestehen, sondern alle Angestellten in Bereichen der Arbeitswelt, die von Präventionsbemühungen weitgehend ausgeschlossen bleiben. Men-

* Dieser Text beruht auf dem Mitschnitt eines langen Gesprächs mit Dr. Joachim Rock. Ich danke ihm.

schen mit geringen Einkommen können weniger im Home-Office arbeiten, haben auf dem Arbeitsweg höhere Infektionsrisiken und verrichten ihre Erwerbstätigkeit auf engerem Raum als Menschen mit höheren Einkommen.
2. Aus der epidemiologischen Forschung wissen wir, dass Armut Dauerstress bedeutet. Dieser schwächt das Immunsystem, was wiederum die Krankheitsanfälligkeit verstärken kann. Wenn ein Mensch aus einem ärmeren Haushalt infiziert ist, trägt er auch ein höheres Risiko, einen schweren Krankheitsverlauf zu erleiden oder sogar daran zu sterben, vor allem deshalb, weil chronische Erkrankungen in den »unteren« sozialen Schichten deutlich weiter verbreitet sind.
3. Menschen, die in kleinen Wohnungen ohne Ausweichmöglichkeiten leben, leiden unter einem Lockdown sehr viel stärker als andere: Häusliche Gewalt, Depressionen, Lernabbrüche und psychische Belastungen treten wesentlich häufiger auf. Davon sind ganz besonders Familien mit Kindern betroffen.
4. Schließlich ist die Bewältigung der Krisenfolgen für weniger wohlhabende Individuen schwieriger: Wenn die Kurzarbeit einmal ausläuft und die Arbeitslosigkeit zunimmt, werden weder die sozialen noch die gesundheitlichen Folgen von den Großaktionären und Reichen getragen werden, sondern von den Armen. Das zu verhindern, wird die sozialpolitische Agenda der nächsten Zeit bestimmen.

Nico Dragano aus dem Kompetenznetzwerk Public Health hat darauf hingewiesen, dass Armut – ebenso wie Alter und Vorerkrankungen – ein höheres Risiko für schwere Verläufe zur Folge hat und deshalb ebenfalls Anspruch auf eine frühere Impfung begründen müsste.[2] Dass diese Meinung kein Gehör findet, belegt einmal mehr, dass der Kampf gegen soziale Ungleichheit und ihre Folgen noch lange nicht hinreichend ernst genommen wird.

Die Pandemie trifft die Ärmsten mit besonderer Wucht

Im Lockdown brechen Alltagsroutinen zusammen oder müssen neu definiert werden, was das Leben ganz automatisch teurer macht. Es sind nicht nur die laufenden Kosten der Anschaffung von Masken, sondern auch die steigenden Lebensmittelpreise, der verkleinerte und dadurch weniger preisoptimale Einkaufsradius, geschlossene öffentliche Orte oder weggefallene Hilfsangebote. In dieser Situation benötigen Menschen in Armutslagen zusätzliche Hilfe. Das weiß der Staat auch, aber er entledigt sich dieser moralischen und politischen Verpflichtung durch Symbolpolitik, wie etwa der Einmalzahlung von 150 Euro für Grundsicherungsberechtigte. Seine Weigerung, die im Lockdown weggefallene Schulernährung unbürokratisch durch zusätzliche Geldleistungen zu kompensieren, und der oftmals an einem Papierkrieg gescheiterte Versuch, das Essen als Sachleistung sicherzustellen, ist ein trauriger Beleg für das Misstrauen der Politik gegenüber Menschen in Armutslagen. Lieber werden Bezugsscheine und Bringdienste neu ersonnen, als finanzielle Unterstützung zu leisten. Die empirischen Untersuchungen zum Einkaufsverhalten armer Haushalte zeigen aber, dass es dafür keinen Grund gibt.[3] Ganz im Gegenteil: Ärmere Haushalte gehen mit ihrem Budget deutlich sparsamer um als Wohlhabende. Bestimmte Überzeugungen in der Politik sind jedoch empiriefest.

Gesundheit solidarisch finanzieren!

Die Pandemie zeigt: Das Gesundheitssystem muss für Menschen in Armutslagen weiter geöffnet werden. Mit der Gesetzlichen Krankenversicherung (GKV) verfügen wir in Deutschland grundsätzlich über einen sehr hohen Standard beim Zugang zu Leistungen des Gesundheitssystems unabhängig von der sozialen und finanziellen Situation. Es gibt aber immer noch eine sechsstellige Zahl von Menschen, die entweder gar nicht krankenversichert sind oder sich die Beiträge zur Privaten Krankenversicherung (PKV) nicht leisten können und deshalb nur noch sehr reduzierte Leistungen in Notfällen bekommen. Der Bereich der Krankenversorgung lässt aber aus praktischer, ethischer und menschenrechtlicher Perspektive kaum Raum für Abstufungen bei Versorgungsansprüchen. Deshalb besteht ein großer Nachbesserungsbedarf dabei, armen Menschen den Zugang zu diesem Gemeingut zu erleichtern. Der Schlüssel dazu ist die Bürgerversicherung.

Das Bild des *Homo oeconomicus* versagt im Gesundheitssystem, da der Mensch – so rational er auch kalkulieren mag – nicht in der Lage ist, seinen Behandlungsbedarf vorab zu bestimmen, insbesondere in dringenden Fällen. Nach einer Faustregel entfallen 80 Prozent der Leistungsausgaben des Gesundheitswesens auf nur 20 Prozent der Versicherten.[4] Dieser ungleichen Lastenverteilung begegnet man am besten mit einer solidarischen Absicherung für alle, zu der jeder nach seiner Leistungsfähigkeit beiträgt und dafür nach seinem Bedarf versorgt wird. Eine solche Bürgerversicherung wäre die logische Fortsetzung und Vollendung des Bismarck'schen Modells der Krankenversicherung. Diese begann als bescheidene Geldleistung rein für Industriearbeiter, wurde im Laufe der Jahrzehnte aber immer weiter ausgeweitet und differenziert sowie zunehmend größeren Bevölkerungsgruppen zugänglich gemacht. Seitdem hat dieses Prinzip anhaltend äußerst hohe Zustimmungswerte in der Bevölkerung. Aber einkommensstarke, besonders leistungsfähige Menschen können sich in Deutschland wie in keinem anderen Land dieser solidarischen Verpflichtung entziehen. Die Evolution der Krankenversicherung hin zu einer Versicherung für alle zu vollenden, würde auch bedeuten, Beamte und Selbstständige einzubeziehen. Eine echte Bürgerversicherung muss aber noch weiter gehen. Die Lohnbezogenheit der Beiträge bildet heute längst nicht mehr das reale wirtschaftliche Geschehen und die tatsächliche Leistungsfähigkeit der Versicherten ab. Sie sollte deshalb auch alle Einkommensarten, einschließlich Werkverträge und Gig-Economy, bei der Beitragsbemessung berücksichtigen.[5]

Damit ist die Front der Gegner definiert, denn eine solche Maßnahme ist für viele Nutznießer der Schieflage ein Schreckgespenst. Sie übersehen, dass sie nicht zu einer Erhöhung der Belastungen führt, sondern die Beiträge lediglich auf breitere Schultern verteilt. Dabei spielt auch eine Rolle, dass viele Privatversicherte ihren Status noch immer für hochgradig verteidigungswürdig halten, obwohl die Qualität der Versorgung das nicht begründet. Er bietet zwar größeren Komfort – etwa Privilegien bei der Terminvergabe oder der Zimmerbelegung im Krankenhaus –, aber mehr Komfort bedeutet nicht mehr Gesundheit und die geldgetriebene Überversorgung bei »privat« Versicherten birgt zudem gesundheitliche Gefahren.

Die Bürgerversicherung hat dennoch spürbar an politischer Zugkraft verloren. Der Grund dafür liegt darin, dass vor allem SPD und Gewerkschaften mit Blick auf die Gegner dieser Idee ihre Grundprinzipien aufgeweicht und ihr Profil verwischt haben. Das müssen wir rückgängig darin. Denn die Bürgerversicherung gefährdet die Stellung der PKV – und zwar mit Recht. Die privaten Anbieter begründen ihre Existenz mit »Wettbewerb«, den sie wie eine Monstranz vor sich hertragen. Aber was soll das für ein Wettbewerb sein? Es gibt kein Feld, auf dem die PKV eine bessere Performance bietet als die GKV. Und wo sie Vorteile bringt, sind diese auf die ungleichen Wettbewerbsbedingungen zurückzuführen. Die PKV hat keinen Solidarausgleich, keinen Kontrahierungszwang und kann sich aussuchen, ob sie Menschen versichert. Sie verfügt über alle Freiheiten, die der GKV aus guten Gründen fehlen. So ist der Wettbewerb zwischen beiden Versicherungsmodellen nichts anderes als eine ideologische Schimäre. Die Vertreter der PKV wissen, dass ihr Geschäftsmodell keine Zukunft hat, und versuchen letztlich nur, seinen unvermeidlichen Niedergang zu verlangsamen.

Der Markt wird es nicht richten

Des einen Armut ist des anderen Reichtum. Dem Leid derjenigen, die am stärksten von der Pandemie betroffen sind, steht die Rendite derjenigen gegenüber, die währenddessen enorm profitieren. Covid-19 ist für viele Firmen der Gesundheits- und Pharmaindustrie eine wahre Bonanza. Das gilt nicht nur für Hersteller von Impfstoffen, sondern auch für Fabrikanten von Tests, Masken und anderen Schutzmitteln. In welchem Ausmaß daran verdient wird, findet noch erstaunlich wenig Beachtung. Dass etwa Biontech/Pfizer mit mehr als dreimal höheren Preisvorstellungen in die Verhandlungen mit der Europäischen Union gegangen waren, als letztlich vereinbart wurden, verdeutlicht die Größenordnungen, um die es geht. Die lauten Lobeshymnen auf die Leistungsfähigkeit der Marktwirtschaft – der britische Premier Boris Johnson nannte »Kapitalismus und Gier« als die Erfolgsfaktoren für die schnellen Fortschritte bei den Impfungen in Großbritannien[6] – wirken in diesem Zusammenhang ebenso bizarr wie deplatziert. Dabei kamen die ersten brauchbaren Impfstoffe gerade nicht aus »lupenreinen« Marktwirtschaften: Das Präparat CoronaVac des Herstellers Sinovac stammt aus der Volksrepublik China und der mittlerweile weithin bekannte Impfstoff Sputnik V aus Russland. Die Geschwindigkeit bei der Entwicklung taugt jedenfalls nur begrenzt als Argument für die Leistungsfähigkeit des freien Marktes. Dass etwa die Initiative Neue Soziale Marktwirtschaft die ihr zur Verfügung stehenden, von Arbeitnehmerverbänden finanzierten Werbeetats einsetzt, um das Gegenteil zu behaupten, gehört zu den ungleichen Wettbewerbsbedingungen unseres gegenwärtigen Systems.

Im Gesundheitswesen müssen dem Profitstreben enge Grenzen gesetzt werden. Auch hier gilt, was das Grundgesetz formuliert: Eigentum verpflichtet. Daher sollte dessen Wohl zugleich dem Wohl der Allgemeinheit gelten. Eine uralte Debatte dreht sich beispielsweise darum, ob man Eigentumsrechte, etwa an Patenten, über das individuelle Recht auf Leben und Gesundheit stellen darf. Diese Frage wird in der Pandemie besonders bei Diskussionen um den Patentschutz für neu entwickelte Impfstoffe relevant. Patente gewährleisten einem Unternehmen für einen begrenzten Zeitraum das Recht auf ein Monopol, also neue und innovative Entwicklungen exklusiv vermarkten zu können. Sie bedeuten aber auch, dass Menschen, die auf Gedeih und Verderb auf diese angewiesen sind, unter Umständen der Zugriff verwehrt bleibt.

Medico International, eine Mitgliedsorganisation des Paritätischen, hat bereits 2008 ein Buch mit dem Titel *Patienten, Patente und Profite* veröffentlicht[7] und die Hamburger Erklärung herausgegeben, die für eine Aufhebung des Patentschutzes, zumindest für lebensnotwendige Arzneimittel, wirbt. Das mag ordnungspolitisch diskussionsbedürftig sein, aber derzeit muss doch die Einsicht überwiegen: Wir erleben eine weltweite Pandemie, in der niemand sicher ist, solange die anderen nicht auch sicher sind. Im Mindesten sollte das bedeuten, dass man bei Bedarf vom Instrument der Zwangslizenzen Gebrauch macht. Dabei handelt es sich um seit 2001 auch offiziell durch die Welthandelsorganisation anerkannte Mittel, um ärmeren Ländern das Recht zu gewähren, Medikamente im Notfall selbst zu produzieren oder zu beschaffen. Zwangslizenzen allein reichen momentan nicht aus, weil es vor allem an Produktionskapazitäten für Impfstoffe mangelt. Um das zu ändern, hilft es wenig, wenn man weitere Subventionen in einen ohnehin schon ungeheuer renditeträchtigen Markt pumpt. Die Pharmaindustrie stützt sich mit ihren »echten« Innovationen, die ohnehin selten genug sind, immer auf die öffentliche Grundlagenforschung, vor allem an den Universitäten, und bestimmt diese sogar mit. Da wackelt der Schwanz mit dem Hund. Die Forschung muss dem Bedarf der Menschen folgen, nicht dem der Konzerne.

Für den Bedarf, nicht den Profit!

Der Markt schafft Angebote dort, wo er kaufkräftige Nachfrage vermutet, sieht oder glaubt schaffen zu können. Das Kriterium für Innovationen ist nicht der Bedarf, sondern die Rendite: Produziert werden soll, was verkauft werden kann. Die Produktentwicklung bündelt sich in Bereichen, in denen sich eine hohe Kaufkraft mit den schier unbegrenzten Möglichkeiten verbindet, auch kleinste Innovationen, die häufig nicht einmal mit einer tatsächlichen Verbesserung einhergehen, an den Mann bringen zu können. Ein greifbares Beispiel dafür bietet der Markt der Krebsmedikamente. Etwas abstrakter hingegen ist die Praxis der Erfindung und Propagierung neuer Krankheitsbilder (»disease mongering«). Deshalb werden andere Bereiche vergleichsweise wenig erforscht und bewährte Mittel der klassischen Allgemein- oder Hausmedizin drohen zu verschwinden. Im Gesundheitsbereich gilt gerade nicht, dass möglichst viel auch gut und teurer auch besser ist. Eine bedarfswirtschaftlich anstatt marktwirtschaftlich gesteuerte Forschung sähe völlig anders aus. Sie würde die nicht nur für den Geldbeutel, sondern auch für die Gesundheit oft gefährliche Überversorgung vermeiden.

Mit der SPD wendet sich inzwischen sogar eine Regierungspartei gegen die Renditeorientierung in Pflege und Gesundheit. Ihre Kritik, dass Gewinnmaximierung dem Gesundheitswesen schade, ist ebenso alt wie korrekt. Denn letztlich spielt man dabei immer mit der Angst und dem Schmerz der Menschen. Hohe Preise lassen sich dann am einfachsten durchzusetzen, wenn man glaubwürdig vermitteln kann, dass der Verzicht auf ein Medikament oder eine Behandlung große Schmerzen, Leid in der Familie und einen frühen Tod zur Folge habe. Und die Geschäfte, die solche Ängste befördern, laufen gut.

Diese eigentlich banalen Zusammenhänge waren schon einmal präsenter. 1980 gab es beispielsweise den großen Gesundheitstag in Berlin, eine Gegenveranstaltung zum gleichzeitig stattfindenden

Ärztetag. Über 10 000 Menschen nahmen an diesem alternativen Event teil, in dessen Mittelpunkt die Kritik am etablierten, kommerzialisierten Gesundheitswesen stand. Die resultierenden Fachbeiträge füllten allein sieben Sammelbände. Arnold Seymour Relman, der damalige Herausgeber des gewiss nicht progressiven *New England Journal of Medicine*, prägte zu dieser Zeit den Begriff des »medizinisch-industriellen Komplexes« und definierte ihn als ein Konglomerat aus gewinnorientierten Unternehmen, nicht nur der Pharmabranche, sondern auch aus der Ausrüstungs- und Geräteindustrie, den Versorgungsinstitutionen, Ärzten und ihren Verbänden, den privaten Krankenversicherungen – und natürlich den Medien. Weder die Kritik noch die daraus abgeleiteten Reformvorschläge sind neu, werden aber immer noch kaum umgesetzt.

Der Preis eines profitorientierten Gesundheitssystems

Ist das Konzept der Orientierung an Profiten im Gesundheitswesen überhaupt vertretbar, finanziell und medizinisch? Für den Krankenhausbereich ist das Problem mit Einführung der »Finanzierung von Krankenhausleistungen über diagnosebezogene Fallpauschalen«, den sogenannten DRGs, vor etwa 20 Jahren virulent geworden. Sie lösten die vorher üblichen tagesgleichen Pflegesätze mit zusätzlichen Vergütungen für spezielle Operationen ab und galten als Fortschritt gegenüber der »preußischen Landbuchhaltung«. Doch gingen die tatsächlich erzielten Kostensenkungen leider überwiegend zulasten der Versorgungsqualität. Das australische Vorbild für die DRGs verfügte über deutlich mehr Vorkehrungen, um Raum für Standards und Reichweite zu schaffen. In Deutschland wurde das Fallpauschalensystem dann in einer »reinen« Form etabliert, die für solch wichtige Differenzierungen keinen Platz vorsah[8] und das vorher geltende Selbstkostendeckungsprinzip komplett ablöste.

Dieser radikale Wechsel war falsch. Eine vernünftige Krankenhausfinanzierung kann zwar Elemente eines Fallpauschalensystems enthalten, sie braucht jedoch auch Elemente des Selbstkostendeckungsprinzips, weil erstere nicht alle Leistungen eines Krankenhauses abdecken können. Das war aber auch nicht gewünscht, denn mit der Einführung der DRGs verfolgte man noch ein zweites Ziel, nämlich die Zahl der Kliniken zu reduzieren. Durch den Kostendruck wurden diese in einen Wettbewerb ums Überleben geführt. Das hat viele kommunale Krankenhäuser überfordert und eine Welle von Verkäufen an gewinnorientierte Träger ausgelöst. Im stationären Bereich war deshalb das Privatisierungstempo zu Beginn des Jahrhunderts höher als in den USA.

Ein profitorientiertes Krankenhaus hat aber keinen Gemeinwohlauftrag und darf ihn auch nicht haben, wenn es den Ansprüchen seiner Anteilseigner genügen will. Aus diesem Grund wird versucht, den Gemeinwohlbezug durch systematische Qualitätssicherung zu substituieren. Das funktioniert aber nur zum Teil. Qualitätssicherung gelingt nur dann, wenn auch alle Beteiligten Qualität wollen. In profitorientierten Unternehmen konkurriert diese Absicht aber oft mit dem Renditeziel. Die Höhe der Fallpauschalen unterscheidet sich nicht zwischen gewinnorientierten und öffentlichen Krankenhäusern. Erstere streben in der Regel eine starke Spezialisierung an, mit der es ihnen möglich ist, durch Rationalisierung bestimmte Leistungen günstiger bei durchaus hoher Qualität zu erbringen. Doch diese Rosinenpickerei geht zulasten der gemeinnützigen Krankenhäuser, die aufgrund ihres öffentlichen Auftrages weiterhin das gesamte Leistungsspektrum vorhalten und auch die langwierigen, schwer rationalisierbaren Maßnahmen anbieten müssen. Ihre profitorientierten Pendants entwickeln etwa Hüft- und Knieoperationen als spezielle Geschäftsfelder und legen diese Orientierung häufig sogar schon in den Arbeitsverträgen der Chefärzte nieder. Aus ethischer Perspektive ist das zu kritisieren. Allerdings setzt sich die ökonomische Perspektive dagegen in der Regel durch.

Wir stehen deshalb vor zwei Problemen: Zum einen wird das Leistungsprofil nicht den epidemiologisch definierbaren Bedarfsprofilen angepasst, sondern den Gewinnmöglichkeiten. Zum anderen sind die Renditen für Private-Equity- und Hedgefonds deutlich zu gering. Ein kommunaler Krankenhausträger war stets froh, wenn das Krankenhaus mit nur geringen Defiziten oder gar kostendeckend arbeitet. Die Renditeerwartungen an profitorientierte Krankenhäuser liegen im Private-Equity-Bereich hingegen bei 15 Prozent und mehr. Diese erzielen die Investoren durch rigide Sparprogramme, vor allem zulasten des Personals. Das lässt sich auch an den Statistiken ablesen. Seit die Privatisierungswelle im Krankenhauswesen rollt, steigt dort die Zahl der Ärzte und sinkt die Zahl des Pflegepersonals. Aus gesundheitswissenschaftlicher Perspektive ist diese Praxis gar nicht zu begründen, das Gegenteil wäre erforderlich. Ein weiterer, heute sichtbar gewordener Aspekt der Renditeorientierung und Sparpolitik stellt der Verzicht auf »disaster preparedness« dar: Früher verfügte jedes Krankenhaus über einen Raum, in dem Schutzmasken, Handschuhe, Kittel und Ähnliches für den Fall einer Epidemie gelagert wurden. Diese erneuerte man alle paar Jahre für den Fall, dass etwas Unvorhergesehenes eintritt. Ein Krankenhaus, das sich nach der Logik der DRG-Fallpauschalen richtet, sieht darin überflüssige Kosten. Das hat dazu geführt, dass es vielen Einrichtungen zu Beginn der Pandemie schwergefallen ist, sich auf die neue gesundheitliche Lage einzustellen.

Die Bettendichte in Deutschland liegt, auch im intensivmedizinischen Bereich, vergleichsweise hoch. Davon profitieren wir in der Pandemie. Noch im Sommer 2019 hatte die Bertelsmann-Stiftung aber empfohlen, die Zahl der Krankenhäuser von heute etwa 1400 auf 600 zu verringern.[9] Eine stärkere Konzentration ist nicht von vornherein abzulehnen, denn insbesondere in den 1970er Jahren eröffnete man viele Einrichtungen, die man heute so nicht mehr bauen würde. Bereits in den vergangenen 20 Jahren wurde die Zahl der Krankenhäuser von etwa 2000 auf 1400 reduziert, ohne dass die Versorgung darunter gelitten hätte. Wir müssen aber sicherstellen, dass sie in der Fläche weiter gewährleistet bleibt. Krankenhäuser sollten auch ohne Hubschrauber mindestens innerhalb einer Stunde erreichbar sein. Das ist in vielen ländlichen Gebieten, ob in Brandenburg, Mecklenburg-Vorpommern oder Ostbayern, nicht zu schaffen und setzt einer Zentralisierung natürliche Grenzen. Häufig wird bei derlei Überlegungen auch übersehen, dass Kontakt zur Familie bei Besuchen ein wichtiger Faktor zur Genesung vieler Patienten ist. Deshalb tut man Menschen auch unrecht, wenn man ihnen Besitzstandsdenken unterstellt, weil sie sich gegen die Schließung auch kleiner Kliniken wehren. Es ist ein gutes Gefühl und wichtig für die Lebensqualität, ein Krankenhaus in erreichbarer Nähe zu haben. Die rein technokratische Bewertung der Bertelsmann-Stiftung erscheint deshalb schlicht lebensfremd und im Zuge der Pandemie wie aus der Zeit gefallen. Aus diesem Grund wird sie wohl kaum wieder aufgegriffen werden.

Wege zu einer gemeinwohlorientierten Versorgung

Hat sich das Profitmotiv (oder ihm nachgebildete Kostensenkungsstrategien) erst einmal in den Institutionen der Krankenversorgung etabliert, gestaltet es sich sehr schwierig, den für die Qualität notwendigen Stellenwert der Gemeinwohlorientierung zu bewahren oder zurückzugewinnen. Der Staat ist zuständig für die Regeln des Zugangs und die Qualität des Gesundheitssystems sowie für dessen Finanzierung über die GKV. Für Aus- und Weiterbildung sowie die Einhaltung ethischer Vorgaben sind hingegen die Standesorganisationen zuständig. Diese Arbeitsteilung bildet aber noch keinen verlässlichen Schutz vor den negativen Folgen der Profitorientierung. Ein mögliches Instrument dazu wäre die Gewinnbegrenzung. So gab es früher bei Bauträgern im öffentlichen Auftrag die Regel, dass diese nicht mehr als vier Prozent Gewinn erzielen dürfen. Ein entsprechendes Gesetz würde dieses Anlagenfeld für private Investoren wesentlich uninteressanter machen. Einen anderen Weg versucht das Burgenland in Österreich: Dort wurde verabschiedet, dass nach Ablauf einer Übergangsfrist von vier Jahren nur noch gemeinnützige Pflegedienste unter Vertrag genommen werden sollen. Solche Ansätze und Überlegungen sind extrem wichtig für die Zukunft der Krankenversorgung, da die Gewinnorientierung dem Anspruch, dass sie qualitativ hochwertig, vollständig und patientenorientiert arbeiten sollte, widerspricht.[10] Zumindest müsste man hohe Hürden für die Zulassung kommerzieller Anbieter formulieren und deren Gewinnmöglichkeiten begrenzen.

Wenn wir über die Krankenversorgung nachdenken, findet diese – fast – immer vor Ort, in der Gemeinde statt. Entsprechend erscheint es sinnvoll, die Rolle der Kommunen bei der Bedarfsplanung und -steuerung zu stärken. Aus humanitären und finanziellen Gründen wäre es dazu jedoch gleichermaßen geboten, Vorfahrt für Non-Profit-Organisationen, wie die gemeinnützigen Organisationen der Freien Wohlfahrtspflege, festzuschreiben. Sie bildet die Instanz für Leistungen in der Gesellschaft, die weder der Staat noch der Markt übernehmen können oder sollen. Auf diesem Weg wäre es möglich zu gewährleisten, dass die Bedürfnisse der Bevölkerung befriedigt werden und sich auch neue Kooperationsformen zwischen Kommunen und gemeinnützigen Trägern entwickeln. Außerdem bestünde darin ein guter Ausgangspunkt, um über alternative Modelle nachzudenken, die Elemente wie Medizin, Pflege, soziale Arbeit, Nachbarschaftsinitiativen und viele andere sinnvoll miteinander vernetzen. Wir brauchen nicht nur Medizinische Versorgungszentren[11] – die haben wir nämlich bereits –, sondern Gesundheitszentren, in denen der Allgemeinarzt auch gleich den Sozialarbeiter »verordnen« darf, die ambulante Pflege sich im gleichen Haus befindet und auch weiterführende Beratung stattfindet. Idealerweise würde dies von den gemeinnützigen Trägern der Freien Wohlfahrtspflege in öffentlicher Finanzierungsverantwortung betrieben.

Nicht alles, was sich rechnet, zählt

Schon Paragraph 1 der Berufsordnung der Ärzte stellt fest, dass ihr Beruf kein Gewerbe ist – ein schönes Ideal. Tatsächlich machen es ihnen aber die Bedingungen, unter denen sie in der ambulanten Versorgung oftmals arbeiten, nicht immer leicht, diesen Anspruch auch umzusetzen. Ärzte konkurrieren um Patienten. Manche Allgemeinmediziner etwa überweisen immer noch ungern an Spezialisten, um nicht dauerhaft an »Kundschaft« zu verlieren, zugespitzt in dem Satz: »Vom Feindflug nicht zurückgekehrt.« Ärzte sind weder bessere noch schlechtere Menschen. Ihre Berufsausübung unterscheidet sich aber von anderen Tätigkeiten dadurch, dass Ethik einen fundamentalen Teil ihrer Ausbildung darstellt und fortwährend zu berücksichtigen ist. Andererseits reagieren Ärzte ebenso wie andere Menschen auf Belohnung und Bestrafung. Das ärztliche Handeln, ihr Verordnungs- und Therapieverhalten ist deshalb auch steuerbar. Der Lateiner formuliert: *Iudex non calculat* – der Richter rechnet nicht. Im Gesundheitsbereich ist das anders, hier müsste es stattdessen heißen: *Medicus calculat* – der Arzt rechnet sehr wohl! Im Unterschied zum Richter hat er auch etwas davon: Richter werden zu Recht nicht für die Konsequenzen ihrer Entscheidungen in Haftung genommen, Ärzte hingegen schon. Ihr Einkommen ist direkt von ihrem beruflichen Handeln abhängig.

Die Frage der ärztlichen Vergütung ist deshalb dilemmatisch. Theo Thiemeyer hat diesen Zusammenhang einmal auf den Punkt gebracht: Wird nach Einzelleistungen vergütet, ist eine Überversorgung die Folge. Bezahlt man hingegen nach Behandlungen, kommt die Kasse zwar für viele Fälle auf, aber nicht unbedingt für hohe Qualität. Bei der Vergütung nach Köpfen würde jeder versuchen, die Zahl der Klienten bei möglichst geringem Aufwand zu erhöhen. Und folgt die Bezahlung der Qualität werden die schwierigen Fälle nach Möglichkeit abgeschoben und nur noch diejenigen behandelt, bei denen der Heilungserfolg wahrscheinlich ist.

Die Einzelleistungsvergütung gab es in Deutschland bis in die 1970er Jahre. Sie wirkte wie eine Erlaubnis zum Gelddrucken. Seitdem wurde die Abrechnung immer stärker verfeinert und mit immer neuen Kombinationen und Kontrollen versehen, stets begleitet von den Versuchen, das System auszunutzen und den Ertrag, auch auf Kosten der Qualität, zu maximieren. Der britische Gesundheitsökonom Brian Abel-Smith antwortete deshalb auf die Frage nach dem wichtigsten Element einer guten ärztlichen Vergütung: alle fünf Jahre ein neues System einführen. Mediziner befinden sich permanent im Zwiespalt zwischen persönlicher Einkommensmaximierung und dem Anspruch auf qualitativ hochwertige Versorgung. Darunter leiden sie auch selbst. Umfragen zeigen immer wieder, dass mindestens 40 Prozent der Ärzte lieber für ein festes Gehalt arbeiten würden.

Vieles spricht dafür, sich von der handwerkerartigen Vorstellung des Arztes in der Praxis zu verabschieden und stattdessen andere Lösungen zu finden, die sich etwa am Vorbild der Medizinischen Versorgungszentren orientieren. Diese sind nicht nur rationeller zu gestalten, sondern vermeiden auch Fehlanreize und bieten Versorgung durch verschiedene Fachärzte »unter einem Dach«. Man kann es einem Mediziner nicht verübeln, bei gleich behandlungsbedürftigen Patienten diejenigen zu bevorzugen, die aufgrund einer privaten Versicherung ein deutlich höheres Honorar bieten. Das ist in gewisser Weise schäbig, aber auch menschlich. Die Lösung der Vergütungsproblematik liegt nicht in deren fortgesetzter Verfeinerung oder einer Steigerung der Komplexität von Honorarordnungen, sondern zum einen in der Einführung einer Bürgerversicherung und zum anderen in einer Stärkung der Gegengewichte, nämlich durchgreifender Qualitätssicherung und substantielleren Patientenrechten. Dazu gehören auch wichtige Bemühungen zur Förderung der Nutzerkompetenz, vor allem durch die UPD sowie die relevanten Verbände der Selbsthilfe und von Menschen mit chronischen Krankheiten. Deren schiere Präsenz bei wichtigen Entscheidungsprozessen der Gesundheitspolitik auf allen staatlichen Ebenen kann

Fehlanreize in der Krankenversorgung zumindest teilweise kompensieren. Die Stärkung dieser »Patientenbank« bleibt eine wichtige Baustelle, wenn es um Qualität und Strukturentwicklung geht.

Das Gesundheitssystem demokratisieren, die Selbsthilfe stärken

Die Strukturen des modernen Gesundheitswesens sind zugleich zerklüftet und komplex. Das führt dazu, dass die Politik, die sich mit ihnen befasst, vorwiegend ein Expertendiskurs ist. Gesundheitspolitik betrifft die gesamte Bevölkerung existenziell, wird gleichzeitig aber kaum in der Öffentlichkeit diskutiert – und wenn, dann vor allem als Krankenversorgungspolitik. Dabei vernachlässigt man die ganze Frage der Gestaltung von Lebensverhältnissen für bessere Gesundheitschancen und reduziert Prävention auf »mehr laufen, weniger saufen, nicht rauchen«. Darüberhinausgehende Ansätze wie die gesetzlich geforderte Prävention in Lebenswelten, im direkten persönlichen Umfeld, unterliegen vielfach den qualitätsmindernden Anreizen aus der Konkurrenz der Krankenkassen untereinander. Generell wird dabei ausgeblendet, dass sich nicht einmal die Hälfte der sozial bedingt unterschiedlichen Gesundheitsrisiken aus individuellem Verhalten erklären lassen. Die andere Hälfte ergibt sich aus strukturellen Rahmenbedingungen, die individuell nicht zu beeinflussen sind. Daher die Forderung der WHO nach einer gesundheitsförderlichen Gesamtpolitik (»health in all policies«), die zum Beispiel Faktoren wie Umverteilung, Bildungsgerechtigkeit und Arbeitsteilung zwischen den Geschlechtern einschließen müsste.

Aber auch im engeren Bereich der Krankenversorgung wird man eine gegenstandsgerechte Politisierung der Gesundheitspolitik nicht über Fragen der Finanzierung erreichen können. Das griffe viel zu kurz. Es war der ehemalige Bundesgesundheitsminister Horst Seehofer, der sagte: »Den Risikostrukturausgleich verstehen drei Leute.

Und ich gehöre nicht dazu.«[12] Hinzu kommt, dass die Vorstellung, Gesundheit sei vor allem eine Frage der Medizin, ebenso falsch wie tief verwurzelt ist und durch die Medien stetig weiterverbreitet wird. Dabei ignoriert man aber, dass die Fortschritte bei der Verlängerung des Lebens und der Verringerung von Krankheiten in den letzten Jahrzehnten allenfalls zu einem Drittel durch Verbesserungen in Medizin und Krankenversorgung zu erklären sind. Die anderen zwei Drittel speisen sich aus Bereichen, die maßgeblich mit Teilhabe und Zugangsmöglichkeiten zu tun haben. Zu allem Überfluss ist die Bevölkerung gleichzeitig noch dem Trommelfeuer der kommerziellen Werbung ausgesetzt, die unablässig für Nahrungsergänzungsmittel, Achtsamkeitstraining und Lifestyle-Produkte wirbt. Unter diesen Bedingungen ist es wirklich schwierig, einen verständigen Gesamtblick auf das Feld zu bekommen. Virulent wird die Debatte nur, wenn Menschen einmal unmittelbar betroffen sind, nämlich bei Beitragserhöhungen oder Krankenhausschließungen. Aber auch solche Empörungen und lokalen sozialen Bewegungen haben es schwer, in ihren Zielen und Forderungen zu den politisch tatsächlich relevanten Strukturen vorzustoßen

Deshalb gilt es künftig so über Gesundheit zu diskutieren, dass sie wieder – wie in den 1980er Jahren – zum Gegenstand einer sozialen Bewegung wird. Dazu müssen wir aber nicht nur über Krankenversorgung, sondern umfassender über Gesundheit als Teil des guten Lebens reden. Das können Betroffene am besten. Viele Menschen mit chronischen Erkrankungen oder in belastenden Situationen haben sich in Gruppen zusammengeschlossen, um ihre Erfahrungen zu teilen und ihre Interessen zu vertreten. Der Selbsthilfe werden in Deutschland bis zu 100 000 Initiativen zugerechnet. Sie ist ein Kind der medizinkritischen Bewegung der 1970er bis 1980er Jahre und hat in Deutschland ein Ausmaß und eine Institutionalisierung erreicht wie in keinem anderen Land. Damals fühlten sich die Menschen von den unverstandenen und unverständlichen Verordnungen der Medizin entmündigt. Sie wollten eigenes Wissen dagegensetzen und Kompetenzen entwickeln. Das ist auch heute noch ein extrem wichtiger Gedanke und eine wesentliche Bedingung für ein funktionierendes Gesundheitswesen! Die Selbsthilfebewegung hat die Branche erfolgreich verändert. Selbst die evidenzbasierte Medizin bezieht heute Betroffene als eine von drei wichtigen Erkenntnisquellen gleichrangig ein. Entscheidungen gemeinsam zu treffen (»shared decision making«), wird heute zwar noch überwiegend mit Patientinnen und Patienten aus der Mittelschicht praktiziert, aber das Prinzip bleibt richtig. Wir müssen weiter darauf bauen, dass Menschen in vergleichbaren gesundheitlichen Lagen ihre Erfahrungen über sich und ihre Umwelt, ihre Erfahrungen mit der Medizin und mit Versicherungen austauschen. Das ist und bleibt ein wichtiger Weg zu mehr »empowerment«.

Es gibt aber auch eine dunkle Seite der Bürgerbeteiligung. Diese kommt derzeit vor allem bei denjenigen zum Ausdruck, die sich »Querdenker« oder Ähnliches nennen. Allein der Begriff enthält eine Anmaßung: Nur weil man nicht in der Lage ist, geradeaus zu denken, ist man noch lange kein Querdenker. Das Phänomen gab es schon immer. Die Paramedizin, Wunderglauben und sonderliche Vorstellungen darüber, warum Gesundheit kommt oder geht, haben nicht erst die Aluhutträger erfunden. Heute beschleunigen allerdings soziale Medien die Bildung von Filterblasen ungemein. Dieser Tendenz gilt es von außen wie von innen entgegenzuwirken. Derartige verquere Vorstellungen gänzlich zu überwinden, wird nicht gelingen, ist aber auch nicht nötig, denn Alternativen zu denken und zu bedenken, bleibt wichtig. Im Gesundheitswesen besteht bereits seit langem die Debatte über Homöopathie, eine Therapieform ohne Belege oder nachgewiesene Wirkung. Dem kann man gelassen gegenüberstehen. Weniger gelassen sollte man sich hingegen zeigen, wenn die Selbsthilfe an Bedeutung verliert. Es ist deshalb schon ein Verlust, dass diese gegenwärtig nicht mehr wirklich wächst. Dafür gibt es viele Ursachen: Selbsthilfe hatte immer schon einen Bildungsbias und Schwierigkeiten, neben Frauen auch

Männer, jüngere und insbesondere Menschen mit Migrationshintergrund einzubeziehen. Die Gruppen, die sie am meisten brauchen, sind meistens am schwierigsten zu erreichen. Ein Hoffnungsträger hierbei ist die Digitalisierung. Das wäre auch eine Chance, sie in den Dienst der Menschen zu stellen anstatt derjenigen, die an ihr verdienen.

Ein Plädoyer für das Öffentliche

Drei Jahrzehnte neoliberalen Denkens haben die Rolle des öffentlichen Sektors verändert. Die kommunalen Gesundheitsämter wurden nach dem Zweiten Weltkrieg als Stiefkinder der Gesundheitspolitik behandelt. Das lag zum Teil an ihrer unrühmlichen Rolle während der Zeit des Nationalsozialismus. Vor allem aber lag es daran, dass der niedergelassene Arzt in der Einzelpraxis als Leitbild der Gesundheitspolitik galt. Das ging einher mit einer starken Individualisierung der Sicht auf Krankheit und Behandlungsbedürftigkeit. Die Bedeutung der Gesundheitsämter geriet aus dem Blick. Nun hat die Corona-Pandemie gezeigt, dass wir starke Strukturen vor Ort brauchen – und die etwa 400 Gesundheitsämter sind eine gute Basis für deren Ausbau. Dazu müssen allerdings die jüngeren politischen Bekenntnisse diesbezüglich umgesetzt werden. Der Plan, 3 000 zusätzliche Stellen zu schaffen, wäre, so er denn umgesetzt würde, ein guter Beitrag. Dabei geht es aber eben nicht darum, 3 000 zusätzliche Amtsärzte einzustellen. Davor behüte uns der liebe Gott. Stattdessen brauchen wir dort gesundheitswissenschaftlich geschultes Personal, um den öffentlichen Gesundheitsdienst (ÖGD) in die Lage zu versetzen, seine Planungs- und Durchführungsverantwortung wahrzunehmen.

Ein solcher ÖGD sollte dazu verpflichtet sein, die Gesundheitsrisiken der unterschiedlichen Bevölkerungsgruppen in einer Region zu erfassen, sie im Licht der nationalen Gesundheitsziele zu beurteilen und daraus Prioritäten für Prävention und Gesundheitsförderung herzuleiten. Er müsste auf Qualitätssicherung achten, wo es niemand anders tut, und die Lebenswelt-Interventionen, die bisher von den Krankenkassen vorwiegend nicht nach Gesundheits-, sondern nach Wettbewerbsgesichtspunkten durchgeführt wurden, besser koordinieren. Außerdem sollte er individuelle Beratungen anbieten und Menschen begleiten, die sonst keine Hilfe bekommen.

Eine letzte wichtige Aufgabe wäre schließlich die Epidemiekontrolle. Wir haben gesehen, dass die Gesundheitsämter dafür schlecht aufgestellt sind, nicht nur was Schutzmasken und -anzüge angeht, sondern auch hinsichtlich des essenziellen Testens, Nachverfolgens und Isolierens (»test, trace, isolate«, TTI). Dabei handelt es sich um eine hochkomplexe Verantwortung, aber es lassen sich auch schnell Strukturen dafür schaffen, etwa mit Hilfe der Organisationskraft der Sozial- und Wohlfahrtsverbände und der Logistik der Bundeswehr. Bisher ist der ÖGD mancherorts nicht einmal mehr in der Lage, diese Strukturen im Bedarfsfall schnell aufzubauen. Viele Gesundheitsämter sind zudem digital abgehängt. Das sieht man auch daran, dass die Meldungen von Infektionszahlen häufig noch per Telefax erfolgen. Wir brauchen aber einen funktionierenden ÖGD in Mitverantwortung für ein nationales Gesundheitswesen.

Alternativen denken!

Zur Zeit der deutschen Wende hätte man sich eingehend fragen müssen: Wie schafft man eine vernünftige Synthese zwischen der Krankenversorgung in Ost und West? Die Strukturentscheidungen waren aber aufgrund gewaltiger standespolitischer und ökonomischer Interessen im Westen schnell gefallen. Der Osten wurde überrollt, ohne Rücksicht auf die Versorgungsqualität. Nur dem Einsatz von Regine Hildebrandt ist es zu verdanken, dass noch ein paar Polikliniken als Reservate gerettet werden konnten.

Das Versorgungssystem der DDR war seinem westdeutschen Pendant strukturell in vielerlei Hinsicht klar überlegen. Es konnte seine Potentiale aber nie zeigen, weil das Geld fehlte und die starke Politisierung ihr Übriges tat. 20 Jahre später stehen im vereinigten Deutschland überall Medizinische Versorgungszentren. Im Grunde handelt es sich dabei um die Polikliniken der DDR, nur unter marktwirtschaftlichen Bedingungen. Völlig verloren gegangen sind hingegen die Betriebspolikliniken, die im Osten eine große Rolle spielten, und auch die Landambulatorien, mit denen unter vergleichsweise kleinem Aufwand eine relativ breite und gute Grundversorgung sichergestellt werden konnte. Und an das damals bestehende Modell der Gemeindeschwestern versuchen wir auch jetzt erst wieder anzuknüpfen. Damals wurde wegen überbordender standespolitischer und finanzieller Interessen eine große Chance vertan. Es ist aber nie zu früh und selten zu spät, um aus der Vergangenheit, um aus Erfahrungen zu lernen. Wir wissen: Der Markt richtet es nicht. Und: Ein Gesundheitssystem, das fortwährend Beiträge von Versicherten aus dem System pumpt und in Renditen der Wenigen transformiert, können wir uns nicht leisten.

Gute Alternativen liegen auf dem Tisch. Eine bedarfswirtschaftlich organisierte Krankenversorgung, in der gewinnorientierte Anbieter die Ausnahme, nicht die Regel sind, ist dringend notwendig. Das bedeutet: Vorfahrt für Gemeinnützigkeit. Außerdem brauchen wir eine nachhaltige, stabile und solidarische Finanzierung in Form der Bürgerversicherung und schließlich mehr Patientenbeteiligung wie sie als Selbsthilfe beispielhaft im Paritätischen organisiert wird. Die Pandemie verändert unseren Blick auf Gesundheit und Krankenversorgung. Das gibt uns vielleicht auch die Chance, Prioritäten, Strukturen, Zuständigkeiten und Finanzierungsweisen zu verändern. Es wäre tragisch, wenn sie ungenutzt bliebe.

Mensch statt Mehrwert: Warum Pflege gemeinnützig sein muss

Von Ulrich Schneider

Der Makler rief umgehend zurück. Ja, er hätte da ein durchaus interessantes Objekt für mich. Ein Pflegeheim, bei dem ich mit 160 000 Euro einsteigen könnte. Kalkulierte Rendite: 3,5 Prozent. Für 250 000 Euro hätte er sogar etwas noch Interessanteres für mich: eine Intensivpflegeeinrichtung mit einer Rendite von 4,17 Prozent. Prompt bekam ich Prospekte zu den Häusern mitsamt Marktanalyse und Reservierungsvertrag zugemailt. Ich hatte mich auf eine der mittlerweile reichlich im Internet platzierten Werbeanzeigen für Investments in Pflegeeinrichtungen gemeldet. Mal geht es um Apartments in Wohnanlagen, die zum Einzelverkauf stehen, mal werden auch kleinere Summen ab 1 000 Euro für Fonds eingesammelt, die dann ein Objekt erwerben oder bauen. Trotz oder auch gerade wegen Corona scheint das Geschäft zu brummen.

Für die Menschen außerhalb der Immobilienbranche erscheint die Pflege spätestens seit Beginn der Pandemie allerdings in einem völlig anderen Licht. Corona förderte schlimme strukturelle Missstände zu Tage. Die eklatante Unterbezahlung des Pflegepersonals, in krassem Gegensatz zu der enormen körperlichen und seelischen Arbeitsbelastung, stieß in der Öffentlichkeit auf breite Empörung, und der gravierende Personalnotstand in den Heimen brach jetzt, unter der Last einer gefährlichen Seuche, endgültig auf. Erhöhte Krankenstände gefährdeten den gesamten Pflegebetrieb. In einzelnen Einrichtungen, so wurde bekannt, arbeiteten Pflegerinnen und

Pfleger trotz eigener Corona-Infektion weiter, weil man ansonsten das notwenige Betreuungsniveau nicht hätte gewährleisten können. Andernorts musste sogar die Bundeswehr aushelfen. Für Schnelltests von Mitarbeitern und Besuchern – als sie denn endlich da waren – wurde händeringend zusätzliches Personal gesucht und häufig nicht oder nicht schnell genug gefunden. Eine Personalreserve, die man für die bestmögliche Umsetzung der Hygienekonzepte benötigt hätte, existierte schlichtweg nicht. Die Pflege war kaputtgespart und diese Tatsache wurde nun auch Außenstehenden klar. Es bestand keine Chance, den Herausforderungen der Corona-Pandemie adäquat zu begegnen. Die Pflege in Deutschland fiel, praktisch über Nacht, in eine tiefe Krise. Da half es auch nicht, dass die Menschen im April 2020 auf die Balkone eilten, um mit viel Lärm ihrer Anerkennung für das Personal in den Kliniken und Pflegeheimen Ausdruck zu verleihen. Auch die stehenden Ovationen des deutschen Bundestages blieben nur eine Geste, denn viel mehr als diesen Applaus gab es nicht: Ein einmaliger Bonus für das Personal in Pflegeinrichtungen von bis zu 1 000 oder 1 500 Euro, mehr war politisch nicht drin.

Es ist eine Situation, die bizarr anmutet und widersprüchlich, zugleich jedoch geradezu bezeichnend ist für ein Pflegesystem in Zeiten des Neoliberalismus: Während die einen die Krise aushalten müssen – unterbezahlt, am Ende ihrer Kräfte, unter täglicher Gefahr für ihre Gesundheit – und dafür mit kleinen Boni abgespeist werden, preisen die anderen zur gleichen Zeit die Pflege als krisensichere Kapitalanlage, um ein profitables Geschäft damit zu machen.

In den Augen eines Geschäftsmannes ist die Pflege in erster Linie ein Markt. Mit 1,7 Millionen Beschäftigten setzte die Branche 2019 ganze 43 Milliarden Euro um, 18,9 Milliarden in der ambulanten und 24,2 Milliarden in der stationären Pflege. Das ist zwar noch deutlich weniger als etwa bei den Krankenhäusern, die fast 70 Milliarden erzielten, doch im Gegensatz zu diesen handelt es sich bei der Pflege um einen sehr rasch wachsenden Markt – was Investoren zu schätzen wissen. Seit 2010 hat sich die Wertschöpfung in der ambulanten Pflege verdoppelt und auch bei den Heimen betrug der Zuwachs über 50 Prozent.[1] Das Wachstum der Pflegebranche liegt damit deutlich höher als das der Gesamtwirtschaft mit 35 Prozent. Sollten auch noch halbwegs gute Renditen in Aussicht stehen, finden sich auf einem solchen Markt Anleger eigentlich wie von selbst. In wirtschaftlichen Krisenzeiten wächst zudem das Interesse an »sicheren« Anlagen wie Pflegeimmobilien. Man schätzt den »nachhaltigen Cashflow, der in Seniorenimmobilien erwirtschaftet wird«, wie der Zentrale Immobilienausschuss« (ZIA), ein Dachverband der Immobilienwirtschaft, in seinem Herbstgutachten 2020 feststellt.[2] Kein Wunder: Immerhin ist die Zahlungsfähigkeit der »Kundschaft« mit Pflegeversicherung und Sozialhilfe quasi staatlich verbürgt und außerdem gibt es für die Bedürftigen häufig kaum Alternativen. Das Ausfallrisiko einer Anlage lag nach dem letzten Pflegeheim-Rating-Report 2020 des Essener RWI (Leibnitz-Institut für Wirtschaftsforschung) bei gerade mal vier Prozent.[3]

Dank der demografischen Entwicklung sind auch die Aussichten prächtig. Aus Babyboomern werden irgendwann Pflegeboomer: Laut Gesundheitsministerium soll die Zahl der dauerhaft pflegebedürftigen Alten von aktuell 4,2 Millionen bis 2030 auf 4,8 Millionen und bis zum Jahr 2050 noch einmal auf 5,3 Millionen steigen.[4] Diese Nachfrageprognose dürfte lediglich Bestattungsunternehmen besser in die Hände spielen.

So wurde 2020 zwar zum echten Horrorjahr für die Pflegebedürftigen und das Personal – mit Besuchssperren und Tausenden von Toten in den Heimen –, zugleich aber zum Rekordjahr für Anleger auf dem Pflegeimmobilienmarkt. Schon im Oktober 2020 gab der amerikanische Immobiliendienstleister CBRE seinen deutschen Kunden, was Corona anbelangte, mehr als nur Entwarnung:

> Die Corona-Pandemie hat das Interesse der Investoren nach Objekten mit gesicherten Miet- und Pachtzahlungen, wie sie

> Gesundheitsimmobilien bieten, noch weiter steigen lassen. Da keiner der großen Bestandshalter bisher von Mietausfällen berichten konnte und die tatsächliche Quote der COVID-Fälle sehr gering (!) ist, wird die Risikoeinschätzung der Investoren positiv revidiert – auch aufgrund der aktuellen politischen Debatte über eine Mitfinanzierung der Pflegekosten durch den Staat.[5]

Tatsächlich wurde bis Ende 2020 mit 2,9 Milliarden das größte Transaktionsvolumen für Pflegeimmobilien seit Jahren bewegt.[6]

Von wegen Caritas & Co. – die Big Player auf dem Pflegemarkt

Es ist die vorläufige Spitze einer Entwicklung, die unmittelbar nach Gründung der Pflegeversicherung 1995 ihren Anfang nahm, als die Pflege, die bis dahin allein gemeinnützigen Trägern vorbehalten war, erstmalig auch für profitorientierte Unternehmen freigegeben wurde: Nur fünf Jahre später, Ende 1999, nannten diese bereits über ein Drittel aller Pflegeeinrichtungen ihr Eigen. Heute befinden sich 43 Prozent der rund 15 400 Pflegeeinrichtungen in gewerblicher Hand, lediglich 53 Prozent sind noch gemeinnützig, meist bei Wohlfahrtsverbänden, und nur sehr wenige in staatlicher Trägerschaft.[7]

Die Möglichkeit, mit Pflegeheimen Geld zu machen, lockte in den letzten Jahren auch vermehrt internationale Fonds und Konzerne an. Und so stellen heute vor allem profitorientierte Unternehmensgruppen die größten Player auf dem deutschen Pflegemarkt dar. Größter Heimbetreiber hier ist die aus Frankreich stammende Korian-Gruppe mit rund 250 Häusern in Deutschland und einem Umsatz, der 2019 bereits an eine Milliarde Euro heranreichte. Das im Jahr 2003 gegründete Unternehmen gilt mit rund 900 Einrichtungen und über 50 000 Beschäftigten als führender Pflegeanbieter in Europa. Seine Größe verdankt Korian weniger eigenen Neugründungen, sondern vor allem einer geschickten Übernahmepolitik. In Deutschland machte sie zuletzt auf sich aufmerksam, als sie sich 2020 die Pflegeeinrichtungen der QualiVita AG in Niedersachsen und Nordrhein-Westfalen mit insgesamt 800 Pflegeplätzen einverleibte.[8]

Ein bezeichnendes Licht auf den deutschen Pflegemarkt, auf dem alles andere als lediglich gepflegt wird, wirft auch die Nummer zwei in der Branche, der schwedische Alloheim-Konzern. Seine Firmengeschichte mutet wie eine Partie »Pflege-Monopoly« an und zeigt deutlich: Es geht um Business, um Geldanlagen und vor allem um Wachstum. Seit der Gründung des ersten Heimes 1973 in Bad Marienberg durch eine Privatperson wuchs die Firma ganz allmählich zu einer kleinen Kette mit 13 Häusern heran. Im Jahre 2008 suchte dann der englische Private-Equity-Investor Star Capital Anlagemöglichkeiten auf dem vielversprechenden deutschen Pflegemarkt und kaufte das Unternehmen. Die Gesellschaft dehnte das Geschäft beständig weiter aus, um schließlich 2013 den ganzen Betrieb für 180 Millionen an den US-amerikanischen Finanzinvestor Carlyle abzustoßen. Auch dieser expandierte, von den eingekauften 49 auf über 160 Häuser. 2017 übergaben die Amerikaner das Unternehmen für 1,1 Milliarden Euro an den schwedischen Investor Nordic Capital, der ebenfalls auf Wachstum setzte, stetig dazukaufte und Alloheim – mittlerweile in der Rechtsform einer europäischen Aktiengesellschaft – mit über 200 Häusern hinter Korian zum zweitgrößten Anbieter in Deutschland machte.[9]

Auf Platz drei befindet sich mit immerhin noch über 100 Häusern die Victor's Group, hervorgegangen aus dem Wohnresidenz-Betreiber Pro Seniore des Saarländers Hartmut Ostermann, der dort heute noch Aufsichtsratsvorsitzender ist. Die AG hat ihren Schwerpunkt weiterhin auf Seniorenresidenzen, die zum Teil gemeinnützig, zum Teil gewerblich aufgestellt sind. Die Gruppe verdient aber auch mit Ferienhäusern, Event-Locations oder Versicherungen Geld und gibt ein Wochenmagazin für das Saarland heraus.[10]

Den vierten Platz belegt Orpea Deutschland, Tochter der französischen Orpea Gruppe, die europaweit und sogar in Südamerika und China agiert und insgesamt über 800 Gesundheits- und Pflegeeinrichtungen betreibt.

Schließlich finden wir auf dem fünften Platz die Dussmann-Gruppe, wahrscheinlich eher bekannt durch ihr Berliner Kulturkaufhaus als durch ihre unter der Marke Kursana firmierenden Senioreneinrichtungen. Auch diese ist breit aufgestellt: Mit Dienstleistungsfirmen rund um das Gebäude, von Hausmeisterei, Reinigung und Klimatechnik über Gastronomie und Catering bis hin zum Kindergarten macht das milliardenschwere Unternehmen weltweit in 22 Ländern Geschäfte. Die Dussmann-Häuser waren früher einmal gemeinnützig. Von Anfang an verfolgte man dort jedoch bereits das Geschäftsmodell, intern Dienstleistungen von anderen Teilen der Unternehmensgruppe zu beziehen, sodass das Konglomerat als Ganzes profitieren konnte.

Eine in den letzten Jahren zunehmend größere Rolle spielen auch Kapitalanleger, welche die Einrichtungen nicht selbst betreiben, sondern deren Fokus auf dem Immobiliengeschäft liegt. Sie kaufen oder bauen, um dann zu vermieten. Es sind klassische Immobilieninvestoren, die den Pflegemarkt entdeckt oder sich sogar auf ihn spezialisiert haben. Die schwedische Hemsö beispielsweise verfügt in Schweden, Finnland und Deutschland nach eigenen Angaben über 370 vermietete Sozialimmobilien mit einem Gesamtwert jenseits von 5 Milliarden Euro. Allein in Deutschland gehören dem Konzern 47 Einrichtungen für Senioren. Hinter all dem steht ein schwedischer Pensionsfond namens Tredje AP-Fonden. Andere Namen in der Branche sind beispielsweise die Aviarent Invest, eine Tochter des Luxemburgischen Fondsmanagers Aviarent, die belgischen Investmanager Aedifica oder sogar die Deutsche Wohnen AG, die durch die bundesweit vielbeachtete Berliner Initiative »Deutsche Wohnen enteignen« geradezu zum Synonym für eine fragwürdige Profitorientierung in der Wohnungswirtschaft aufgestiegen ist.

Demnach ist das Bild, wonach Caritas & Co. die ganz Großen auf dem Markt seien, falsch. Einrichtungen von Caritas, Diakonie oder Arbeiterwohlfahrt tragen zwar jeweils das gleiche Firmenschild, doch sind diese Verbände keine Konzerne. Auf die über 6000 selbständigen Rechtsträger, Vereine, Stiftungen, Ordensgemeinschaften oder gemeinnützige Kapitalgesellschaften, die beispielsweise der Caritas angehören, hat die Freiburger Verbandszentrale keinen Durchgriff. Es wird auch nicht gemeinsam gewirtschaftet und in der Größe reichen die einzelnen Träger längst nicht an die Big Player aus dem profitorientierten Lager heran. Unter den Top 30 auf dem Pflegemarkt finden sich deshalb gerade einmal neun rein gemeinnützige Unternehmen. Das größte ist die evangelische Johanniter Seniorenhäuser GmbH, mit 94 Häusern auf dem neunten Platz.[11]

Trotz der Expansionsstrategien der großen gewerblichen Anbieter ist der Pflegemarkt in Deutschland noch durch eine Vielzahl kleinerer und mittlerer Betriebe geprägt. Aber genau das macht ihn aus Sicht großer Anleger so interessant. Ein solcher Markt ermöglicht Wachstum durch Übernahme, ohne sich dabei gleich zu verschlucken. Allein im Jahr 2020 wurden 184 Pflegeheime und 77 Anlagen für Betreutes Wohnen mit insgesamt 2500 Einheiten aufgekauft.[12] Ganz vorn mit dabei: die Korian-Gruppe, die schwedische Alloheim sowie die Anleger der Luxemburgischen Aviarent und der belgischen Aedifica. Der Markt ist in Bewegung, und es steht fest: Wenn internationale Fondsmanager Geld investieren, haben sie Versprechungen gemacht und müssen Rendite einfahren, denn nur anhand dieser werden sie von ihren Anlegern gemessen.

Jeder Euro zählt – Gemeinnutz, Profite und Qualität

Nicht wenige werden jetzt sagen: »Warum auch nicht? Sollen doch alle ihr Geschäft machen und ihre Gewinne einfahren. Hauptsache, die Pflegequalität stimmt.« Diesen Standpunk könnte man einnehmen – theoretisch. Denn wenn wir während dieser Coronapandemie eines gelernt haben, dann, dass die Pflegequalität eben nicht stimmt. Vielmehr ist das ganze System auf Kante genäht: Statt der 320 000 Pflegerinnen und Pfleger, die dort beschäftigt sind, bräuchten wir 440 000, um die permanente Überlastung des Personals abzubauen und eine angemessene Betreuung der pflegebedürftigen Menschen zu gewährleisten. Aktuell fehlen also 120 000 Pflegekräfte in den Einrichtungen. Zu diesem Schluss kam Anfang 2020 eine Studie der Universität Bremen im Auftrag des Gesundheitsministeriums.[13] Die Wissenschaftler rechnen darin vor, dass in unseren Heimen im Bundesdurchschnitt ein Personalschlüssel von 1 zu 2,5 gegeben ist. Das bedeutet, dass rechnerisch eine Pflegekraft auf 2,5 pflegebedürftige Menschen kommt – für den Laien möglicherweise auf den ersten Blick ein gutes Verhältnis. Wir müssen aber berücksichtigen, dass eine Pflegekraft nicht 24, sondern 8 Stunden am Tag arbeitet. Sie hat auch keine Sieben-, sondern eine Fünf-Tage-Woche. Und schließlich nimmt sie sich bisweilen Urlaub oder wird krank. Bezieht man das mit ein, ist eine Vollzeitkraft deshalb lediglich ein Fünftel der »vollen Zeit« da. Und somit bedeutet das oben genannte Verhältnis in der Realität, dass eine Pflegerin oder ein Pfleger tatsächlich 12 bis 13 Pflegebedürftige betreuen muss.

Die Mehrkosten für die deshalb nötigen 120 000 zusätzlichen Pflegerinnen und Pfleger würden sich auf rund vier Milliarden Euro jährlich belaufen. Die vielbeschworene bessere Bezahlung ist dabei noch nicht einmal mitgerechnet, obwohl diese zwingend notwendig wäre, wenn man 120 000 Menschen zusätzlich für diesen Beruf gewinnen will. Eine Pflegefachkraft verdiente 2019 rund 3 100 Euro brutto im Monat und erreichte damit nicht einmal das deutsche Durchschnittsgehalt.[14] Würde aktuell das gesamte Personal nach dem Tarif des öffentlichen Dienstes entlohnt, bekämen Fachkräfte teilweise über 3 600 Euro brutto, Hilfskräfte rund 3 200 Euro – also nochmals Mehrkosten von mehr als fünf Milliarden Euro.[15]

Dabei drängen sich folgende Fragen auf: Kann es noch legitim sein, mit Pflege Geld zu machen, wenn in unseren Heimen gleichzeitig über 120 000 Personalstellen und fast 10 Milliarden Euro jährlich fehlen, um eine angemessene Betreuung der pflegebedürftigen Menschen sicherzustellen? Zeugt es angesichts dieser Mangelsituation von politischer Vernunft zuzulassen, dass die ohnehin nicht ausreichenden Gelder der Pflegekassen – und sei es nur zu Bruchteilen – als private Gewinne abgeschöpft werden oder in die Taschen von Investoren abfließen? Wohl kaum. Denn jeder Euro kann nur einmal ausgegeben werden und steht, einmal aus dem System entnommen, nicht mehr für die Gewährleistung der bestmöglichen Pflege zur Verfügung. Auch kann er weder Gebäude noch Ausstattung erneuern. Kurzum: In der derzeitigen Pflegemangelsituation gehört jeder Cent ans Pflegebett.

Es ist in diesem Zusammenhang durchaus ratsam, auf die einschlägigen Werbeanzeigen der Geldeinsammler zu schauen: All die Makler und Fonds werben nicht mit Slogans wie »Haben Sie Interesse, Ihr Geld in guter Pflege anzulegen?« oder »Möchten Sie mit Ihrem Geld die Lebensqualität pflegebedürftiger Menschen verbessern?«, sondern mit Profiten: »Haben Sie Interesse an einer sicheren Anlage mit drei oder vier Prozent Rendite?« Wer so auftritt, hat seine Prioritäten völlig klar. Und es wäre naiv anzunehmen, dass diese im Zweifelsfalle nicht auch unternehmerische Einzelentscheidungen prägen. Es soll nicht in Abrede gestellt werden, dass es auch viele gewerbliche Betreiber von Pflegeheimen gibt, die mit Herzblut bei der Sache sind. In der Tat wäre es sogar unfair, jedem einzelnen gewerblichen Pflegeanbieter vorzuwerfen, er habe nur höchstmögliche Gewinnentnahmen im Sinn. Doch mit zunehmendem Drittkapital, das in den Markt fließt, und dem vermehrten Auftreten international agierender Konzerne und Fonds verschärft sich das Problem fast von alleine und verschiebt sich der Fokus Stück für Stück von bestmöglicher Pflege zu höchstmöglicher Rendite.

Selbst Gesundheitsminister Jens Spahn, nicht unbedingt als vehementer Kapitalismuskritiker bekannt, hat das Problem mittlerweile erfasst. Im Juli 2018 überraschte er in einem *Zeit*-Interview mit der Aussage, er könne sich durchaus vorstellen, Renditen für Pflegeheimbetreiber zu deckeln. Einen Monat später legte er im *Handelsblatt* nach:

> Der ganz überwiegende Teil der Kosten in der Pflege sind die Personalkosten. Der effiziente Einsatz des Personals, effiziente Abläufe und eine schlanke Organisation sind notwendig. Aber die Versuchung ist naturgemäß (!) groß, bei diesem größten Kostenblock so zu sparen, dass es zulasten der Pflegekräfte und der Pflegebedürftigen geht.

Sehr hohe Gewinne könnten, so Spahn, »fast nur durch vorsätzliches Absenken der Versorgungsqualität zustande kommen«[16] – Worte eines Ministers, der es wissen muss.

Wohl nicht ganz zufällig kamen 2015 und 2016 gleich zwei Teams von Wissenschaftlern zu dem Ergebnis, dass gewerblich betriebene Heime gegenüber gemeinnützigen tatsächlich Qualitätsverluste aufweisen. Beide Gruppen werteten dazu die Prüfergebnisse des medizinischen Dienstes der Kassen aus, der die Heime regelmäßig auf ihre Qualität hin kontrolliert und benotet. Das Ergebnis der Forscher an der Universität Witten-Herdecke ist klar: »Profitorientierte Pflegeheime in Deutschland bieten im Vergleich zu nicht-profitorientierten Pflegeheimen insgesamt eine geringere Qualität«, heißt es in ihrem Bericht.[17] Die Empfehlung: »Bei der Auswahl eines Pflegeheimes sollte dessen Profitorientierung berücksichtigt werden. Die gesetzlichen Transparenzberichte der Pflegeheime sollten Angaben zur Profitorientierung enthalten.«[18]

Die Studie der Universität Bremen kommt zwar nicht zu derart deutlichen Schlussfolgerungen, doch geht auch aus ihr hervor, dass sowohl in der ambulanten als auch in der stationären Pflege profitorientierte Anbieter insgesamt schlechter abschneiden als gemeinnützige.[19]

Fünf beziehungsweise sechs Jahre nach ihrer Veröffentlichung mögen diese Studien durchaus etwas angestaubt wirken, zumal die Daten, auf denen sie basieren, noch älter sind. Aber es ist bezeichnend, dass der doch unbestritten wichtigen Frage eines möglichen Zusammenhangs zwischen Qualität einerseits und Profit- oder Gemeinwohlorientierung andererseits seitdem nicht mehr nachgegangen wird.

Solidarität und Eigennutz – Profite aus Gemeinschaftskassen

Wenn es auf einem gewinnorientierten Pflegemarkt geradezu »naturgemäß« sei, mit Blick auf Renditen bei Personalkosten zu sparen, wie Jens Spahn als zuständiger Bundesminister konstatiert, so ist dies bereits Grund genug, ganz grundsätzlich die Systemfrage aufzuwerfen und über ein Ende der privaten Gewinnentnahmen nachzudenken. Doch damit nicht genug. Denn beim Blick darauf, was gute Pflege in ihrem Wesen ausmacht, wie sie finanziert werden soll und ob dies mit Marktgesetzen überhaupt in Einklang zu bringen ist, offenbaren sich weitere Bedenken.

Unser gesamtes Pflegesystem baut sozialpolitisch auf einem Versorgungsversprechen der Gemeinschaft auf, das da lautet: Niemand, der Hilfe benötigt, bleibt ohne Pflege. Seit Mitte der 1960er Jahre sprang die Sozialhilfe ein, wenn weder die bedürftige Person noch ihre Familie die anfallenden Kosten bezahlen konnte. Als in den 1990er Jahren aber die Zahl der alten Menschen, die nach einem arbeitsamen Leben lediglich aufgrund ihrer Pflegebedürftigkeit plötzlich von Sozialhilfe abhängig waren, bereits an die 700 000 heranreichte, sah man sich gezwungen, ein System zu schaffen, das ihnen den Gang zum Amt ersparen würde. Seitdem zahlt die Pflegeversicherung unabhängig vom Einkommen einen Festzuschuss und die Sozialhilfe tritt erst hinzu, wenn es dennoch nicht reicht – was derzeit auch schon wieder bei mehr als jedem dritten Heimbewohner der Fall ist. Über 48 Milliarden Euro flossen 2019 entweder aus der Pflegeversicherung oder als Sozialhilfe in die Pflege, finanziert durch die Gemeinschaft der Beitrags- und Steuerzahler, die solidarisch in ein System einzahlen, das ein hohes Niveau, aber keine guten Gewinne von Unternehmern und Konzernen gewährleisten soll.

Das Prinzip ist das einer echten Solidarkasse, denn die meisten Menschen werden im Laufe ihres Lebens nie dauerhaft pflegebedürftig. Die Wahrscheinlichkeit dafür liegt bis zum 75. Lebensjahr bei nicht einmal 2,0 Prozent. Zwischen 75 und 80 Jahren sind es ebenfalls »nur« 19,6 Prozent. Das Pflegerisiko ist vor allem ein Thema der Hochbetagten ab 85 Jahren – ein Alter, das man allerdings erst einmal erreichen muss. Dennoch zahlen die meisten sehr bereitwillig ein, weshalb es sich allein schon mit Blick auf die Finanzierung Finanzierung bei der Pflege um einen komplett anderen Markt als beispielsweise bei Automobilen oder Konsumgütern handelt, da die Kosten ganz überwiegend kollektiv getragen werden. Dass einige Wenige dieses Solidarsystem nun für ihre ganz privaten Anlagen- und Gewinninteressen nutzen können, ist im Grunde absurd. Kaum ein Beitragszahler wird Lust verspüren, mit seinem Solidargroschen die Renditen von Fonds- oder Aktiengesellschaften zu bedienen.[20]

Verpreisung oder Zuwendung – Pflege ist kein Stückwerk

Gute Pflege und Markt schließen sich gegenseitig aus – und das unabhängig davon, wie viel Geld man in das System hineinpumpt.[21] Warum? Die Antwort hängt mit der Natur des »freien Marktes« und seinen unumstößlichen Gesetzmäßigkeiten zusammen. Märkte sollen Angebot und Nachfrage in Kontakt bringen und im Idealfall die notwendige Versorgung mit Gütern und Dienstleistungen zu angemessenen Preisen sicherstellen. Sie leben dabei vom Vergleich und der Maßstab dafür ist Geld. Ohne Geld läuft in der Marktwirtschaft gar nichts. Mit seiner Hilfe können wir auf den ersten Blick völlig unterschiedliche Dinge wie etwa eine Kinokarte, einen Friseurbesuch, ein Brot oder eine Handfeuerwaffe zueinander ins Verhältnis setzen. Geld bringt alles auf den einen gemeinsamen, quantitativen Marktnenner: den Geldwert. Die Vergeldlichung von allem und jedem ist die Voraussetzung für einen funktionierenden Markt.[22]

Wer sich also auf das Spiel von Angebot, Nachfrage und Preis einlässt, sieht sich zuallererst gezwungen, seine Ware oder Dienstleistung in Geld zu übersetzen. Dabei handelt es sich sozusagen um den »Eintrittspreis«, den der Markt verlangt. Dafür müssen Leistungen zählbar gemacht werden, denn Geld ist eine rein quantitative Größe. Das Problem liegt nun darin, dass sich diese arithmetische Konversion nicht bei allen Dingen vollziehen lässt, wie etwa bei Werten, Moral oder Zuneigung. Die Quantifizierung von Qualität ist Voraussetzung und Konsequenz der Vermarktung von Pflege zugleich. Was nicht passt, wird passend gemacht. Dann spielen zwischenmenschliche Beziehungen eben keine Rolle mehr in der »Produktbeschreibung«. Das Besondere wird konsequent ausgeblendet, um sich ganz auf das Vergleichbare konzentrieren zu können.

In der ambulanten Pflege tritt diese Absurdität besonders stark hervor: Zum Zwecke der Abrechenbarkeit, also seiner Marktgängigkeit, wird der Mensch aufgeteilt in »kleine« (12,16 Euro) oder »große Körperpflege« (24,33 Euro), »Darm- und Blasenentleerung« (4,84 Euro), wahlweise auch mit »An-/Auskleiden und Intimpflege« (12,16 Euro), der »Hilfe bei der Nahrungsaufnahme« (15,23 Euro) und so weiter.[23] So zerlegt und bepreist soll nun der Markt dafür sorgen, dass der Mensch möglichst effizient und damit wirtschaftlich – sprich: auf das Notwendigste beschränkt – mit den geringmöglichsten Kosten, aber zugleich qualitativ hochwertig gepflegt wird. Tatsächlich heißt das jedoch: Für die »Große Körperpflege«, also An-

und Auskleiden, Waschen, Rasieren, Mund- und Zahnpflege, darf ein Pflegedienst nicht mehr als eine halbe Stunde veranschlagen, will er nicht draufzahlen. Für die »Hilfe bei der Nahrungsaufnahme« bleiben gerade mal 15 Minuten, ebenso wie zum Einkaufen. Mit nur etwas Lebens- und Alltagserfahrung wird jeder leicht zu dem Schluss kommen, dass unter diesen Voraussetzungen beim besten Willen kaum mehr als Schmalspurpflege möglich ist.

Doch liegt der Fehler gar nicht mal in erster Linie in den bizarren und unterwertigen Beträgen. Der Fehler liegt im (Markt-)System selbst, in dem der Hilfebedürftige als Mensch keinen Platz mehr findet. Schon der technizistische Begriff »Hilfe bei der Nahrungsaufnahme« signalisiert die ganze Misere: Dass dabei nämlich zwei Menschen eine Beziehung eingehen, die für den Pflegebedürftigen vielleicht trotz seines Hungers allemal wichtiger ist als die Mahlzeit selbst, wird in der Bepreisung (notgedrungen) ebenso ausgeblendet wie die Tatsache, dass die Annahme dieser Hilfe mit sehr unterschiedlichen Emotionen verbunden sein kann oder dass der kurze Besuch der Pflegerin oder des Pflegers in manchen Fällen der einzige an diesem Tag ist. Freude, Scham, Angst, Stolz, Eitelkeit, Verbundenheit, Geselligkeit – all das darf im wahrsten Sinne des Wortes nicht zählen, soll die »Hilfe bei der Nahrungsaufnahme« messbar, in Geld berechenbar und marktgängig gemacht werden.

Nach 15 oder 20 Minuten muss der Vorgang beendet sein, unabhängig davon, was sich alles bei dieser »Hilfe zur Nahrungsaufnahme« abspielt. Für den Marktpreis zählt allein die abstrahierte Dienstleistung. Es ist, als würde dem »Kunden« eigentlich nichts weiter fehlen, als habe man es mit einem Besuch in einem Nagelstudio oder einer Taxifahrt zu tun. Die Vermarktung der Pflege verlangt wie bei so vielen Dingen auf dem Markt die rigorose Vereinfachung des Komplexen, die Verallgemeinerung des Einzigartigen, die Banalisierung des Besonderen. Damit sind wir jedoch bei der Kernfrage: Wenn gute Pflege immer den Menschen als Menschen und in seiner Ganzheit sehen muss, wenn sie sich als Beziehungsarbeit *mit* Menschen und nicht *am* Menschen begreift und wenn es bei ihr darum geht, ganz individuell Potentiale zu entdecken, zu bewahren oder sogar zu fördern, ist sie dann ökonomistischen Marktprinzipien überhaupt zugänglich? Die Antwort ist ein klares Nein!

Dass es trotzdem irgendwie geht, ist fast ausschließlich auf die engagierten Pflegerinnen und Pfleger in unseren Einrichtungen zurückzuführen. Im praktischen Alltag laden wir all das, was Beziehungsarbeit wirklich ausmacht, was wir jedoch zugunsten von Effizienz und Marktgängigkeit unterschlagen, letztlich auf das Personal ab. Ihnen haben wir es zu verdanken, wenn trotz Marktausrichtung und Effizienzzielen noch menschliche Interaktion stattfindet – ihnen, die sich ein paar Minuten Zeit nehmen, obwohl sie eigentlich schon weiter müssten, die trotz ihres enormen Arbeitspensums zwischen all ihren »Verrichtungen« noch zugewandt bleiben, die Kraft zu einem Lächeln finden und die abends dennoch mit schlechtem Gefühl nach Hause gehen, weil es ihnen schlichtweg nicht möglich ist, eine Pflege zu leisten, die ihren eigenen Ansprüchen genügt. Wir verlassen uns als Gesellschaft darauf, dass sie es schon irgendwie richten. Es ist die einzelne Pflegeperson, die letztlich den Spagat zwischen Marktkonformität und knappen Ressourcen auf der einen Seite und ihrem fachlichen Ethos auf der anderen Seite aushalten muss.

Bedarf statt Profit – Ethos, Vertrauen und Gemeinwohl

Was ist zu tun? Klar ist, dass es in der Pflege genügend gut ausgebildeter, kluger und hingabevoller Menschen bedarf, die ein anständiges Gehalt dafür bekommen, dass sie sich methodisch fundiert um andere Menschen kümmern. Und dass sie nicht im Minutentakt irgendwelche Module und Verrichtungen zu optimierten Preisen abarbeiten oder zur Schmalspurpflege gezwungen sind, weil die Mittel nicht ausreichen. Um bei guter Pflege den Menschen als Ganzes in den Blick zu nehmen und eine vertrauensvolle Beziehung zu ihm aufzubauen, braucht es Zeit, fachliche Freiräume und Vertrauen.

Der langjährige und damals sehr populäre Berliner Ärztekammerpräsident Ellis Huber machte einmal den geradezu revolutionären Vorschlag, alle Ärzte nach dem Tarifvertrag des öffentlichen Dienstes zu bezahlen – und sie ansonsten einfach ihren Beruf ausüben zu lassen. Keine komplizierten Punktesysteme, keine bis ins Kleinste austarierten und ausgehandelten Preislisten für ihre Heilkunst, sondern ganz schlicht ein gut auskömmliches Einkommen gegen Vertrauen in das ärztliche Ethos. Das war noch vor dem neoliberalen Durchmarsch im Sozialen, als solche Ideen noch geäußert werden konnten, auch ohne dass man gleich als Fantast und Sozialromantiker in die Ecke gestellt wurde. Der Grundgedanke dieses damals schon durchaus provokanten Vorschlags ist nach wie vor richtig. Überall dort, wo es um Zuwendung geht, nämlich darum, Menschen zu begleiten, ihre Potentiale zu entdecken und zu fördern, sind Preisschilder und Kostenvoranschläge nun einmal die falschen Instrumente der Steuerung. Stattdessen hat Vertrauen zu herrschen, sowohl in die Kompetenz der Fachkräfte als auch in das Bemühen der Institution um Sparsamkeit und Wirtschaftlichkeit. Wenn der Mensch im Mittelpunkt der Arbeit stehen soll, dann muss man den Fachkräften auch glauben, dass sie tatsächlich das Wohl der anderen im Auge haben und nicht nur ihr eigenes. Und dann darf auch kein Chef über allem stehen, der letztlich vor allem das Wohl der Anleger und Profitmargen vor Augen hat.

Schließlich muss man auch akzeptieren, dass es die Pflege von der Stange zum festen Preis nicht gibt. Wer morgens in das Schlafzimmer eines pflegebedürftigen Menschen kommt und feststellt, dass dieser sehr unruhig und schlecht geschlafen hat, sollte sich vielleicht erst einmal eine Viertelstunde in Ruhe mit dem Menschen unterhalten können, bevor die Morgenwäsche beginnt. Es kann nicht jeder Tag vorausgesagt und nach Schema F durchgeplant werden. Das funktioniert schon nicht mit Menschen, die weder pflegebedürftig noch dement sind. Wie soll es dann erst in einem Pflegeheim gelingen, wenn man dem Einzelnen noch gerecht werden will? Deshalb darf das Personal auch nicht auf Kante geplant sein. Das einzig angemessene Versorgungsniveau in der Pflege ist die Überversorgung. Bedürftige sind keine Werkstücke, die bearbeitet werden müssen, sondern Menschen, denen es mal besser und mal schlechter geht und die entsprechend auch mal mehr und mal weniger Zuwendung benötigen. Dass wir jedoch Preislisten für die Pflege zimmern und um Personalschlüssel feilschen, wirkt so, als würde man der Feuerwehr für einen Dachstuhlbrand zwei Stunden einräumen und sie dann wieder abrücken lassen, egal ob der Brand danach wirklich gelöscht ist oder nicht.

Gute Pflege muss nicht nur Zeit haben, sondern auch Zeitreserven. Der pflegebedürftige Mensch, der den Rufknopf drückt, darf nicht lange warten gelassen werden, ebenso wie man bei Demenzerkrankten nicht immer vorhersagen kann, wie lange sie an diesem Tag brauchen. Der ständige Ruf nach noch mehr Effizienz, insbesondere bei Personalnotstand, löst das Problem nicht. Gleichsam gehen die Bemühungen um eine Taylorisierung der Pflege an ihrem Wesen schlicht vorbei. Sie aufzuteilen in Verrichtungen und diese dann wieder zu ordnen nach Qualifikationsanforderungen mit dem Ziel, die »teuren« Fachkräfte im betriebswirtschaftlichen Idealfall ausschließlich auf Dinge zu verwenden, zu denen es eines Examens bedarf, alles Weitere jedoch preiswerteren Hilfskräften zu überlassen, ignoriert die Bedürfnisse beider Seiten des Pflegeverhältnisses. Die Taylorisierung mag wirtschaftlich effizient sein, wird jedoch basalen Standards wie der Ganzheitlichkeit von pflegerischer Zuwendung oder der Einsicht, dass Pflege Beziehungsarbeit ist, niemals gerecht werden können.

Ich höre an dieser Stelle schon den Aufschrei: »Vertrauen, wo kommen wir denn da hin? Missbrauch, Faulheit und Verschwendung würden Tür und Tor geöffnet!« Ich möchte dieses Argument nicht einfach beiseiteschieben, doch lässt sich das Konzept guter Pflege ohne Vertrauen nolens volens nun einmal nicht verwirklichen. Es geht um Vertrauen in die Kompetenz jeder einzelnen Kraft, dass ihr Tun allein am Wohle des pflegebedürftigen Menschen ausgerichtet ist. Und genau an diesem Punkt konfligiert ein solches Pflegesystem ein weiteres Mal mit den Gesetzmäßigkeiten profitorientierten Wirtschaftens. Das Problem besteht darin, dass wir in der Pflege ohne Vertrauen nicht auskommen, uns jedoch gleichzeitig einer Marktlogik und einem System unterworfen haben, für das dessen Mangel geradezu konstitutiv ist. Misstrauen bildet die Grundkonstante des neoliberalen Wirtschafts- und Gesellschaftsmodells und damit auch eines profitorientierten Pflegemarktes. Der Neoliberalismus begreift jegliche menschliche Entscheidung und jegliches Handeln als das Resultat individueller Kosten-Nutzen-Abwägungen. Das individuelle Streben nach dem eigenen Vorteil ist der Motor des Fortschritts. Egoismus und Gier werden in der neoliberalen Denkweise nicht nur als akzeptable und legitime, sondern auch als die wahrscheinliche Variante menschlichen Verhaltens angenommen. Diese Auffassung teilt mittlerweile ein Großteil der Bevölkerung.

Vor diesem Hintergrund ist es zwar folgerichtig, aber leider auch falsch, Strukturen zu schaffen, mit denen man die vermeintliche Gier aller Menschen durch institutionelles Misstrauen in den Griff bekommen kann. Folgen wir dem negativen neoliberalen Menschenbild, geraten wir zwangsläufig in eine Sackgasse: So werden dort, wo man Renditen über sinkende Qualität erzielen will, notdürftige Schranken des Verbraucher-, Mieter-, Arbeits- und des Tierschutzes eingezogen. Dabei geht es allerdings immer nur um Mindeststandards. Der Mieterschutz soll nicht für angenehmes Wohnen zu vernünftigen Preisen sorgen, sondern lediglich vor allzu offener Übervorteilung schützen. Hygienevorschriften in Gaststätten sollen kein gutes und gesundes Essen gewährleisten, sondern uns – etwas salopp formuliert – lediglich vor einer Lebensmittelvergiftung bewahren. Was man erreichen möchte, ist letztlich die institutionelle Perfektionierung von Misstrauen.

Ausgerechnet die Pflege dient hier geradezu als Paradebeispiel. Vor Einführung der Pflegeversicherung galt das sogenannte Selbstkostendeckungsprinzip. Die nicht gewinnorientierten, gemeinnützigen Träger der Einrichtungen und Dienste bekamen genau das, was sie für die Pflege brauchten, aber auch nicht mehr. Überschüsse und Gewinne waren nicht vorgesehen. Alle Kosten mussten auf Heller und Pfennig nachgewiesen werden und für profitorientierte Unternehmen gab es nichts zu holen.

Mit der Marktöffnung wurde aber das ganze System vom Selbstkostennachweis auf Preisverhandlungen zwischen Anbietern und Kassen umgestellt. In dieser neuen Ordnung sollte es nun eigentlich allein Sache des Heimes oder der Sozialstation sein, wie sie mit dem vereinbarten Preis auskam. Ich frage als Kunde den Bäcker ja auch nicht nach den Kostenbestandteilen eines Brötchens. Erst mit dieser sehr grundlegenden Änderung der Pflegefinanzierung wurde es überhaupt möglich, Gewinne zu erzielen und abfließen zu lassen. Um das Ganze jedoch nicht ausufern zu lassen – immerhin ging es ja um pflegebedürftige Menschen – folgten die Auflagen in Richtung Mindestleistung und Transparenz auf dem Fuße, angefangen bei Qualifikationsanforderungen an das Personal bis hin zu Messsystemen der Pflegequalität in Form eines Schulnotensystems. Man geriet in Verhältnisse, die der Pflege schlicht zuwiderlaufen. Wir brauchen bestmögliche Versorgung und keine Mindeststandards. Es bleibt, wie es ist: Pflege braucht in erster Linie Zeit und gut ausgebildete, zugewandte Menschen. Dazu wiederum wird Geld benötigt, und zwar ziemlich viel, wie wir bereits gesehen haben, und das Vertrauen, dass dieses auch den Menschen zugutekommt und nicht in die Taschen der Investoren abfließt.

Anstatt über die Verfeinerung der Systeme des Misstrauens nachzudenken, sollten wir unsere Energie lieber in die Auseinandersetzung mit der Frage stecken, wie wir Systeme des Vertrauens wieder stärken können. Denn was Kooperation anbelangt, haben wir in den letzten Jahrzehnten neoliberaler Ökonomisierung einiges zerstört.

Es wird Zeit, dass wir sie erneut aufbauen. Wir brauchen berufsethische Leitbilder und berufsethisches Handeln, einen verbindlichen Pflegekodex und Institutionen, die ihn hüten und auf seine Umsetzung achten. Voraussetzung für all das aber ist die Verbannung des Profitgedankens aus der Pflege.

Dass dies nicht nur ein frommer Wunsch sein muss, macht uns gerade das österreichische Burgenland vor. Der dortige Landtag beschloss Ende 2019, dass gewerbliche Pflegeeinrichtungen, die weiterhin staatliche Mittel erhalten wollen, innerhalb der nächsten vier Jahre gemeinnützig werden müssen. Punktum: »Profitorientierung darf bei der Pflege unserer Mütter, Väter und Großeltern keine Rolle spielen«, so der burgenländische Soziallandesrat Christian Illedits.[24] Dem ist wenig hinzuzufügen.

Zwischen Prekariat und internationalen Blockbustern: Die Kultur im ökonomischen Schraubstock

Von Olaf Zimmermann

Die Corona-Pandemie hat ein Problem sichtbar gemacht, das im Kulturbereich schon lange besteht und oft mit dem Etikett »brotlose Kunst« verniedlicht wird. Viele Selbständige verdienen so wenig, dass sie, sobald Aufträge oder Veranstaltungen wegfallen, unmittelbar in Not geraten. Diese Schieflage steht in eklatantem Gegensatz zu den Lobeshymnen auf die wirtschaftliche Relevanz der Kultur- und Kreativwirtschaft im Vergleich zu anderen Branchen sowie zu der Beteuerung, dass kulturelle Vielfalt bedeutsam und erhaltenswert ist.

Aber handelt es sich dabei um ein neues Phänomen oder schreiben sich hier einfach neoliberale Strukturen im Kulturbereich fort? Dieser Frage soll im vorliegenden Beitrag nachgegangen werden. Konkret geht es um die Bedeutung der Kultur- und Kreativwirtschaft für das kulturelle Leben, um die Digitalisierung, um die Auswirkungen internationaler Handelsabkommen auf den Kultursektor in seiner ganzen Vielschichtigkeit, um die Einkommenssituation freiberuflicher Künstlerinnen und Künstler sowie um aktuelle Fragen des Kulturmanagements. Der Beitrag schließt mit fünf Thesen, was künftig zu tun ist.

Der Kulturbereich – ein Überblick

Nicht nur Kunst ist vielschichtig, bunt und abwechslungsreich, auch der Kulturbereich als solcher kann dies für sich in Anspruch nehmen. Im Wesentlichen lassen sich vier Sektoren unterscheiden:

- Erstens die Künstlerinnen und Künstler; sie schaffen oder interpretieren Werke und stehen am Anfang der Wertschöpfungskette. Auch wenn die Erlöse aus ihrer kreativen Arbeit oftmals sehr gering ausfallen, sind sie dem erwerbswirtschaftlichen Sektor zuzuordnen.
- Zweitens die Kulturunternehmen, die künstlerische Werke produzieren und verkaufen, sprich: verwerten. Sie sind diejenigen, die einzelne Künstlerinnen und Künstler entdecken und dem Markt präsentieren. Auch sie gehören dem erwerbswirtschaftlichen Sektor an und beileibe nicht jeder Kulturunternehmer verdient sich die sprichwörtliche goldene Nase.
- Drittens die Kultureinrichtungen, die Kunst und Kultur zeigen, vermitteln, erforschen und bewahren. Sie ermöglichen Teilhabe und Partizipation. Kultureinrichtungen sind aufgrund ihrer Förderungs- oder Trägerschaftsverhältnisse häufig dem öffentlichen Sektor zuzuordnen und nur in Teilbereichen Marktteilnehmer.
- Viertens die Kulturvereine, die Kunst vor Ort ermöglichen und in vielen Fällen selbst künstlerische Tätigkeiten organisieren. Sie sind von bürgerschaftlichem Engagement getragen und fallen daher in den Non-Profit-Sektor.

Selbstverständlich bestehen zwischen den Sektoren Überschneidungen und Wechselwirkungen, sodass eindeutige Zuordnungen manchmal schwierig sind. Fest steht aber, dass der erwerbswirtschaftliche Sektor fester Bestandteil des Kulturbereiches ist und in manchen Branchen wie beispielsweise der Verlagsbranche auf jahrhundertealte Traditionen zurückblickt. Zugleich lässt sich beobachten, dass viele Unternehmen wegen der Digitalisierung und dem Vormarsch großer international agierender Konzerne zunehmend unter Druck geraten – der Schraubstock wird enger.

Zwischen Großverdienern und Mini-Selbständigen

Es gibt nur wenige Begriffe in unserer Gesellschaft, die so schillernd klingen wie »Künstler« und »Kulturwirtschaft«. Wie bereits angesprochen stehen sie in enger Wechselwirkung, denn: ohne Künstlerinnen und Künstler keine »Produkte« oder Dienstleistungen für die Kulturunternehmen und ohne Kulturunternehmen kein Zugang zu Verwertungsstrukturen.

Zur Kulturwirtschaft zählen neben den vielen kleinen Unternehmen, wie der Galerie oder der Buchhandlung um die Ecke, auch große, multinationale Konzerne wie die Computerspiel-Giganten Electronic Arts und Nintendo. Trotz der wirtschaftlichen Relevanz der Konzerne handelt es sich bei kulturwirtschaftlichen Unternehmen mehrheitlich um Klein- und Kleinstbetriebe. Außerdem gehören Superstars wie Paul McCartney mit seinem geschätzten Vermögen von 900 Millionen Euro ebenso zur Branche wie viele wirtschaftlich weniger erfolgreiche Künstlerinnen und Küstler, die in der Corona-Krise von einem Tag auf den anderen zu Hartz-IV-Empfängern geworden sind.

Unter Intellektuellen hatte die Kulturwirtschaft lange Zeit einen eher negativen Beigeschmack. Große Bedeutung spielte dabei das Diktum in Max Horkheimers und Theodor W. Adornos Schrift *Dialektik der Aufklärung*, demzufolge diese sich vor allem an Marktgesichtspunkten orientiere und der Kunst ausschließlich einen Warencharakter beimesse. Die so entstehenden Werke seien als trivial und affirmativ zu betrachten und entsprechend müsse man das Ende des autonomen Kunstwerks, das einen emanzipatorischen Anspruch haben sollte, einleiten. Bedeutet die Tatsache, dass diese Auffassung heute kaum noch geteilt wird, einen Siegeszug der Trivialisierung von Kultur? Oder spiegelt sich in ihr vielmehr die realistische Einschätzung wider, dass der Markt spätestens seit der Verbreitung des Buchdrucks und der Verlage neben dem fürstlichen und kirchlichen Auftragswesen in der Kunst eine wichtige Rolle spielt?

Seit 2008 legt die Bundesregierung jährlich einen »Monitoringbericht Kultur- und Kreativwirtschaft« auf,[1] der die Entwicklung der Umsätze und die Zahl der Erwerbstätigen in den elf Teilbranchen der Kultur- und Kreativwirtschaft untersucht. Diese sind: Musikwirtschaft, Buchmarkt, Kunstmarkt, Filmwirtschaft, Rundfunkwirtschaft, Markt für darstellende Kunst, Designwirtschaft, Architekturmarkt, Pressemarkt, Werbemarkt, Software/Games-Industrie und sonstige. Neben der Bestandsaufnahme ist in jedem dieser Berichte zu lesen, welchen Beitrag die Kultur- und Kreativwirtschaft zur Bruttowertschöpfung leistet und wie sie im Vergleich zu anderen Branchen dasteht. Gleichfalls wird jeweils auf die Entwicklung in den Teilbranchen eingegangen. Die zentrale Aussage lautet dabei jedes Jahr, dass die Bruttowertschöpfung der Kultur- und Kreativwirtschaft irgendwo zwischen der Automobil- und der Chemieindustrie liegt. Zufrieden kann man sich also zurücklehnen und sich für die eigene wirtschaftliche Relevanz auf die Schulter klopfen. Keine Beachtung findet dabei allerdings die Tatsache, dass der Bericht neben der zweifelsfrei zur Kultur- und Kreativwirtschaft zählenden Gaming-Industrie auch die Softwarebranche einbezieht – also Microsoft, SAP und Oracle. Dank dieser Zuordnung kann Jahr für Jahr in der gemeinsamen Kategorie für Software/Games-Industrie ein großes Umsatz- und Beschäftigungswachstum gemeldet werden. Dieses verstellt aber den Blick auf die Realität in vielen anderen kulturwirtschaftlichen Bereichen.

Neben dem Vergleich zu anderen Branchen, der stets zur Zufriedenheit ausfällt, wird als weiterer großer Pluspunkt die Zahl der Unternehmen hervorgehoben. Auch hier kann sich die Kultur- und Kreativwirtschaft mit Fug und Recht als Primus fühlen, denn diese ist stets recht hoch. Dabei wird allerdings außer Acht gelassen, dass es sich bei vielen um Ein-Mann- oder Ein-Frau-Unternehmen handelt. Im Monitoringbericht 2019 differenzierte man erstmals zwischen Selbständigen und sogenannten Mini-Selbständigen. Unter letzteren werden Unternehmer verstanden, deren Jahresumsatz weniger als 17 500 Euro beträgt. Damit unterliegen sie der Kleinunternehmerregel und sind daher nicht umsatzsteuerpflichtig. Für das Jahr 2018 wurden 340 146 Mini-Selbständige und 300 695 Selbständige verzeichnet. Die Mehrzahl der Selbständigen im Kulturbereich hat also einen derart geringen Umsatz, dass sie diesen noch nicht einmal versteuern müssen. Von einem einträglichen Geschäftsmodell kann hier oftmals nicht die Rede sein. Besonders im Buchmarkt, Kunstmarkt, Markt für darstellende Kunst und der Filmwirtschaft sind die Mini-Selbständigen deutlich in der Überzahl. Anders sieht es beispielsweise im Architekturmarkt aus.

Es ist anzunehmen, dass zu den Mini-Selbständigen der oben genannten Teilmärkte insbesondere Künstlerinnen und Künstler zählen, die in der Regel nur ein geringes Einkommen erzielen. Diejenigen, die Mitglied der Künstlersozialkasse sind, haben den Vorzug eines privilegierten Zugangs zur Kranken-, Pflege- und Rentenversicherung, denn ähnlich wie bei Arbeitnehmern zahlen sie nur eine Hälfte des Beitrags. Der Rest kommt von den Verwertern künstlerischer Leistungen und einem Bundeszuschuss. Andere Selbständige aus der Kultur- und Kreativwirtschaft hingegen müssen – geringes Einkommen hin oder her – die Beiträge zur Krankenversicherung allein tragen sowie privat für das Alter vorsorgen. Es liegt nahe, dass insbesondere letzteres ein großes Problem sein wird. Umso wichtiger ist es, die geplante Altersvorsorgepflicht für Selbständige so zu gestalten, dass die Beiträge erschwinglich sind. Noch erfüllen die diskutierten Vorschläge der Bundesregierungen aus der aktuellen sowie den letzten beiden Wahlperioden diese Anforderung nicht. Die vorgesehenen Beiträge sind so hoch, dass viele Selbständige aus der Kultur- und Kreativwirtschaft, die nicht in der Künstlersozialkasse versichert sind, sie nicht erbringen können und sich mithin bei einer freiwilligen Einbeziehung in die gesetzliche Rentenversicherung aus ökonomischen Gründen gegen die eigentlich sinnvolle Maßnahme entscheiden werden müssen.

Die Corona-Pandemie hat deutlich gemacht, dass die Unternehmen der Branche differenziert zu betrachten sind. Insbesondere die Mini-Selbstständigen befinden sich oft in prekären Einkommensverhältnissen. In dieser Lage findet das maßgeblich in den 1990er Jahren geprägte neoliberale Dogma »Markt ist besser als Staat« seine indirekte Fortsetzung.

Der Doppelcharakter der Kultur

Rein marktwirtschaftliche Betrachtungsweisen erfassen nicht den vollen Facettenreichtum von Kulturgütern und kulturellen Dienstleistungen. Das 2007 in Kraft getretene UNESCO-Übereinkommen zum Schutz und zur Förderung der kulturellen Vielfalt formuliert treffend, »dass kulturelle Aktivitäten, Güter und Dienstleistungen sowohl eine wirtschaftliche als auch eine kulturelle Natur haben, da sie Träger von Identitäten, Werten und Sinn sind, und daher nicht so behandelt werden dürfen, als hätten sie nur einen kommerziellen Wert«.[2] Der Marktcharakter der Kultur- und Kreativwirtschaft ist also zumindest insofern unstrittig, dass sowohl die Künstler als auch die Verwerter künstlerischer Leistungen aus dem Verkauf oder der Nutzung ihrer Werke einen ökonomischen Nutzen ziehen wollen. Ein ebenso unstrittiges Alleinstellungsmerkmal besteht aber auch darin, dass die angebotenen Güter und Dienstleistungen nicht nur einen materiellen, sondern vor allem einen ideellen Wert haben.

Digitalisierung – Chancen und Risiken

Im Kulturbereich insgesamt, egal ob erwerbswirtschaftlich, öffentlich oder gemeinnützig orientiert, bietet die Digitalisierung große Chancen. Der Flaschenhals zur Präsentation und auch zur Verwertung künstlerischer Arbeiten ist größer geworden. Waren vorher professionelle Verwerter, wie Verlage, Galerien, Rundfunksender und andere, zwingend erforderlich, damit ein Werk den Weg zum Kunden findet, kann heute nahezu jeder diese ohne großen Aufwand öffentlich zugänglich machen. Virtuelle Bummel durch Museen samt Betrachtung sensibler Exponate wie Handschriften sind ebenso möglich wie digitale Livekonzerte, Filmabende und vieles andere mehr.

Doch wäre es ein Trugschluss zu meinen, die zusätzlichen Verbreitungswege würden in erster Linie dem Kulturbereich nutzen, neue Einkommenschancen eröffnen und zu vermehrter Teilhabe beitragen – weit gefehlt. Den größten Ertrag aus der Digitalisierung ziehen nämlich die US-amerikanischen Technologiekonzerne. Das gilt insbesondere für Alphabet, der Dachgesellschaft zu der Google und YouTube gehören, oder auch Facebook. Kunst, Kultur und Medienangebote sind der »Content«, der die Netze attraktiv macht und »Traffic« erzeugt. Dabei steht für die Tech-Konzerne der Erlös aus Werbung im Vordergrund. Ungeniert nutzt man die Werke anderer, um damit eigenes Geld zu verdienen – und teilweise hängt man sich dabei auch noch das Mäntelchen der Meinungsfreiheit und des Diskurses um, wenn Inhalte, ohne eine angemessene Vergütung der Rechteinhaber zu gewährleisten, zugänglich gemacht werden.

In der Steuervermeidung sind diese Konzerne ebenso wie das große Warenhaus Amazon Weltmeister. Jedes Schlupfloch und jeder Interpretationsspielraum wird genutzt. Von Gemeinwohlorientierung kann hier keine Rede sein. Die fehlenden Steuereinnahmen der großen Unternehmen schlagen sich in den öffentlichen Haushalten nieder und gehen damit auch zulasten der Kunst- und Kulturförderung. Leider wird auf der europäischen Ebene viel zu wenig gegen diese Praxis unternommen. Die Einführung einer Digitalsteuer lief bislang ins Leere. Es bleibt bei Ankündigungen einzelner Staats- und Regierungschefs – oder wie jüngst geschehen – Finanzminister.

Für den Kulturbereich mindestens genauso relevant ist der Umgang der Tech-Konzerne mit dem Urheberrecht. Durch das Aufkommen der großen Plattformen hat sich zunehmend die Haltung verbreitet, dass alle Inhalte, speziell Kunst und Kultur, kostenfrei zugänglich sein müssten und damit die große Demokratisierung eintreten würde. Dass das auf Kosten der Rechtsinhaber, also der Urheber und Kulturunternehmen, geht, wird dabei verschwiegen. Bis heute gelingt es diesen nicht, einen vergleichbaren Ertrag aus der digitalen Nutzung gegenüber der physischen zu erwirtschaften. Die Zahlungen von Spotify & Co. spotten jeder Beschreibung. Selbst Weltstars wie Lady Gaga, Adele und andere erhalten hier im Vergleich zum guten, alten Plattenvertrag nur Brosamen. Auch wenn die GEMA als Verwertungsgesellschaft und verschiedene Musikunternehmen inzwischen Verträge mit YouTube zur Vergütung öffentlich zugänglich gemachter Musik geschlossen haben, reicht diese noch bei weitem nicht an die üblichen Erlöse heran.

Mit der im Jahr 2019 verabschiedeten EU-Richtlinie über das Urheberrecht und die verwandten Schutzrechte im digitalen Binnenmarkt (DSM-Richtlinie) müssen die Plattformen nun endlich für die von ihnen zugänglich gemachten Inhalte Haftung übernehmen, Lizenzen mit den Rechteinhabern oder Verwertungsgesellschaften schließen und die Nutzung vergüten. Die Haftungsfrage wird mit der Richtlinie von den einzelnen Usern auf die professionellen Plattformen verlagert. Das ist ein großer Vorteil für die privaten Benutzer, bietet er doch endlich mehr Rechtssicherheit. Die Plattformen haben sich schon während des europäischen Gesetzgebungsverfahrens mit Händen und Füßen gegen die geplanten Vorgaben gewandt und fanden leider breite Unterstützung bei Netzaktivisten. Um es vereinfachend auszudrücken: Vornehmlich junge Menschen gingen zu Tausenden auf die Straße, damit weltweit agierende Konzerne ihren Reibach machen können. Und dies teils noch unter dem Signum der Kapitalismuskritik, denn es ging vornehmlich gegen die Kulturwirtschaftsunternehmen. Verkehrte Welt, könnte man denken – oder erschrecken, wie tief verwurzelt die Agenda der Großkonzerne bereits ist. Google & Co. werden sich ins Fäustchen gelacht haben.

Bei Redaktionsschluss dieses Buches dauerte die parlamentarische Diskussion über die Umsetzung der DSM-Richtlinie in deutsches Recht noch an. Nach mehreren Konsultationen hat die Bundesregierung einen Gesetzesentwurf vorgelegt, in dem der Versuch unternommen wird, einen Ausgleich zwischen den Interessen der Urheber, der Kulturunternehmen und der privaten Nutzer zu finden. Die erste Lesung im Bundestag und eine Anhörung diesbezüglich fanden bereits statt. Es wurde ein Schritt in die richtige Richtung gemacht, aber vieles bleibt verbesserungsbedürftig. Unklar ist nach wie vor, was mit der neuen Kategorie der »Pastiche« konkret gemeint ist und ob hier durch die Hintertür nicht doch der Weg zu Remixen und Mashups freigemacht wird.

Künstlerinnen und Künstler sowie Kulturunternehmen brauchen ein starkes Urheberrecht, um einen wirtschaftlichen Erlös aus der Nutzung der Werke ziehen zu können – ganz unabhängig davon, ob diese digital oder physisch zugänglich gemacht werden. Dabei handelt es sich nicht um eine Einschränkung, sondern vielmehr um eine Voraussetzung, dass neue Werke überhaupt erst entstehen. Denn ohne Erlöse aus künstlerischer Tätigkeit können Künstlerinnen und Künstler nicht arbeiten und kein Kulturunternehmen deren Werke verwerten.

In der Corona-Pandemie hat sich gezeigt, dass die Rufe nach digitalen Auftritten zwar manchen Künstlerinnen und Künstlern etwas Publikum gebracht haben, eine Monetarisierung in der Breite aber nicht möglich war und bislang auch nicht ist.

Kultur auf dem globalen Markt

Was haben internationale Handelsabkommen wie GATS, TRIPS, TTIP, CETA mit Kultur zu tun? Viele meinen, Kultur sei stets öffentlich gefördert, national begrenzt und in Deutschland ohnehin Ländersache. Dabei handelt es sich allerdings um einen Trugschluss – denn wie bereits gezeigt ist Kultur zu einem erheblichen Teil marktvermittelt.

Als die Welthandelsorganisation (WTO) im Januar 1995 ihre Arbeit aufnahm, befand sich die Liberalisierung und Privatisierung bereits auf dem Vormarsch. Jahrzehnte zuvor von neoliberalen US-amerikanischen Wirtschaftstheoretikern erdacht, konnten sich diese Ideen des Wirtschaftens nach dem Ende der Sowjetunion und des Kalten Krieges weltweit durchsetzen. Unter dem Dach der in Genf ansässigen WTO wurden internationale Verträge wie GATS (Allgemeines Abkommen über den Handel mit Dienstleistungen) und TRIPS (Übereinkommen über handelsbezogene Aspekte der Rechte am geistigen Eigentum) ausgehandelt. Ziel war und ist es nach wie vor, sogenannte Handelshemmnisse abzubauen, den weltweiten Austausch von Waren und Dienstleistungen zu liberalisieren und so schließlich auf einen globalen Freihandel hinzuwirken.

In der »Doha-Runde«, die 1995 begann, sollten weitere Vereinbarungen zur Liberalisierung des Handels mit Dienstleistungen unter den WTO-Mitgliedstaaten getroffen werden. Im Kulturbereich fanden diese zunächst kaum Eingang in die Debatten, obwohl hier bereits in einigen Sektoren weitreichende Zugeständnisse gemacht wurden.[3] So hatte man im GATS-Vertragswerk die Liberalisierung des Verlagswesens sowie von Unterhaltungsdienstleistungen wie Zirkus oder auch Theater beschlossen, ohne dass in Deutschland eine größere Diskussion aufgekommen war. Der damalige WDR-Intendant Fritz Pleitgen warnte nach der GATS-Konferenz in Seattle Ende der 1990er Jahre erstmals vor den möglichen Auswirkungen. Er befürchtete, dass technologische Entwicklungen und die Konvergenz der Medien langfristig eine Gefahr für den öffentlich-rechtlichen Rundfunk darstellen könnten.

Zusammen mit anderen Verbänden aus Kultur und Medien trat der Deutsche Kulturrat bereits 2002 für die Erarbeitung der UNESCO-Konvention »Kulturelle Vielfalt« ein. In den ersten Diskussionen war diese noch als Gegengewicht zum GATS-Abkommen geplant. Es bestand die Hoffnung, dass man das Handelsrecht und das Recht auf kulturelle Vielfalt als äquivalent betrachten würde. Im Verlauf der Verhandlungen stellte sich aber heraus, dass diese Gleichsetzung nicht zu erreichen war. Obwohl sie scheiterte, gilt die Konvention aus heutiger Sicht als große Leistung, da mit ihr erstmals organisierte Bemühungen gegen die Liberalisierung des Kulturbetriebs unternommen wurden.

Besonders bedeutsam ist in diesem Zusammenhang die darin enthaltene Betonung der Technologieneutralität. In Artikel 4 steht:

> Die kulturelle Vielfalt zeigt sich nicht nur in der unterschiedlichen Weise, in der das Kulturerbe der Menschheit durch eine Vielzahl kultureller Ausdrucksformen zum Ausdruck gebracht, bereichert und weitergegeben wird, sondern auch in den vielfältigen Arten des künstlerischen Schaffens, der Herstellung, der Verbreitung, des Vertriebs und des Genusses von kulturellen Ausdrucksformen, unabhängig davon, welche Mittel und Technologien verwendet werden.

Daraus entsteht die Verpflichtung, die kulturelle Vielfalt unabhängig vom technischen Verbreitungsweg zu sichern. Die Konvention ist damit auch in der oben geschilderten Urheberrechtsdebatte und der Auseinandersetzung mit den Plattformen ein wichtiger Anknüpfungspunkt, um für die Rechte der Urheber, ausübenden Künstler und Verwerter einzutreten. Da sie sowohl von der EU als auch der Bundesrepublik ratifiziert wurde, mithin geltendes Recht ist, muss sie bei Regulierungen der Digitalmärkte Anwendung finden.

Nachdem die Doha-Runde Anfang der 2000er Jahre ins Stocken gekommen war, nahmen bi- und plurilaterale Abkommen zu. Hierunter fallen beispielsweise CETA zwischen der EU und Kanada, das verhinderte TTIP zwischen der EU und den USA sowie das Trade in Services Agreement (TiSA). Ziel dieser Bemühungen ist eine weitreichende Liberalisierung zum Beispiel bei Finanzdienstleistungen oder der kommunalen Daseinsvorsorge, aber auch Kultur- und Bildungsangeboten.

Am 10. Oktober 2015 fand in Berlin eine historische Demonstration mit mehr als einer Viertelmillion Teilnehmern gegen CETA und TTIP statt. Selten wurde eine Veranstaltung von einem so breiten und großen Bündnis unterschiedlicher zivilgesellschaftlicher Organisationen getragen. Auch der Deutsche Kulturrat hatte zum ersten Mal in den damals drei Jahrzehnten seines Bestehens zu einer Demonstration aufgerufen und sich einem Trägerbündnis von insgesamt 33 Organisationen angeschlossen, darunter attac, der Bund für Umwelt und Naturschutz, Brot für die Welt, campact, der Paritätische und der Deutsche Gewerkschaftsbund.

Während TTIP erst einmal gestoppt werden konnte, ist CETA mittlerweile in Kraft getreten. Das Wichtigste ist aber der Beweis, dass die Diskussionen über die zukünftigen internationalen Handelsabkommen nicht mehr im stillen Kämmerchen von einigen handverlesenen Technokraten unter Ausschluss der Öffentlichkeit stattfinden können. Speziell für den Kulturbereich war es zudem ein Erfolg und auch eine Genugtuung, dass das Bundeswirtschaftsministerium und die Kulturstaatsministerin drei Tage vor der Großdemonstration in Berlin endlich vollumfänglich die Gefahren von TTIP für die Branche einräumen musste und damit die Sorgen als gerechtfertigt bestätigte.

Die kulturelle Dominanz der USA hat in den letzten Jahren weltweit noch einmal zugenommen. Ein Blick in das Fernsehprogramm macht das ebenso deutlich wie ein Kinobesuch oder ein Exkurs in die internationalen Musik- und Computerspielecharts. Dabei ist es, bleiben wir im Filmbereich, schon längst nicht mehr erforderlich, dass US-Filmmultis die Streifen selbst drehen. Die amerikanischen Heldengeschichten sind längst zum »Weltkulturerbe« geworden und werden zumindest in der westlichen Welt oftmals kritiklos adaptiert. Warner Bros, Paramount Pictures, 20th Century Fox, Universal Studios sind die Namen der kulturellen Vereinnahmung, aber auch Google, Electronic Arts, Netflix, Disney und Amazon tragen dazu bei.

Der Widerstand gegen TTIP ist auch ein Widerstand gegen einen Prozess, der im Begriff ist, die Vielfalt der Kulturen nachhaltig zu zerstören. Es handelt sich dabei aber um keine klassische Form des Kulturimperialismus, denn Amerika strebt nicht nach Dominanz, weil es von der Überlegenheit seiner Kultur überzeugt wäre, sondern aus rein wirtschaftlichen Gründen. Kulturelle Omnipräsenz bildet die Voraussetzung für einen flächendeckenden Zugang zum Weltmarkt, während Vielfalt im internationalen Kontext hingegen geschäftsschädigend ist.

Es sollte bei aller Kritik jedoch nicht verschwiegen werden, dass die US-amerikanische Film- und Musikindustrie den Geschmack von Millionen Menschen weltweit trifft. Hand aufs Herz: Wer wartet nicht auf den neuen James-Bond-Film »Keine Zeit zu sterben«, der wegen der Corona-Krise immer wieder verschoben wurde und jetzt voraussichtlich im Herbst 2021 in die Kinos kommt? Dabei ist die Geschichte von 007 wieder ein klassisches Beispiel: Obwohl die Vorlage aus Großbritannien kommt, liegen die weltweiten Vertriebsrechte bei Universal, einem Tochterunternehmen des amerikanischen Medienkonzerns NBC Universal.

Die Dominanz der US-Anbieter verstärkt sich durch digitale Angebote noch weiter und Distributionsplattformen wandeln sich allmählich zu vertikal strukturierten Unternehmen. So ist Amazon mittlerweile weit mehr als nur ein Online-Kaufhaus. Mit dem eigenen Vertriebskanal Amazon Prime werden Musik und Filme nicht nur angeboten, sondern auch produziert. Amazon Web Services, also die Bereitstellung von Servern und Netzdienstleistungen, ist inzwischen eine der rentabelsten Branchen des Konzerns. Netflix hat seine alten Tage als Distributionsplattform ebenfalls längst hinter sich gelassen und produziert inzwischen äußerst erfolgreich »Originals«, also eigene Filme und Serien. Im deutschen Raum gibt es die Telekom, die mit Magenta-TV von einem Telekommunikationsunternehmen auch zu einem Anbieter audiovisueller Inhalte geworden ist. Der nächste Schritt wäre auch hier die Eigenproduktion.

Der durch die Corona-Pandemie bedingte Lockdown, der zur Folge hatte, dass Kinos schließen mussten und Festivals nicht oder nur in digitalem Format stattfinden konnten, hat die Marktmacht der US-amerikanischen Konzerne zusätzlich ausgebaut. Eine deutsche oder europäische Antwort auf diese Kulturwirtschaftsgiganten gibt es nicht. Germany Gold, ein vor Jahren eingebrachter Vorstoß öffentlich-rechtlicher und privater Sendeunternehmen für eine gemeinsame Streaming-Plattform scheiterte am Bundeskartellamt, da die Marktmacht des nationalen Anbieters zu groß gewesen wäre. Diese Entscheidung hat dem deutschen und auch dem europäischen Kulturstandort nachhaltig großen Schaden zugefügt. Die non-linearen Angebote der Sender werden in jeweils eigenen Mediatheken zugänglich gemacht. Dies ist wenig nutzerfreundlich. Ferner wird so die kulturelle Vielfalt des Angebotes nicht sichtbar und dem Vormarsch der US-Giganten nicht adäquat entgegengetreten.

Ganz besonders bedeutsam sind in diesem Zusammenhang die digitalen Verbreitungs- und Produktionswege sowie die vertikale Aufstellung der marktbeherrschenden Unternehmen. Wenn kulturelle Vielfalt nicht nur in der Nische überdauern, sondern wirklich gelebt werden soll, muss sich der Kulturbereich proaktiv verhalten und mit eigenen Vorschlägen in die internationale Handels- und Dienstleistungsregulierung einbringen. Eine reine Abwehrhaltung wie bei den TTIP-Protesten im Jahr 2016 wird nicht mehr reichen. Gefragt sind alle Akteure: die Künstlerinnen und Künstler, die Kultureinrichtungen und die Unternehmen der Branche.

Auch im internationalen Kontext spielt die bereits erwähnte Sicherung des geistigen Eigentums eine wichtige Rolle. Das kontinentaleuropäische Urheberrecht ist personengebunden und kann weder erkauft noch abgetreten werden. Kulturunternehmen erwerben lediglich Nutzungs- und Verwertungsrechte, nicht die Urheberschaft selbst. Das US-amerikanische System basiert dagegen auf einem völlig anderen Verständnis. Wenn ein Produzent das Copyright an einem Werk hat, kann er frei darüber verfügen und dieses nach Wunsch auch verändern oder veräußern. Es ist daher keineswegs trivial, auf welcher rechtlichen Grundlage eine Zusammenarbeit mit US-amerikanischen Plattformen erfolgt. Im Sinne der Urheber muss für den Erhalt und den Ausbau des kontinentaleuropäischen Rechts gestritten werden. Internationale Abkommen im Rahmen der WIPO (World Intellectual Property Organization) sind daher von herausragender Bedeutung.

Künstlerinnen und Künstler

Die schwierige ökonomische Lage von Künstlerinnen und Künstlern ist nichts Neues. Bahnbrechend waren die Arbeiten von Karla Fohrbeck und Andreas Joh. Wiesand in den 1970er Jahren. Ihrem *Autorenreport* lag eine Befragung freiberuflicher Autorinnen und Autoren aller literarischen Gattungen zugrunde.[4] Damit verfolgten sie das Ziel, mehr über die ökonomische und soziale Lage von Textschaffenden in Deutschland zu erfahren. Im später erschienenen *Künstlerreport* weiteten sie ihren Blick auch auf freiberuflich Tätige in anderen künstlerischen Sparten aus.[5] Fohrbeck und Wiesand förderten zutage, dass die Mehrzahl der Künstlerinnen und Künstler über keinerlei soziale Absicherung verfügten. So wurden teilweise Arztbesuche in Naturalien, wie zum Beispiel Bildern, bezahlt.

Die Verabschiedung des Künstlersozialversicherungsgesetzes im Jahr 1983, der ein jahrlanger Streit um die Ausgestaltung vorausgegangen war, gilt vor diesem Hintergrund als Meilenstein zur sozialen Absicherung von freiberuflich Tätigen Künstlerinnen und Künstlern. Erstmals wurden diese ähnlich wie abhängig Beschäftigte in die gesetzliche Kranken- und Rentenversicherung und seit ihrer Einführung auch in die Pflegeversicherung einbezogen.

Der Deutsche Kulturrat legt seit 2013 regelmäßig Studien zur wirtschaftlichen und sozialen Lage im Kultur- und Medienbereich vor. Anders als Fohrbeck und Wiesand, die Primärerhebungen durchführten, stützt er sich vor allem auf Sekundäranalysen bereits vorhandener Statistiken. In der Studie »Arbeitsmarkt Kultur. Zur wirtschaftlichen und sozialen Lage in Kulturberufen« aus dem Jahr 2013 wurden neben einer allgemeinen Bestandsaufnahme auch Daten der Künstlersozialversicherung analysiert.[6] Drei Jahre später erschien »Frauen in Kultur und Medien. Ein Überblick über aktuelle Tendenzen, Entwicklungen und Lösungsvorschläge«.[7] Im Mittelpunkt standen die Partizipation von Frauen an der individuellen Künstlerförderung, ihr Anteil an Führungspositionen in Kultureinrichtungen sowie die wirtschaftliche Lage freiberuflicher Künstlerinnen im Vergleich zu freiberuflichen Künstlern. Im Jahr 2020 wurde als dritte Untersuchung in dieser Reihe die Studie »Frauen und Männer im Kulturmarkt. Bericht zur wirtschaftlichen und sozialen Lage« vorgelegt.[8] Darin werteten die Autoren erstmals zusätzlich Daten der Bundesagentur für Arbeit zur Zahl der abhängig Beschäftigten, deren Ausbildung, beruflicher Stellung und Einkommen aus.

In allen drei genannten Untersuchungen machte man von Einkommensdaten und Versichertenzahlen der Künstlersozialkasse Gebrauch. Voraussetzung für die Versicherung nach dem Künstlersozialversicherungsgesetz ist die erwerbsmäßige selbständige Tätigkeit in Kunst oder Publizistik.[9] Diese muss zum einen nicht nur vorübergehend ausgeübt werden und zum anderen im Inland erfolgen. Das Jahreseinkommen aus künstlerischer Tätigkeit darf in der Regel 3 900 Euro nicht unterschreiten. Für die Jahre 2020 und 2021 wurde diese Grenze pandemiebedingt aufgehoben. In Paragraph 2 des Künstlersozialversicherungsgesetzes heißt es:

> Künstler im Sinne dieses Gesetzes ist, wer Musik, darstellende oder bildende Kunst schafft, ausübt oder lehrt. Publizist im Sinne dieses Gesetzes ist, wer als Schriftsteller, Journalist oder in ähnlicher Weise publizistisch tätig ist oder Publizistik lehrt.

Diese Definition hat sich seit mehr als 30 Jahren bewährt. Die Künstlersozialversicherung enthält, wie erwähnt, den Schutz der Versicherten in den Zweigen Kranken-, Pflege- und Rentenversicherung. Sie zieht die Beiträge ein und leitet diese an die Sozialversicherungsträger weiter. Die Versicherten zahlen ähnlich Arbeitnehmern 50 Prozent der Beiträge, die anderen 50 Prozent, also der »Arbeitgeberanteil«, wird zu 20 Prozent durch einen Bundeszuschuss und zu 30 Prozent durch die Künstlersozialabgabe gedeckt. Abgabepflichtig sind zum einen die Unternehmen der Kultur- und Kreativwirtschaft, zum anderen alle diejenigen, die nicht nur gelegentlich Aufträge an Künstlerinnen und Künstler vergeben.[10] Der Zweig Arbeitslosenversicherung ist nicht erfasst.

Betrachtet man die statistische Entwicklung der Versichertenzahl in der Künstlersozialkasse (Abbildung 1), so fällt sofort auf, dass sie insgesamt nach wie vor wächst. Ein zweiter Blick offenbart jedoch, dass der Anstieg inzwischen deutlich langsamer geworden ist und in einigen Berufsgruppen sogar sinkende Raten zu verzeichnen sind. Die meisten Versicherten kamen zwischen 1995 und 2010 hinzu.

Dieser Zeitraum ist im Kultur- und Medienbereich auch der, in dem man aus Kostengründen vielfach abhängige Beschäftigung durch freiberufliche Tätigkeit ersetzt hat. Zu nennen wäre beispielhaft das Lektorat, welches einst, von einigen Ausnahmen abgesehen, mit einer klassischen Festanstellung in einem Verlag verbunden war, inzwischen jedoch vielfach von Freiberuflern ausgeübt wird. Für viele stellte der Weg in die Selbständigkeit die einzige Möglichkeit dar, den Beruf überhaupt noch praktizieren zu können. Auch im Arbeitsfeld Journalismus wurde abhängige Beschäftigung abgebaut, ebenso wie in der Öffentlichkeitsarbeit sowie diversen Tätigkeiten der Kulturvermittlung. Um es an einigen Zahlen zu verdeutlichen: Im Jahr 2019 waren sieben Mal so viele Theaterpädagogen in der Künstlersozialkasse versichert wie noch 1995, das Gleiche gilt für Dirigenten und Chorleiter. Für Dramaturgen und Regisseure liegt der Faktor bei viereinhalb, für Lektoren und Musikpädagogen bei vier.

Hingegen ist bei den Schriftstellern, bildenden Künstlern, Komponisten sowie anderen Urhebern kein vergleichbarer Zuwachs festzustellen. Gerade in jenen künstlerischen Berufen also, in denen die selbständige Tätigkeit konstitutiv ist, hat sich die Zahl der Versicherten kaum verändert. Dort, wo es sowohl abhängige Beschäftigung als auch Selbständigkeit gibt, ist hingegen ein Aufwuchs an Versicherten auszumachen.

Es liegt also die Vermutung nahe, dass abhängige Beschäftigung abgebaut wurde oder zumindest stagniert, die selbständige Tätigkeit dagegen deutlich zugenommen hat. Diese Entwicklung trägt zu einer Prekarisierung im Kulturbereich bei, weil über die Künstlerinnen und Künstler im engeren Sinne hinaus nun auch weitere Berufsgruppen betroffen sind.

Hinzu kommt, dass das vorausgeschätzte Durchschnittseinkommen der Versicherten mit 17 852 Euro im Jahr aus künstlerischer Tätigkeit sehr gering war. Der Referenzwert von ledigen Arbeitnehmern lag im gleichen Zeitraum bei 23 663 Euro.[11] Die konkreten Einkommen differieren allerdings von Berufsgruppe zu Berufsgruppe und von Tätigkeitsbereich zu Tätigkeitsbereich, wie die erwähnte Studie »Frauen und Männer im Kulturmarkt« berichtet. Für das Jahr 2021 wurde als Durchschnittseinkommen 16 737 Euro vorausgeschätzt.

Das nachfolgende Diagramm zeigt die vorausgeschätzten Durchschnittseinkommen der Versicherten in den Berufsgruppen Wort, bildende Kunst, Musik und darstellende Kunst. Schnell ersichtlich ist der Gender Pay Gap, der auf alle vier Berufsgruppen zutrifft. Die höchsten Einkommen sind in der Berufsgruppe Wort und die geringsten in der Berufsgruppe Musik zu verzeichnen.

Abbildung 2: **Entwicklung der Versichertenzahl in der Künstlersozialversicherung**

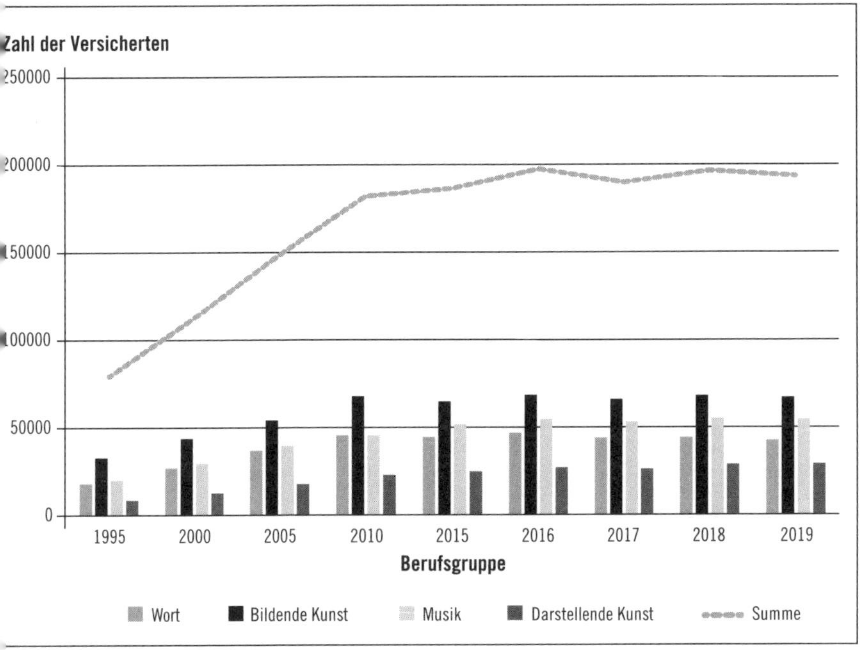

(Quelle: Frauen in Kultur und Medien; Frauen und Männer im Kulturmarkt; eigene Darstellung)

Die gemeldeten durchschnittlichen Jahreseinkommen aus künstlerischer Tätigkeit belegen, dass sehr viele Versicherte in äußerst prekären Verhältnisse leben und dass in allen Berufsgruppen ein deutlicher Gender Pay Gap besteht. Außerdem ist die Einkommensspreizung je nach Tätigkeitsbereich groß. So liegt das Durchschnittseinkommen beispielsweise in Konzeptkunst, Bildhauerei, Jazzmusik und Tanz unterhalb der Armutsgrenze.[12] Zu beachten ist, dass viele Versicherte eine hohe formale Qualifikation haben und sich teilweise bereits als Kinder auf die künstlerische Laufbahn vorbereitet haben.

Selbst an der Grundrente werden viele nicht partizipieren können, weil sie zwar die Voraussetzung einer mindestens 33-jährigen Versicherungszeit erfüllen, nicht aber 30 Prozent des Durchschnittseinkommens erreichen. Daraus folgt, dass viele Künstlerinnen und Künstler im Rentenalter weiterarbeiten oder aber Grundsicherung beantragen müssen.

Abbildung 2: **Durchschnittseinkommen der Versicherten in der Künstlersozialversicherung 2021**

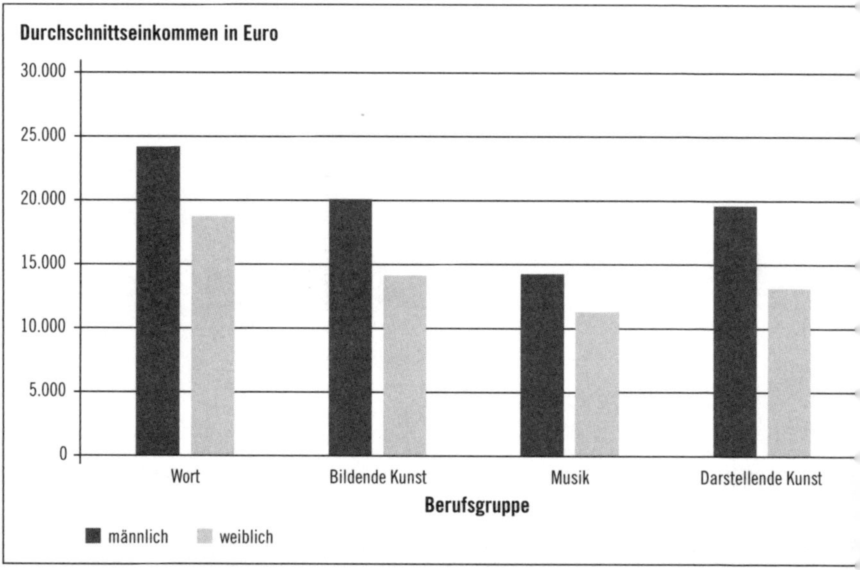

(Quelle: Frauen in Kultur und Medien; Frauen und Männer im Kulturmarkt; eigene Darstellung)

Dass Berufe in Kultur und Medien gegenüber anderen Branchen schlecht bezahlt sind, belegen auch die Daten zu den abhängig Beschäftigten. In »Frauen und Männer im Kulturmarkt« wurde das Bruttoentgelt der in Kultur- und Medienberufen sozialversicherungspflichtig Beschäftigten mit dem der Angestellten außerhalb dieses Bereiches verglichen. Die Untersuchung ergab, dass dort im höchsten Anforderungsniveau, dem der Experten, durchgängig ein im Schnitt geringeres Einkommen erzielt wird.

Öffentliche Kultureinrichtungen

Der Kulturbereich steht aber nicht nur aufgrund internationaler Handels- und Dienstleistungsabkommen, der Digitalisierung und den hieraus entstehenden neuen Verwertungsformen, sondern auch im Bereich der öffentlichen Kultureinrichtungen unter erheblichem Druck.

Dieser entsteht zum einen durch die zunehmende Einführung von betriebswirtschaftlichen Parametern der Effizienzbemessung. Getrieben von der Bertelsmann Stiftung begann Ende der 1990er Jahr die Umstellung von Kameralistik auf doppelte Buchführung. »Konzern Stadt« war das Stichwort, welches dazu führte, dass man öffentliche Kultureinrichtungen – oder neu »Kulturbetriebe« – zunehmend unter Kosten-Nutzen-Gesichtspunkten betrachtete. Es ging nicht mehr um Daseinsvorsorge und die Bedürfnisse der Bürger, sondern um Dienstleistungen, die erbracht werden sollten. Kultureinrichtungen mussten ihre Arbeit als Produkt definieren, das ökonomisch zu gestalten und zu bewerten ist. Damit einher ging auch die beständige Frage nach der Rentabilität. Welche kulturellen Angebote werden angenommen? Lohnt sich beispielsweise die öffentliche Stadtteilbibliothek? Stimmen die Besucherzahlen im Museum oder im Theater? Kann gegebenenfalls gekürzt werden?

Hinzu trat die unsägliche Debatte um die Umwegrentabilität der Kulturförderung: Konsequent zu Ende gedacht bedeutet diese Idee, dass öffentliche Kultureinrichtungen nicht in erster Linie für die Bürger vor Ort da sind, sondern eigentlich für diejenigen, die von auswärts kommen und möglichst viel Geld in der jeweiligen Kommune oder Region lassen. Unter diesem Gesichtspunkt haben sich beispielsweise zahlreiche Festivals etabliert.

Diese Diskussionen fanden zu einem Zeitpunkt statt als die öffentliche Finanzierung zurückgefahren wurde und es insgesamt darum ging, staatliche Leistungen zu reduzieren, ganz im Sinne des Dogmas »Privat vor Staat«. Einrichtungen in öffentlicher Trägerschaft unterstellte man fast automatisch Schlendrian und Unwirtschaftlichkeit, um Eingriffe zu rechtfertigen. Einen Höhepunkt fand der Ökonomisierungsdiskurs im Buch *Der Kulturinfarkt. Von Allem zu viel und überall das Gleiche* von Dieter Haselbach, Armin Klein, Pius Knüsel und Stephan Opitz aus dem Jahr 2012.[13] Viele der darin gestellten Fragen sind richtig und wichtig, die Antworten der Autoren aber eher sonderlich. Eine Polemik soll das Buch sein, und wie es sich für eine richtige Polemik gehört, wird ordentlich und vor allem undifferenziert ausgeteilt. In den vergangenen 40 Jahren habe es eine »kulturelle Flutung« gegeben und die Branche sei Dank öffentlicher Förderung bequem und verfettet geworden – der Kulturinfarkt drohe, so die Kernaussage.

Betrachtet man allerdings die Seite der Beschäftigten, kann davon kaum die Rede sein. Zweifellos waren die 1970er und 1980er Jahre eine Zeit der Expansion in der öffentlichen Kulturförderung. Neue Einrichtungen wie Jugendkunstschulen oder soziokulturelle Zentren entstanden und man entwickelte Museums- oder auch Theaterpädagogik als neue Handlungsfelder der kulturellen Bildung, zunächst mit Quereinsteigern, später entstanden zunehmend Weiterbildungsmaßnahmen. Insbesondere der Arbeitsbereich der Kulturvermittlung wuchs und verzeichnet nach wie vor einen Zugewinn an Erwerbstätigen. Doch handelte es sich sehr oft eben nicht um gesicherte, also unbefristete Arbeitsplätze: »Projektitis« ist das in diesem Zusammenhang häufig verwendete Stichwort. Insbesondere seit den 2000er Jahren lässt sich feststellen, dass zwar rein quantitativ betrachtet viele befristete Projekte ins Leben gerufen wurden, den Beschäftigten aber häufig eine langfristige Perspektive fehlt. Ihre Arbeitsverträge sind oft zeitlich begrenzt – wenn nicht gleich auf Freiberufler zurückgegriffen wird. Deren steigende Zahl wurde am Beispiel der Theaterpädagogen anhand von Daten aus der Künstlersozialversicherung belegt. Hier von einer »Verfettung des Kulturbereiches« zu sprechen, zeugt von einem gewissen Zynismus.

Anstatt aber die Ökonomisierung des öffentlichen Kulturbereichs oder die niedrigen Einkommen der Erwerbstätigen zu thematisieren, fordern einige Stimmen eine generelle Transformation des Kulturbetriebs. Dabei bleibt bislang offen, was darunter zu verstehen ist. Sind hier die Apologeten des »Kulturinfarkts« am Werk, welche die Pandemie und das Herunterfahren des Kulturbereiches dazu nutzen, grundsätzlich aufzuräumen? Oder geht es um jene Generation, die bereits in den Startlöchern sitzt und die »verkrusteten Strukturen der alten weißen Männer« im Kulturbereich aufbrechen will? Oder ist es einfach so praktisch und leicht, von der »Krise als Chance« zu sprechen?

Tobias J. Knoblich, Präsident der Kulturpolitischen Gesellschaft e.V. und Dezernent für Kultur und Stadtentwicklung der Landeshauptstadt Erfurt, spricht von reduktiver Kulturpolitik als Zukunftsaufgabe. Er schreibt in einem Grundsatzpapier:

> Ein Eckpfeiler, auf den heute schon zugearbeitet werden kann, wäre eine in Teilen reduktive Kulturpolitik, die den Bestand kritisch hinterfragt und Schwerpunkte festlegt. Wir können in dieser Krise lernen, was wir schon lange versuchen, aber bisher nicht geschafft haben: Transformation zu gestalten, Angebote ehrlich einzuschätzen, Projekte auch einmal auslaufen zu lassen, ohne alles auf Dauer zu stellen. Hinterfragen wir das Wachstumsparadigma in der Kulturpolitik, ändern wir unsere Mentalität, das Aufhören zu skandalisieren. […] Die von der Kulturpolitischen Gesellschaft eingeforderte Systemrelevanz bezieht sich nicht auf den kompletten Bestand kultureller Infrastrukturen,

> sondern auf die konstitutive Bedeutung kultureller Infrastrukturen für unsere Gesellschaft.[14]

Dieser Transformationsbegriff erinnert an die 1990er Jahre, als unter dieser Überschrift die vielfache Schließung von Kultureinrichtungen in Ostdeutschland forciert wurde. Wer also heute Transformation das Wort redet, sollte ehrlich sein und sagen, was damit gemeint ist. Geht es um eine Reduktion der bestehenden Kultureinrichtungen oder geförderten Projekte? Und sollen die verbleibenden Stellen im Anschluss besser finanziert werden oder dient die Transformationsdebatte lediglich als Vorwand für weitere Kürzungen?

Was ist zu tun?

Ich bin fest davon überzeugt, dass die Corona-Pandemie schon lange bestehende Missstände im Kulturbereich sichtbar gemacht hat. Es geht jetzt darum, diese zu beseitigen und den Schraubstock zu lockern, in dem sich Kunst und Kultur befinden. Dabei muss an vielen verschiedenen Rädchen gedreht werden und nur ihr Zusammenspiel kann langfristig erfolgreich sein.

Erstens muss dem Kultur- und Medienbereich in internationalen Handelsabkommen mehr Aufmerksamkeit zukommen. In den Präambeln ein Loblied auf die UNESCO-Konvention für Kulturelle Vielfalt zu singen, reicht nicht aus. Man sollte ein besonderes Augenmerk auf die vertikal organisierten Tech-Konzerne aus den USA legen, die inzwischen weltweit den Zugang zu den Inhalten des kulturellen Mainstreams in den Händen halten. Vielfalt darf nicht in die Nischen verwiesen werden. Eine stärkere Regulierung der Großunternehmen und vor allem eine gerechte Besteuerung der globalen Akteure sind dringend erforderlich. Dabei sollte man im Dienst der Erhaltung kultureller Vielfalt auch vor einer Zerschlagung dieser Monopole nicht zurückschrecken.

Zweitens muss das Recht der Urheberinnen und Urheber an ihrem Werk weiterhin geschützt und gesichert werden. Wahrung des Urheberrechts ist keine Einschränkung der Kunst- und Meinungsfreiheit! Im Gegenteil bildet ein ausgebautes Urheberrecht erst die Voraussetzung für Künstlerinnen und Künstler, um Einkommen mit ihren Werken zu erzielen.

Drittens müssen Künstlerinnen und Künstler sowie andere freiberuflich Tätige für ihre Arbeit angemessen vergütet werden. Das gilt für die Unternehmen ebenso wie für die öffentliche Hand und die Zivilgesellschaft. Kultur ist keine Petersilie, die Veranstaltungen schmückt, sondern Arbeit, die wertzuschätzen und vernünftig zu bezahlen ist.

Viertens müssen insbesondere die Kommunen mehr Unterstützung erfahren, da sie den größten Teil der Kulturfinanzierung leisten. Sie sollten imstande sein, die kulturelle Daseinsvorsorge für ihre Einwohner zu tragen. Ohne zusätzliche Hilfe werden viele Kommunen in den nächsten Jahren, wenn die Rückzahlung der Schuldlast aus der Pandemie ansteht, ihre Kulturetats zurückfahren, anstatt diese, wie es eigentlich notwendig wäre, auszubauen.

Fünftens müssen Lehren aus der pandemiebedingten ökonomischen Krise im Kulturbereich gezogen werden. Um eine widerstandsfähige Branche zu gewährleisten, bedarf es sowohl neuer Finanzierungsmodelle für Künstlerinnen und Künstler als auch einer dauerhaften Sicherung der öffentlichen Kulturfinanzierung. Das Staatziel Kultur muss daher in das Grundgesetz aufgenommen werden. Auch ist es an der Zeit, endlich ein vollwertiges Bundeskulturministerium einzurichten.

Solidarisches Handeln und Wirtschaften im ländlichen Raum: »Die interessanten Dinge passieren auf dem Land«

Von Mara Dehmer und Cornelia Harrer

Vor wenigen Jahren veranstaltete der Paritätische Wohlfahrtsverband NRW eine aufsehenerregende Tagung. Der Titel: »Tauschen. Teilen.Nachbarschaft!« Geladen waren Gäste, die über die Sharing Economy, genossenschaftliches Handeln und solidarisches Wirtschaften berichteten. Vorgestellt wurden urbane Gemeinschaftsgärten, Foodsharing-Projekte, Repair-Cafés und Quartier-Lastenräder. Rückblickend fällt auf, dass es sich dabei ausschließlich um Projekte aus dem urbanen Raum handelte. Der ländliche Raum war uns als Veranstalter*innen gar nicht in den Sinn gekommen, als es darum ging, Pionier*innen des solidarischen Handelns zu präsentieren.

Zum Glück ist das heute anders: Das Land(leben) gerät zunehmend in den Fokus der öffentlichen Diskussion: Charlotte Roche veröffentlichte 2018 den leidenschaftlichen Aufruf »Verlasst die Städte« in der *Süddeutschen Zeitung*, Feuilletons berichten über Ko-Dörfer,[1] Digitalboheme und Raumpioniere. Dahinter steht eine wachsende Bewegung insbesondere jüngerer Menschen, die aus den Städten wieder aufs Land ziehen. Der Grund: Steigende Wohn- und Bodenpreise erhöhen den finanziellen Druck auf ihre Bewohner*innen, während die digitale Anbindung in vielen ländlichen Regionen neuerdings deutlich besser geworden ist. Der sich drastisch zuspitzende Klimawandel, der die Städte im Sommer aufheizt und ihre Straßen im Herbst mit Starkregen überschwemmt, weckt die Lust aufs Land – nicht erst seit der Corona-Pandemie. Es lässt sich jedenfalls konstatieren: Das (Um)Land wird zunehmend beliebter.[2] Landmacher*innen versuchen sich an neuen Lebens-, Arbeits- und Wohnformen, aber auch Weitgereiste kehren ganz bewusst zum Land, wo es mehr Raum und Luft zum Atmen gibt, zurück.

Zugleich tut sich auch viel in den ländlichen Regionen: Wir beobachten, dass sich die Dorfbewohner*innen nicht mit der verschwindenden Infrastruktur abfinden wollen. Sie kämpfen für Dorfläden, gründen Bürgergenossenschaften, retten vom Verfall bedrohte Immobilien, entwickeln neue Mobilitätskonzepte, organisieren »Comeback-Stammtische« und locken neue Bewohner*innen an. Auf dem Land, dem wir oft Spießigkeit und Konservatismus zuschreiben, entstehen neue Formen solidarischen Handels und gemeinwohlorientierte Wirtschaftskonzepte, die sich nicht darauf verlassen, dass Markt und Wettbewerb alles regeln.

Dieser Artikel will den Blick deswegen ausdrücklich auf den ländlichen Raum werfen. Welche Initiativen, Ideen und Impulse von dort können uns bei der Beantwortung der Frage, wie wir »anders« leben und wirtschaften wollen, behilflich sein? Wie meistern Landbewohner*innen strukturelle Krisen? Wie entstehen Konzepte rund ums gemeinwohlorientierte Handeln? Dazu skizzieren wir aktuelle Entwicklungen und Herausforderungen des ländlichen Raums, betrachten bemerkenswerte Projekte und erörtern, was dazu beiträgt, Engagement, Solidarität und Gemeinnützigkeit auf dem Land zu stärken.

Aktuelle Entwicklungen und Herausforderungen

Deutschland ist mit Blick auf seine Siedlungsstruktur vielfältig. Einerseits gibt es die wachsenden Städte mit internationalem Zuzug und attraktiven Arbeitsplätzen, die eine immer größere Ausdehnung bis hin zur Eingemeindung angrenzender Gebiete zur Folge haben. Andererseits gibt es die ländlichen Regionen und Dörfer. Im

Fachjargon heißt das »polyzentrale Struktur«. In Zahlen lebten im Jahr 2015 gut 47 Prozent der Bevölkerung in städtischen Regionen, 31 Prozent in Regionen mit Verstädterungsansätzen und 22 Prozent in ländlichen Regionen.[3] Politisch spiegelt sich diese Verteilung in der föderalen Struktur, der kommunalen Selbstverwaltung, dem Subsidiaritätsprinzip sowie dem Zentrale-Orte-Konzept wider.[4]

Allerdings ist es heute schwerer denn je, vom Merkmal »Stadt« oder »Land« auf eine bestimmte Lebensqualität vor Ort zu schließen. Vielmehr ist es so, dass sich der Grad an struktureller Entwicklung der Räume in Deutschland massiv unterscheidet: Betrachtet man verschiedene Struktur-Indizes wie Arbeitslosigkeit, Transferleistungsquote, Armutsquote oder Höhe der Kassenkredite, ist nicht zu übersehen, dass die Bundesrepublik in viele unterschiedliche Regionen zerfällt – allerdings nicht entlang der Trennungslinie zwischen Stadt und Land! Wederist das Dorf arm noch die Stadt reich.[5]

Vielmehr sind es vor allem ehemalige Kohle- und Industriestandorte sowie besonders stark vom demografischen Wandel betroffene Landstriche, die sich in einer Abwärtsspirale zu bewegen scheinen. Im politischen Diskurs werden diese als strukturschwache Räume bezeichnet. Auf das Land gemünzt bedeutet das: Junge Menschen verlassen ihr Dorf und ziehen in die (Hochschul-)Städte, während der Anteil der Hochaltrigen, die zurückbleiben, deutlich ansteigt. Gleichzeitig wird die Versorgung mit Gütern des täglichen Bedarfs oder eine verlässliche öffentliche Mobilitätsinfrastruktur vor Ort ebenso wenig gewährleistet wie der Zugang zu medizinischen und gesundheitlichen Diensten. Insbesondere die Mobilität ist in manchen Gegenden so eingeschränkt, dass die Menschen im wahrsten Sinne des Wortes festsitzen. Privatisierungen und Sparmaßnahmen der öffentlichen Hand in den letzten Jahrzehnten haben vom Netz genommene Bahnhöfe, geschlossene Schwimmbäder und marode Spielplätze zur Folge. An Profit und Rentabilität ausgerichtete Konzepte und Leitbilder vom »schlanken, effizienten Staat« kommen im ländlichen Raum mancherorts an ihr trostloses Ende: Kein ÖPNV, kein Amt, keine Bank, kein Laden, keine Kneipe, kein Jugendtreff, keine Partei ist mehr da.

Wie sich diese fehlenden Teilhabemöglichkeiten auf das Erleben von Selbstwirksamkeit einerseits und das Wahlverhalten andererseits auswirken können, beschreibt Das Progressive Zentrum e. V. in seiner qualitativen Studie »Rückkehr zu den politisch Verlassenen«:

> Das Miterleben der Strukturschwächung der eigenen Umgebung, sei es durch das Abmontieren des öffentlichen Briefkastens oder der Streichung von Busverbindungen, führt zu einem persönlichen Entwertungsgefühl.[6]

Ein anderer Aspekt der strukturellen Schwächung von Dörfern, der sich auf das Gefühl von Teilhabe, Gemeinschaft und Geborgenheit auswirkt, sind Gebietsreformen. Allein in den 2000er Jahren wurden in sechs Bundesländern (Brandenburg, Sachsen, Sachsen-Anhalt, Mecklenburg-Vorpommern, Niedersachsen und Thüringen) die politischen und administrativen Grenzen neu zugeschnitten.[7] Passend betitelt das Institut für den öffentlichen Sektor e. V. Gebietsreformen als »kommunalpolitischen Dauerbrenner«. Motiv für die vollzogenen Fusionierungen ist stets die Hoffnung auf Synergieeffekte, Skalenerträge und Verbundvorteile, kurzum: eine Effizienzsteigerung der Verwaltung.[8] Der Humangeograph Gerhard Henkel sieht in diesen Reformen jedoch vielmehr eine Ursache für das teilweise Erlahmen von dörflichem Engagement. Die mit den Gebietsreformen einhergehenden Eingemeindungen, so seine Beobachtung, hätten den Dörfern eines ihrer wesentlichen Kraftzentren geraubt: »Sie verloren mit ihrer politischen Selbstständigkeit ihren Bürgermeister und Gemeinderat, zugleich ihren amtlichen Dorfnamen und in der Folge auch ihre statistische und postalische Existenz.«[9]

Sachsen beispielsweise besteht heute nur noch aus 13 Gebietskörperschaften. Wie kritisch sich dies auf den sozialen Zusammenhalt und das politische Engagement auswirken kann, zeigt eine Studie zu den Auswirkungen der Kreisgebietsreformen in Sachsen und Sachsen-Anhalt: »Auch gut ein Jahrzehnt nach der Reform ist in den neuen Großkreisen kaum eine gemeinsame Identität entstanden, das Interesse der Bürger an der Kreispolitik ist rückläufig.«[10] Darüber hinaus sind auch die erhofften finanziellen Einsparpotentiale ausgeblieben. Ulf Breitfeld vom Paritätischen Wohlfahrtsverband Sachsen bestätigt: »Die Straffung der Strukturen hat zu einer weiteren Entfremdung von der Lokalpolitik geführt; Deine Verwaltung hat nichts mehr mit Deinem Sozialraum zu tun.« Dabei nährt sich gerade die Wahrnehmung gesellschaftlichen Zusammenhalts, so weist es die Forschung zu Engagement im ländlichen Raum aus, durch positive Erfahrungen im Nahraum – nämlich durch das Erleben von Gegenseitigkeit in Form von Hilfe und Unterstützung im Alltag.[11]

Die Zukunft des ländlichen Raums

Dennoch handelt es sich bei der Strukturschwäche nur um eine Facette; das »Land« ist heute ausdifferenzierter denn je. Dies zeigen verschiedene Typisierungen des (zukünftigen) ländlichen Raums. So entwirft Berthold Vogel mit Fokus auf den demografischen Wandel vier (Zukunfts-)Szenarien, denen zufolge ländliche Gebiete und Dörfer die folgenden Rollen einnehmen können:[12]

- Substitute für nahe gelegene Ballungsgebiete (Pendlerdorf), mit einer Taktung, die stark am großstädtischen Rhythmus orientiert ist.
- Abwanderungsgebiete, die primär durch Wegzug und Entleerung gekennzeichnet sind. Hier tritt das Risiko hinzu, dass Bildungs-, Beratungs- und Unterstützungsangebote von undemokratischen Gruppierungen vereinnahmt werden.
- Zufluchtsstätten der erholungsbedürftigen, wohlhabenden Städter*innen. Das kann nur gelingen, wenn ein Mindestmaß an Infrastruktur der Daseinsvorsorge vorhanden ist.

- Teilzeitorte, deren Nutzung auf Ferienzeiten und verlängerte Wochenenden begrenzt ist.

Der Disparitätenbericht der Friedrich-Ebert-Stiftung skizziert hingegen mit Blick auf aktuelle Struktur-Indizes für den ländlichen Raum drei Typen:[13]

- Das starke (Um-)Land, das vor allem von seiner Nähe zu attraktiven Arbeitsmärkten profitiert und durch eine geringe Armutsgefährdung seiner Bewohner*innen sowie eine niedrige kommunale Schuldenlast geprägt ist, was sich in einer hohen Lebensqualität widerspiegelt.
- Deutschlands solide Mitte, die in Bezug auf Schulden, Armutsquote, gesundheitliche Versorgung und Arbeitslosigkeit weder besonders positiv noch besonders negativ dasteht.
- Die ländlich geprägten Räume in der dauerhaften Strukturkrise, für die der demografische Wandel maßgeblich ist. Schlechte Erwerbsmöglichkeiten führen zu weiterer Abwanderung, geringe Qualifikation und niedrige Einkommen sind die Folge.

Die Vielfältigkeit des (zukünftigen) ländlichen Raums wird an diesen Typisierungen deutlich und auch wie unterschiedlich der konkrete lokale Kontext, die Ressourcen und die Herausforderungen für das gemeinsame und alltägliche Leben vor Ort sind. Bereitschaft für Gemeinsinn und solidarisches Handeln gibt es jedoch überall! Claudia Neu und Berthold Vogel greifen dies in ihrer Studie zu Engagement im ländlichen Raum auf und heben hervor: »Wer der gesellschaftlichen Spaltung entgegenwirken will, muss engagierte Menschen unterstützen, vor allem im ländlichen Raum.«[14]

Dies sollen auch die nachfolgenden Beispiele zeigen. Sie sind weder systematisch erhoben noch vollständig, auch nicht repräsentativ oder immer übertragbar. Vielmehr ist die Auswahl unseren eigenen beruflichen Streifzügen geschuldet: Wo sind wir mit solchen Initiativen in Berührung gekommen? Was ist uns bei unseren Ausflügen in die deutsche Provinz begegnet? Wer hat interessante Ideen mit uns geteilt? Wo sind wir bei der Literatur- und Internetrecherche hängen geblieben? Was hat unsere Lust zum Nachforschen angeregt?

Solidarisches Handeln auf dem Dorf – wie Dörfer Pflege, Betreuung und Versorgung organisieren

Wie bereits beschrieben bereitet der demografische Wandel vielen Dörfern mit Blick auf die Versorgung und Unterstützung ihrer alternden Bevölkerung Sorge. Hinzu kommt, dass es in großen Flächenkreisen oder in dünnbesiedelten Gegenden für professionelle Dienstleister wenig attraktiv ist, Pflege, Hauswirtschaft und Betreuung anzubieten, denn die langen Wegezeiten sind meist nicht refinanzierbar. So gibt es Gebiete, in denen man mehrere Wochen warten muss, bis sich ein passender Dienst findet. Tagespflege- oder Betreuungszentren sind schwer erreichbar. Hauswirtschafts- und Alltagshilfen bekommt man zum Teil gar nicht. Zunehmend verlassen sich in der Folge viele Dörfer und Gemeinden nicht mehr darauf, dass jemand Angebote und Dienste für sie entwickelt. Stattdessen werden sie aktiv und organisieren sich selbst.

Manche Dörfer gründen Bürgervereine, die Alltags- und Nachbarschaftshilfen anbieten: »Lindlar hilft«, eine Initiative des Vereins Lindlar verbindet e.V., organisiert mit 95 ehrenamtlichen Helfer*innen Einkaufs-, Besuchs- und Fahrdienste für ältere und hilfebedürftige Menschen. Während des ersten Lockdowns fanden sich sogar noch mehr Freiwillige. Sie verteilen Lebensmittel und packen kleine Trostpäckchen. Im »Dorf mit Zukunft« Dedinghausen[15] ist der Initiativkreis »Mensch hilft Mensch« tätig, eine Gruppe von Ansprechpartner*innen, die sich zunächst für alle Anfragen aus der Bürgerschaft zuständig fühlen und nach Lösungen suchen. Sie sind jeden Samstag in einem Bauwagen am Dorfplatz ansprechbar.

Seit 2009 gibt es in Neuburg am Rhein einen Bürgerverein, der sich für eine gute Versorgung und Betreuung der älteren Dorfbewohner*innen einsetzt.[16] Er arrangiert nicht nur Fahr-, Hol- und Bringdienste sowie Nachmittage für Senior*innen, ihm ist es auch gelungen, lokale Akteure (Apotheken, Lebensmittelhändler, Fußpflege- und Friseursalons) miteinander zu vernetzen. Seit Neuestem ist er außerdem Träger einer Wohn-Pflege-Gemeinschaft, in der neue Konzepte entwickelt werden. Neben dem ambulanten Pflegedienst, einem professionellen Anbieter, übernehmen die Bürger*innen und Angehörigen die 24-Stunden-Präsenz und Hauswirtschaft. Das tun sie nicht nur aus Not, sondern ganz bewusst, weil sie auf diese Weise stärker mitbestimmen können, wie ihre Nächsten versorgt werden. Manches erinnert an Initiativen, bei denen sich die Eltern aktiv in die Kita-Arbeit einbringen.

Eine ähnliche Vision verfolgt das Dorf Linde in Nordrhein-Westfalen. Kai Zander, seit vielen Jahren im ländlichen Raum aktiv als Experte in Sachen Pflege, aber auch als Dorfentwickler, erzählt uns davon. Die Linder Haushalte, die im eigenen Zuhause pflegen, könnten sich beispielsweise zusammentun und selbstorganisiert die Betreuung und Tagesstruktur ihrer Angehörigen koordinieren. Ebenso wäre es denkbar, das in die Jahre gekommene Pfarrhaus aus den 1970ern mit wenigen Mitteln barrierefrei umzubauen und zu einem regelmäßigen Treffpunkt der Helfer*innen zu machen. Eine kleine Gruppe An- und Zugehöriger würde den »Dienst« übernehmen, während die anderen frei haben, ihre Kräfte auftanken und etwas für sich tun können. Gemeinsam schafften sie damit – in den Worten des Soziologen Ray Oldenburg – einen »great good place«.

Auch aus Rheinland-Pfalz können wir lernen, wie man Dorfgemeinschaften dafür mobilisiert, sich für gute Pflege und Teilhabe zu engagieren. Mit seinem Programm »WohnPunkt RLP« unterstützt das Land seit 2014 kleine ländliche Gemeinden beim Aufbau von Wohn-Pflege-Gemeinschaften. Über 30 Dörfer haben sich seitdem beteiligt. Das Bemerkenswerte daran ist, dass Geld und Beratungsleistungen für den Aufbau von Strukturen nicht an einen professionellen Anbieter gehen, sondern an die Gemeinde, die sich verpflichtet, die Bürgerschaft bei Planung und Umsetzung zu beteiligen.

Anders wirtschaften – Romantik und Realität des Dorfladens

Fehlende Lebensmittelläden in den Dörfern sind ein weiteres, häufiges Problem im ländlichen Raum. In der Regel müssen Dorfbewohner*innen heute zehn Kilometer überwinden, um einen Supermarkt oder Discounter zu erreichen. Der Einzelhandel ist noch stärker auf dem Rückzug. So wundert es nicht, dass bei Sozialraumerhebungen in Dörfern vor allem das Fehlen von Geschäften beklagt wird.

Andererseits: »Selbstverantwortung und Anpackkultur sind im Dorf tief verwurzelt«[17] – und so kommt es, dass sich Bürgergemeinschaften und Dorfvereine häufig für die Errichtung eines Tante-Emma- oder Bürgerladens einsetzen. Bilder von Ladentheken mit Gläsern, in denen Soleier und lose Gewürzgurken feilgeboten werden, sind gerade für Städter*innen eine besonders romantische Vorstellung. Dabei handelt es sich bei solchen Läden um eine der anspruchsvollsten Herausforderungen, denen sich ein Dorf stellen kann.

Heinz Frey, Erfinder und Promoter der Idee »DORV-Zentrum« (Dienstleistung und ortsnahe Rundum-Versorgung), weiß, dass hinter dem Ruf nach einem eigenen Laden oft mehr steckt als der Wunsch, sich ortsnah mit Lebensmitteln zu versorgen. Nachdem er erfolgreich in seinem Dorf Jülich-Barmen ein solches Zentrum aufgebaut hat, hilft er nun als freier Organisationsberater Dörfern dabei, eine Lösung für die mangelnde Nahversorgung zu finden. Er empfiehlt breitangelegte Befragungen und Bürgerforen im Vorfeld. In der Regel, so Frey, formulieren die Dorfbewohner*innen vor allem fünf Wünsche: Neben Lebensmitteln wünschen sie sich wohnortnahe Dienstleistungen (beispielsweise eine Post oder einen Geldautomaten), einen Begegnungsort, Kulturangebote und schließlich soziale oder medizinische Versorgung.[18]

Auch bei der Frage, in welcher Rechtsform ein DORV-Zentrum aufgebaut werden soll, rät er genau zu schauen, welche Ressourcen die Bürgerschaft einbringen kann. So ist es mal eine Genossenschaft, mal ein Cap-Markt und mal ein eingetragener Verein, der den Laden betreibt. Allen Beteiligten im Dorf muss klar sein, dass ein solches Konzept nur dann funktioniert, wenn die Menschen aus dem Dorf dort auch ihr Geld lassen.

Doch trotz zum Teil vorbildlichem Engagement und einer guten Planung scheitern Dorfladenprojekte teilweise. Das hat vor allem zwei Gründe: Der erste liegt in der Überforderung der zumeist ehrenamtlichen Vorstände und Aufsichtsräte: »Wir haben uns als Vorstand mit der Idee überfordert, so viel Verantwortung zu übernehmen. Die vielen Vorschriften, Lagerung, Kühlung, das haben wir als Ehrenamtliche auf Dauer nicht geschafft«, erzählt eine Dorfentwicklerin in Westfalen, eine andere aus dem Rheinland fasst zusammen: »Wir haben den Laden mit angestellten bezahlten und unbezahlten ehrenamtlichen Mitarbeiter*innen betrieben [...] das gab auf die Dauer Reibereien.«

Der zweite Grund besteht darin, dass die Brutalität des Lebensmittelmarktes häufig unterschätzt wird: Eine gute Versorgung zu gewährleisten, den Discountern mit ihren Niedrigpreisen etwas entgegenzusetzen, aber auch die geringe Bereitschaft vieler Bürger*innen, mehr Geld für solidarisches Wirtschaften auszugeben, sollte man nicht auf die leichte Schulter nehmen. Dorfläden funktionieren immer dort gut, wo es eine Gemeinschaft gibt, die seinen Wert nicht nur nach den Lebensmittelpreisen bemisst, sondern darin auch eine Qualität für das Zusammenleben sieht.

Deswegen werden derzeit Konzepte erprobt, die auf kleinem Raum das Sortiment eines Supermarktes vorhalten – eigentlich schade, denn man vergibt die Chance, Eigenart und -sinn des Dorfs zu stärken.

Stadt braucht Land, Land braucht Stadt – wer inspiriert hier eigentlich wen?

> Die Stadt als einstiger Verheißungsraum – als Versprechen von Freiheit, Individualismus und Möglichkeitssinn – verliert mittlerweile, wenn es um die Frage einer resonanten Weltbeziehung geht, ihre Anziehungskraft. Die Verheißung des Landes hingegen ist es, wieder in Resonanz zu gelangen: mit uns selbst, unserem Körper, der Arbeit als sinnhafter Tätigkeit, mit anderen Menschen und nicht zuletzt mit der Natur.[19]

Gerade in den letzten Jahren sind es vermehrt Stadtflüchtlinge und Rückkehrer*innen, die neue Impulse auf das Land tragen. Oft handelt es sich dabei um Ideen, die wir aus dem städtischen Raum kennen: Coworking Spaces wie beispielsweise das ziemlich spektakuläre COCONAT (»Community and Concentrated Work in Nature«) in Bad Belzig, aber auch Pop-up-Geschäfte oder besondere Galerie- und Ausstellungskonzepte.

Beschäftigt man sich näher mit den Projekten, fällt auf, dass die Menschen, die solche Orte gezielt aufsuchen und gestalten, häufig versuchen, das Beste aus dem Stadt- und Landleben miteinander zu verbinden. Durchweg berichten sie von einem erfrischenden Blick auf die ehemalige oder neue Heimat. Ihnen liegt am Herzen, dass sich die Zugezogenen mit der bestehenden Dorfgemeinschaft verbinden und gemeinsame Sache machen.

Es ist leicht, diese Projekte als versponnene Ideen von Hipstern abzutun, die nur vereinzelt, im Bannkreis von Großstädten funktionieren. Aber obwohl es sich tatsächlich noch um Ausnahmeerscheinungen handelt, gehen wir davon aus, dass solche Initiativen künftig zunehmen werden.

Außerdem entdecken auch Architekt*innen und Raumplaner*innen das Land für sich. Hier gefällt uns vor allem die IBA Thüringen (Internationale Bauausstellung),[20] ein Netzwerk aus

Architektur, Kultur, Wissenschaft und Zivilgesellschaft finanziert vom Land Thüringen, das sich seit 2012 für die Zukunft von städtischem und ländlichem Raum einsetzt. Die IBA initiiert und begleitet Bau- und Umbauprojekte, jedoch nie, ohne den regionalen Kontext außer Acht zu lassen. So entsteht etwa ein Designmanual für Gesundheitskioske in Mecklenburg-Vorpommern oder ein ehemaliges Sommerfrischehaus wird in ein Haus für temporäres Wohnen und Arbeiten umgestaltet. Bemerkenswert finden wir ihre wertebasierte Haltung, denn die IBA versucht eine experimentelle, weltoffene und moderne Bau- und Sichtweise mit den kulturellen Errungenschaften und baulichen Traditionen der Region zu verbinden. »Schreibt die vorgefundenen Formen und Farben in die Jetztzeit fort. Schafft eine Baukultur, die für Thüringen steht«, so die Bedheimer Erklärung von 2015, die mit ihren zehn Thesen radikal einfach und erfrischend zugleich ist. Sie betont die Gleichwertigkeit von Architektur und Handwerk:

> Selbstbauende Landbevölkerung, lasst Euch beraten und unterstützen! Auf dem Land plant und baut man selbst. Nutzt das Wissen und Können der Architekten für eure Ideen. Und Architekten, macht mit bei Do-it-yourself-Anleitungen und Beratungen, selbst im kleinsten Maßstab.[21]

Auch die Solawi (Solidarische Landwirtschaft) ist eine urbane Bewegung, die vor allem ökologisch aufgeschlossene Städter*innen anspricht. Die meisten Gemeinschaften – in Deutschland gibt es derzeit etwa 300 – entstehen im Bannkreis großer Städte, wie die Gemüsekooperative Rote Beete eG in Taucha bei Leipzig oder das Kartoffelkombinat bei München. Solawi verstehen sich selbst überwiegend als ein dem Kapitalismus abgeneigtes Gegenmodell zur modernen industriellen Landwirtschaft. So gibt es auf der einen Seite die konsumkritischen Verbraucher*innen, die sich gesund und regional ernähren wollen und an fairen Produktionsbedingungen interessiert sind. Auf der anderen Seite stehen die Erzeuger*innen, die nach Wegen suchen, ökologisch, nachhaltig und weniger riskant zu wirtschaften. Beide gehen einen Deal miteinander ein: Die Verbraucher*innen geben eine Abnahmegarantie (etwa für eine Saison) für die Produktion und erhalten im Gegenzug ein Mitbestimmungsrecht.

In einer Solawi lösen sich die klassischen Eigentumsverhältnisse auf. Transparenz und Partizipation werden großgeschrieben: Was geschieht mit Überschüssen? Wie hoch ist der Lohn für die Mitarbeitenden? Was soll produziert werden? Vieles erinnert an basisdemokratische Unternehmen der 1970er Jahre. Daher sollte man auch nicht verschweigen, dass so ein Modell nur mit Menschen funktioniert, die Freude am Diskurs, an der Auseinandersetzung und an Gemeinschaft haben. Belohnt werden die oft anstrengenden Aushandlungsprozesse mit einem starken Gefühl der Selbstwirksamkeit und Solidarität.

Solawi funktionieren vermutlich deswegen so gut, weil die Beteiligten sich auf ein gemeinsames Wertesystem verständigt haben, aber auch weil das Verhältnis zwischen Geben und Nehmen gut austariert ist, insbesondere, wenn sich die Solawi als Genossenschaft organisiert.[22] Diese Struktur, die im ländlichen Bereich eine lange Tradition hat, halten wir für außerordentlich geeignet, um alternatives Wirtschaften zu koordinieren.

Was stärkt Solidarität und Gemeinsinn auf dem Land?

Wie motiviert man also Dörfer, eigene und im besten Sinne eigenwillige Lösungen für ihre Gemeinde zu finden? Was trägt dazu bei, dass nicht der Markt, sondern die Menschen bestimmen? Unser Artikel schließt mit Ideen dazu, wer was tun kann oder muss, damit Gemeinwohlorientierung, Solidarität und ein »anderes« Wirtschaften im ländlichen Raum möglich werden.

Engagement braucht Infrastruktur und soziale Knotenpunkte

Hinter den Initiativen und Projekten im ländlichen Raum, die sich für alternative Formen des Wirtschaftens, für Solidarität und Gemeinwohl einsetzen, stehen immer engagierte Menschen – mal wenige, mal eine ganze Dorfgemeinschaft. Sie setzen den initialen Impuls, motivieren, kaufen Genossenschaftsanteile und streiten sich. Was ihnen dabei hilft, ihr Vorhaben umzusetzen und vor allem dauerhaft bei der Stange zu halten, sind eine stützende Infrastruktur und soziale Knotenpunkte. Beispielsweise können Gemeinwesenarbeiter*innen oder eine Freiwilligenagentur diese Funktion übernehmen: Sie unterstützen etwa in der Moderation, in der Mediation, bei der Kompromiss- und Konsensfindung, sie fördern kreatives innovatives Denken und stärken die Moral, wenn sich die Initiativen von der Gruppendynamik überfordert fühlen oder das Engagement zu erlahmen droht. Eine Möglichkeit bestünde in der Verknüpfung von Haupt- und Ehrenamt. Wie dies gelingen kann, zeigt eine Kooperation im hessischen Schwalm-Eder-Kreis: Hier haben sich die Stadt Gudensberg und die Ehrenamtsbörse des gemeinnützigen Vereins Mach-Mit e. V. mit dem örtlichen Sozialträger Arbeitskreis Gemeindenahe Gesundheitsversorgung (AKGG) zusammengetan, um einen Gemeinwesenarbeiter zu finanzieren, der die ehrenamtliche Arbeit im Bereich Integration vor Ort unterstützt.[23]

Holger Wittig-Koppe, der sechs Jahre Bürgernetzwerke in Schleswig-Holstein beraten hat, ist der Ansicht, dass die Gründung einer Servicestelle helfen kann, selbstorganisiertes Engagement zu stärken. Nicht nur in der Stadt, sondern auch auf dem Land gibt es immer weniger Menschen, die sich im Rahmen einer klassischen Vorstandstätigkeit gesellschaftlich einbringen wollen: »Da Initiativen und Projekte, die sich nicht dem Zwang einer Vereinssatzung unterwerfen wollen, weitgehend von Rechtsgeschäften und Fördermitteln ausgeschlossen sind, könnte eine Servicestelle sinnvoll sein.«[24]

Genossenschaften als Organisationsform

Die Genossenschaft, eine Organisation, die wir ganz besonders häufig auf dem Land antreffen – schließlich kommt sie ja auch von dort – scheint uns immer noch eine ganz besonders sinnvolle Rechtsform zu sein, um neoliberaler Profitorientierung etwas entgegenzusetzen. Sie stärkt Selbstwirksamkeit, Teilhabe und Eigensinn.

Kommunalpolitik und -verwaltung müssen Gestaltungsoptionen bieten

Gemeint ist eine kommunale Politik und Verwaltung, die sich den Bürger*innen gegenüber öffnet: Die Vertreter*innen der demokratischen Parteien sind ansprechbar, fühlen sich zuständig und ringen mit den Mitgliedern ihrer Gemeinde gemeinsam um Inhalte und Lösungen. Politische Institutionen befinden sich in der Nähe und Bürokratie geschieht lokal und unkompliziert.

Finanzielle Entscheidungs- und Gestaltungsspielräume sind wichtig, um die Politik wieder handlungsfähig zu machen. In der Corona-Pandemie wird überdeutlich: Auch die Kommunen driften in Arm und Reich auseinander – während die Kassen mancherorts prall gefüllt sind, herrscht anderswo gähnende Leere. Kommunen als unmittelbare Lebensorte benötigen aber Ressourcen, um ihre politische und gestalterische Rolle auszufüllen.

Engagement braucht Räume

Ohne »echte« Orte, die Begegnung ermöglichen, wie Gemeindehäuser, Sport- und Heimatvereine, Jugendclubs, Spielplätze und Grünanlagen kann kein Engagement entstehen und gedeihen. Diese Räume sind nicht nur nutzbar für einzelne Aktivitäten und Veranstaltungen, sondern bieten den Dorfbewohner*innen auf unterschiedliche Weisen die Möglichkeit, (dorf)gesellschaftliche Anerkennung zu finden. Dies gilt umso mehr für strukturschwache Regionen: Mit dem Wegfallen der Daseinsvorsorge droht auch der gesellschaftliche Zusammenhalt zu zerbröckeln.[25] Soziale Infrastruktur sichert die Versorgung – und belebt die Demokratie.

Und warum siedelt man beispielsweise nicht mehr Hochschulen im ländlichen Raum an? Gerade Institute, deren Studiengänge und Profil für die Probleme dieser Regionen besonders relevant sind, wie Architektur, Regionalwissenschaften, Raumplanung und viele andere mehr, könnten dort nicht nur lehren, sondern Modelle und Konzepte vor der Tür umsetzen.

Dorfmoderation von unten

Das Programm »Dorf ist nicht gleich Dorf«,[26] gestartet unter anderem durch die Demografiebeauftragte Regina Meyer des Landkreises Göttingen, versucht gerade, die Dorfentwicklung in die Hände ehrenamtlicher Dorfmoderator*innen zu geben. Das allerdings nicht, um Geld für hauptamtliches Personal einzusparen. Vielmehr ist man davon überzeugt, dass die Menschen, die im Dorf leben und arbeiten, besser wissen, was die Gemeinde braucht. In Zusammenarbeit mit der Ländlichen Erwachsenenbildung e. V. und der Freien Altenhilfe in Göttingen e. V. wurde ein Curriculum entwickelt, das die angehenden Dorfmoderator*innen für diese Aufgabe fit macht. In einer sechsteiligen Qualifizierung lernen sie, wie sie sich die Biografie ihres Dorfes erschließen, anhand eines »Dorfanalyseschemas« Stärken und Schwächen herausarbeiten und andere Dorfbewohner*innen begeistern können. Ebenso wichtig sind Kompetenzen bei der Beschaffung von Fördermitteln und zwischenmenschlicher Vernetzung. Dieses konsequente Bottom-up-Verfahren ermöglicht eine hohe lokale Identifikation und gewährleistet einen realistischen Blick auf das, was möglich und machbar ist. Es werden nur Projekte umgesetzt, bei denen die Bürgerschaft auch mitgehen kann!

Subsidiarität durch unbürokratische Mini- und Mikroförderungen beleben – Prozesse statt Projekte fördern

Ebenso vielfältig wie die Strukturen innerhalb der Bundesrepublik sind die Formen des Engagements. Lokalkolorit ist ausdrücklich gewünscht!

Armin Kuphal begleitet die Initiative »Bohnentaler Selbermacher« und betont dabei, wie positiv sich die (Wieder-)Inwertsetzung der in Dörfern bestehenden Kulturtechniken und der dahinterstehenden Menschen auf die gemeinsame Identität und das örtliche Engagement auswirkt. So werden zum Beispiel gemeinsam nach altem Rezept Brot gebacken, Körbe geflochten oder mit den Kindergartenkindern Apfelsaft gekeltert.[27] Das Subsidiaritätsprinzip stärkt diesen Gedanken: Die kleinstmögliche gesellschaftliche Einheit sollte vor den größeren wirksam werden (oder in die Lage dazu versetzt werden). Vom deutschen »Dorfpapst« Gerhard Henkel stammt die Idee, jedem Dorf ohne Auflagen 10 000 Euro zur freien Verfügung zu stellen. Auch Wittig-Koppe spricht sich für Mikro- und Miniförderungen aus, er nennt sie »soziales Risikokapital«, das zu selbstorganisiertem Engagement und sozialer Innovation ermuntern kann.[28] Weniger die großen, glänzenden (und oftmals teureren) Projekte sind ausschlaggebend für die Lebensqualität vor Ort, sondern die vielen kleinen, an den lokalen Bedürfnissen orientierten Initiativen sowie die Prozesse, die sie ermöglichen. Dies gilt es zu fördern und zu stärken. Denn, so weiß Rosa Maria Hamacher vom Paritätischen Wohlfahrtsverband Hessen zu berichten: »Nicht nur bei den Bürger*innen entsteht manchmal das Gefühl, abgehängt zu sein, sondern auch bei den Initiativen und Projekten auf dem Land. Sie wollen aber gefragt werden und mitgestalten, denn sie haben viele Ideen!«

Zu guter Letzt: Eine andere mediale Berichterstattung

Scheinbar banal und doch ganz bedeutend. Immer wieder beobachten auch wir, dass das Dorf, das Ländliche in den Medien schlecht wegkommt. Man sieht skandalisierende Berichte über leerstehende Dorfkerne, einsame Hochaltrige oder frustrierte, abgehängte Übriggebliebene. Alternativ wird romantisierend à la Bullerbü von ein paar Aussteigern berichtet, die Schafe züchten und Wolle spinnen. Hier wünschen wir uns mehr Differenziertheit und weniger Arroganz seitens der Großstadtredakteur*innen. Den Regionalprogrammen der ARD, finden wir, gelingt es beispielsweise gut, ländliche Themen in ihrer Vielfalt aufzugreifen. Schließlich geht es immer auch um Anerkennung und Wertschätzung.

Die Autor*innen

Olaf Bandt ist seit 2019 Bundesvorsitzender des Bundes für Umwelt und Naturschutz Deutschland. Als Diplom-Ingenieur war er zu Umweltfragen im Bereich Eisen- und Stahlindustrie tätig, bevor er zunächst als »Campaigner« und Kampagnenkoordinator, später als Bereichsleiter und Mitglied des Vorstandes von Friends of the Earth Europe beim BUND tätig wurde.

Mara Dehmer ist Diplom-Kulturwirtin und systemische Familientherapeutin in eigener Praxis (Berlin-Kreuzberg). Als Referentin für Kommunale Sozialpolitik beim Paritätischen Gesamtverband legt sie besonderes Augenmerk auf den Zusammenhang zwischen politischen und gesellschaftlichen Rahmenbedingungen für individuelles und kollektives Verhalten sowie die Verbreitung von Ideen und Projekten solidarischen Handelns.

Elisabeth Fresen ist seit 2016 Mitglied im Bundesvorstand der Arbeitsgemeinschaft bäuerliche Landwirtschaft e.V. (AbL) und seit 2018 AbL-Bundesvorsitzende, wo sie sich für den Erhalt und die Neugründung bäuerlicher Betriebe, faire Entlohnung sowie gerechte Arbeitsbedingungen im vor- und nachgelagerten Bereich einsetzt. Die gelernte und studierte Landwirtin leitet seit 2020 den Stoffers Hoff, einen Mutterkuhbetrieb in Verden (Aller).

Cornelia Harrer ist Referentin für Quartiersentwicklung beim Paritätischen in NRW, studierte Erziehungswissenschaftlerin und

Expertin für Alter(n)sfragen. Seit 20 Jahren berät sie Kommunen, Bürgerinitiativen und Vereine beim Aufbau und der Entwicklung von sozialräumlichen Projekten. Die Stärkung von zivilgesellschaftlichen Aktivitäten und neuen sozialen Bewegungen sind ihr ein besonderes Anliegen.

Dr. Dierk Hirschel ist seit 2010 Chefökonom der Vereinten Dienstleistungsgewerkschaft ver.di und Mitglied der SPD-Grundwertekommission sowie des wirtschaftspolitischen Beirats. 2019 kandidierte er gemeinsam mit Hilde Mattheis für den Parteivorsitz. Er ist gelernter Tischler und promovierter Volkswirt.

Dr. René Mono ist seit 2015 geschäftsführender Vorstand der 100 prozent erneuerbar stiftung. Zuvor war er dort seit 2011 Geschäftsführer. Der promovierte Kommunikationswissenschaftler ist Mitglied im Kuratorium der Naturstiftung David und sitzt jeweils im Beirat der Energieavantgarde Anhalt e.V. und der Bürgerwerke. Darüber hinaus war er von 2014 bis Sommer 2020 im Vorstand des Bündnis Bürgerenergie (BBEn).

Dr. Joachim Rock ist seit 2001 in verschiedenen Funktionen des Paritätischen Wohlfahrtsverbandes beschäftigt, zuletzt als Leiter der Abteilung Arbeit, Soziales und Europa. Er ist Diplom-Verwaltungswirt (VFH) und promovierter Politikwissenschaftler.

Prof. Dr. Rolf Rosenbrock ist Wirtschafts-, Sozial- und Gesundheitswissenschaftler. Er war von 1988 bis 2012 unter anderem Leiter der Forschungsgruppe Public Health im Wissenschaftszentrum Berlin für Sozialforschung (WZB). Seine Themen sind sozial bedingte Ungleichheiten von Gesundheitschancen, Präventionspolitik sowie Steuerung und Finanzierung der Krankenversorgung. Er betreibt seit den 1970er Jahren Gesundheitsforschung und Politikberatung. Seit 2006 ist er ehrenamtlicher Vorsitzender der Landesvereinigung

Gesundheit Berlin-Brandenburg e. V. und seit 2012 ehrenamtlicher Vorsitzender des Paritätischen Gesamtverbandes.

Dr. Ulrich Schneider ist seit 1999 Hauptgeschäftsführer des Paritätischen Wohlfahrtsverbandes. Nach einem Studium der Erziehungswissenschaft an den Universitäten Bonn und Münster mit anschließender Promotion begann er 1988 zunächst als Sozialwissenschaftlicher Referent beim Paritätischen Gesamtverband, wo er im Verlauf seiner Karriere verschiedene führende Positionen innehatte. Er ist Autor und Herausgeber zahlreicher Fachaufsätze und Bücher zu sozialpolitischen Themen, insbesondere der Verteilungsgerechtigkeit und Armutsbekämpfung.

Dr. Melanie Weber-Moritz ist Bundesdirektorin des Deutschen Mieterbund e. V. (DMB) und gleichzeitig Geschäftsführerin des DMB-Verlages GmbH und Chefredakteurin der *MieterZeitung* sowie Geschäftsführerin der DMB EDV-Service GmbH. Zuvor war die promovierte Politik- und Sozialwissenschaftlerin an der Freien Universität Berlin und der Humboldt-Universität zu Berlin tätig und von 2015 bis 2019 Geschäftsführerin der Deutschen Stiftung Verbraucherschutz.

Olaf Zimmermann ist Publizist und seit 1997 Geschäftsführer des Deutschen Kulturrates. Zuvor arbeitete er als Kunsthändler und selbständiger Galerist. Er ist Herausgeber und Chefredakteur der kulturpolitischen Zeitschrift *Kultur & Politik* sowie Vorsitzender in zahlreichen Räten, Stiftungen und Initiativen rund um die Themen Kunst und Kultur. 2020 wurde er mit dem Bundesverdienstkreuz ausgezeichnet.

Anmerkungen

Weil die Welt sich ändern muss: Von der Wirtschaftsgesellschaft zur Wirtschaft für die Gesellschaft

1. Bundesministerium für Arbeit und Soziales (2021): »Lebenslagen in Deutschland. Der 6. Armuts- und Reichtumsbericht. Entwurf«. Berlin, 45.
2. Nullmeier, Frank (2002): »Auf den Weg zu Wohlfahrtsmärkten?« In: Süß, Werner (Hg.): *Deutschland in den 90er Jahren*. Wiesbaden, 273.
3. Vgl. Kramer, Nicole (2019): »Der Wert der Pflege. Der Reiz der Ökonomisierung und der Wohlfahrtsmarkt der Möglichkeiten«. In: Graf, Rüdiger (Hg.): *Ökonomisierung. Debatten und Praktiken in der Zeitgeschichte*. Göttingen, 405.
4. Ptak, Ralf (2007): »Grundlagen des Neoliberalismus«. In: Butterwegge, Christoph; Lösch, Bettina; Ptak, Ralf (Hg.): *Kritik des Neoliberalismus*. Zweite, verbesserte Auflage. Wiesbaden, 73.
5. Mirowski, Philip (2015): *Untote leben länger. Warum der Neoliberalismus nach der Krise noch stärker ist*. Berlin, 36.
6. Baudelaire, Charles: *Der freigiebige Spieler*.
7. Slobodian, Quinn (2019): *Globalisten. Das Ende der Imperien und die Geburt des Neoliberalismus*. Berlin, 8 f.
8. Weiterführend: Biebricher (2021), Slobodian (2019); für Deutschland vgl. Ptak, Ralf (2004): *Vom Ordoliberalismus zur sozialen Marktwirtschaft. Stationen des Neoliberalismus in Deutschland*. Wiesbaden.
9. Dörre, Klaus (2009): »Die neue Landnahme. Dynamiken und Grenzen des Finanzmarktkapitalismus«. In: Dörre, Klaus; Lessenich, Stephan; Rosa, Hartmut (Hg.): *Soziologie – Kapitalismus – Kritik. Eine Debatte*, 21 ff.
10. https://www.kas.de/de/einzeltitel/-/content/das-ahlener-programm-der-cdu-der-britischen-zone-vom-3.-februar-1947; Zugegriffen: 12.03.2021.
11. Forsthoff, Ernst (1938): *Die Verwaltung als Leistungsträger*. Stuttgart/Berlin, 4.
12. Blakeley, Grace (2021): *Stolen. So retten wir die Welt vor dem Finanzkapitalismus*. Berlin.
13. Mazzucato, Mariana (2018): *Wie kommt der Wert in die Welt? Von Schöpfern und Abschöpfern*. Frankfurt/New York, 153.
14. Mazzucato (2018), 147.
15. Graeber, David (2018): *Bullshit Jobs. Vom wahren Sinn der Arbeit*. Stuttgart, 31.

16. Foundational Economy Collective (2019), 62.
17. Reichel, Reiner (2018): »Zu hohe Preise, zu kleine Zuschüsse – staatliche Bauförderung hilft Häuslebauern wenig«, Handelsbatt-Online, 23.10.2018, https://www.handelsblatt.com/finanzen/immobilien/bausparfoerderung-zu-hohe-preise-zu-kleine-zuschuesse-staatliche-baufoerderung-hilft-haeusle-bauern-wenig/23219114.html?ticket=ST-6499230-b2O9qXgYim52AcwQ9dfx-ap1; Zugegriffen: 26.02.2021.
18. Engler, Wolfgang (2021): *Die offene Gesellschaft und ihre Grenzen*. Berlin, 70.
19. Der Grafiker Klaus Staeck hat den Effekt, erfolgreich Affekte zur Verteidigung persönlichen Reichtums gegen gemeinwohlbezogene Bindungen bei denen zu mobilisieren, die selbst über keinerlei Vermögen verfügen, 1972 in seinem Wahlplakat »Deutsche Arbeiter! Die SPD will euch eure Villen im Tessin wegnehmen« persifliert.
20. Schneider, Ulrich (1993): *Solidarpakt gegen die Schwachen. Der Rückzug des Staates auf der Sozialpolitik*. München, 99.
21. Vgl. Ther, Philipp (2014): *Die neue Ordnung auf dem alten Kontinent. Eine Geschichte des neoliberalen Europa*. Berlin, 49.
22. Ther (2014), 279.
23. Vgl. Gutschke, Irmtraud (2021): »Umgegrabene Welten«. neues deutschland, 05.02.21.
24. Mau, Steffen (2020): *Lütten-Klein*. Berlin, 151, 154.
25. Mau (2020), 154.
26. Hawranek, Dietmar; Reiermann, Christian; Reuter, Wolfgang; Schäfer, Ulrich (2002): »Paradies für Konzerne«. Der Spiegel, 27.01.2002, https://www.spiegel.de/wirtschaft/paradies-fuer-konzerne-a-122019e3-0002-0001-0000-000021303867; Zugegriffen: 18.02.2021.
27. Grabka, Markus M.; Schröder, Carsten (2019): »Der Niedriglohnsektor in Deutschland ist größer als bislang angenommen«. *DIW-Wochenbericht* 14/2019, 249 ff.
28. https://www.iwkoeln.de/presse/interviews/beitrag/michael-huether-mehr-flexibilitaet.html; Zugegriffen: 14.03.2021.
29. Buslei, Hermann; Geyer, Johannes; Haan, Peter (2020): »Der Einfluss von steuer- und sozialrechtlichen Regelungen auf individuelle Erträge aus der gesetzlichen und betrieblichen Altersversorgung.« *Working Paper der Hans-Böckler-Stiftung* 197.
30. Eine lesenswerte Begriffssammlung bietet: Urban, Hans-Jürgen (2006): *Das ABC des Neoliberalismus*. Hamburg.
31. Bröckling, Ulrich (2007): *Das unternehmerische Selbst. Soziologie einer Subjektivierungsform*. Frankfurt am Main: Suhrkamp, 71 f.
32. Göpel, Maja (2020): *Unsere Welt neu denken. Eine Einladung*. Berlin, 67.
33. Vgl. Andersen, Gøsta *Esping* (1985): *Politics against Markets: The Social Democratic Road to Power*. Princeton.
34. Bröckling (2007), 147 f.

35. Bröckling (2007), 151.
36. Bartley, Robert L. (1979): »Business and The New Class«. In: Bruce-Briggs, B. (Hg.): *The New Class?* New Brunswick, 58; Zitiert nach Chamayou (2020), 111.
37. Yunus, Muhammad (2010): *Social Business. Von der Idee zur Tat*. Bonn, 262.
38. Wichterich, Christa (2012): »Mikrokredite und die Entdeckung der Frauen«, Luxemburg, https://www.zeitschrift-luxemburg.de/mikrokredite-und-die-ent deckung-der-frauen/; Zugegriffen: 17.02.2021.
39. Bateman, Milford (2010): *Why Doesn't Microfinance Work? The Destructive Rise of Local Neoliberalism*. London.
40. Heim, Manuela: »Herrn Ehlerts Hang zum Profit«, taz, 03.12.2011, https://taz.de/Treberhilfe/!5106205/; Zugegriffen: 18.03.2021.
41. Bude (2011), 17.
42. Sandel, Michael J. (2020): *Vom Ende des Gemeinwohls*. Frankfurt, 116.
43. Elsässer, Lea; Hense, Svenja; Schäfer, Armin (2016): »Systematisch verzerrte Entscheidungen? Die Responsivität der deutschen Politik von 1998 bis 2015«. Forschungsvorhaben des Bundesministeriums für Arbeit und Soziales. Osnabrück, 02.06.2016.
44. Engler, Wolfgang (2021): *Die offene Gesellschaft und ihre Grenzen*. Berlin, 104.
45. https://archiv.bundesregierung.de/archiv-de/dokumente/pressestatements-von-bundeskanzlerin-angela-merkel-und-dem-ministerpraesidenten-der-republik-portugal-pedro-passos-coelho-848964; Zugegriffen: 14.03.2021.
46. Slobodian, Quinn (2019): *Globalisten. Das Ende der Imperien und die Geburt des Neoliberalismus*. Berlin, 379.
47. Nicol, Danny (2010): *The Constitutional Protectionism of Capitalism*. London.
48. Slobodian (2019), 395.
49. Weiterführend: Slobodian (2019), 200.
50. Für eine umfassende Darstellung der nachträglich getroffenen Regelungen: https://www.bmwi.de/Redaktion/DE/Pressemitteilungen/2021/02/20210 210-antragstellung-fuer-ueberbrueckungshilfe-lll-ist-gestartet.html; Zugegriffen: 15.03.2021.
51. Steinmeier, Frank-Walter (1992): *Bürger ohne Obdach. Zwischen Pflicht zur Unterkunft und Recht auf Wohnraum*. Bielefeld, 395.
52. Holm, Andrej (2014): *Mietenwahnsinn*. München, 32.
53. Holm (2014), 156.
54. Donner, Christian (2000): *Wohnungspolitiken in der Europäischen Union: Theorie und Praxis*. Wien.
55. https://de.statista.com/statistik/daten/studie/237719/umfrage/verteilung-der-haushalte-in-deutschland-nach-miete-und-eigentum/; Zugegriffen: 08.03.2021.
56. Kühn, Timm (2021): »956 Millionen für die Aktionäre«, taz, 05.03.2021.
57. Sethmann, Jens (2021): »Anatomie eines Immobiliengiganten«. *MieterMagazin* 1+2, 2021, https://www.berliner-mieterverein.de/magazin/online/mm

0121/alles-was-am-wohnungsmarkt-schief-laeuft-verkoerpert-die-deutsche-wohnen-anatomie-eines-immobiliengiganten-012114.htm#6-Jeden-Monat-177-Euro-ins-Portemonnaie-der-Aktionaere; Zugegriffen: 08.03.2021.

58. Engels, Friedrich (1872): »Zur Wohnungsfrage«. In: *Der Volksstaat*. Leipzig.
59. Holm, Andrej (2017): »In Betongold kann man nicht wohnen. Nachwort«. In: Rothe, Katrin (Hg.): *Betongold. Wie der Immobilienhype durch mein Wohnzimmer marschierte*. Berlin.
60. Foundational Economy Collective 2019: «Die Ökonomie des Alltagslebens. Für eine neue Infrastrukturpolitik«. Berlin.
61. Streeck, Wolfgang (2019): »Vorwort«, 8.
62. Streeck (2019), 7.
63. Dörre (2009).
64. Neu, Claudia; Nikolic, Ljubica (2020): »Mythos Gemeinschaft? Vom sozialen Zusammenhalt in ländlichen Räumen«. In: Krajewski, Christian; Wiegandt, Claus-Christian (Hg.): *Land in Sicht. Ländliche Räume in Deutschland zwischen Prosperität und Peripherisierung*. Bonn, 180.
65. Strünck, Christoph (2000): *Pflegeversicherung. Barmherzigkeit mit beschränkter Haftung*. Opladen, 53.
66. Strünck (2020), 55.
67. Strünck (2020), 55.
68. Vgl. Chamayou (2019), 244.
69. Chamayou (2019), 247.
70. https://www.handelsblatt.com/unternehmen/management/klimaziele-dax-konzerne-auf-fuenf-grad-kurs-so-faellt-die-co2-bilanz-der-grossunternehmen-aus/24529784.html?ticket=ST-3995693-yZSe7Kg5bgfZeHw2dlFe-ap2; Zugegriffen: 18.04.2021.
71. https://de.statista.com/statistik/daten/studie/12189/umfrage/co2-emissionen-durch-haushalte-in-deutschland-seit-1990/; Zugegriffen: 18.04.21.
72. Handelsblatt, 16.03.2021, https://www.handelsblatt.com/unternehmen/industrie/gigafactory-in-gruenheide-vw-chef-diess-plaudert-geheimnis-aus-tesla-erhaelt-subventionen-in-milliardenhoehe/27010526.html?ticket=ST-1672860-DwuKhZem5pYvoduOrqXz-ap1; Zugegriffen: 18.03.2021.
73. Handelsblatt, 16.03.2021.
74. Vgl. Foundational Economy Collective (2019), 176 f.
75. Vgl. Pickett, Kate; Wilkinson, Richard (2012): *Gleichheit ist Glück. Warum gerechte Gesellschaften für alle besser sind*. Berlin.
76. Schröder, Karsten; Bartels, Charlotte; Göbler, Konstantin; Grabka, Markus M.; König, Johannes (2020): »MillionärInnen unter dem Mikroskop«. *DIW-Wochenbericht* 29/2020.
77. Tiefensee, Anita; Grabka, Markus M. (2017): »Erbschaften größer als bislang erwartet«. *Böckler-Impuls*.
78. Schröder et al. (2020), 516.

79. SPD Bremen Stadt (2021): »Das Bremen-Ticket. Von der Vision zur realistischen Perspektive eines kostenfreien Nahverkehrs für Bremen«.
80. Reckwitz, Andreas (2017): *Die Gesellschaft der Singularitäten. Zum Strukturwandel der Moderne*. Berlin, 276.
81. https://de.wikipedia.org/wiki/Mitgliederentwicklung_der_deutschen_Parteien; Zugegriffen: 11.03.2020.
82. Butzlaff, Felix; Pausch, Robert (2019): »Partei ohne Erzählung. Die Existenzkrise der SPD«. *Blätter für deutsche und internationale Politik*, https://www.blaetter.de/ausgabe/2019/august/partei-ohne-erzaehlung-die-existenzkrise-der-spd; Zugegriffen: 10.03.2021.
83. Frank, Thomas (2005): *Was ist mit Kansas los?* Berlin, 252 f.
84. Streeck (2019), 27.
85. Streeck (2019), 27.
86. Nell-Breuning, Oskar von (1992): *Baugesetze der Gesellschaft. Solidarität und Subsidiarität*. Freiburg.

Die Narrative des Neoliberalismus: Von Verlockungen und Denkschwellen

1. Vgl. dazu auch Mirowski (2015).
2. Weiterführend: Schneider, Ulrich (2017): *Kein Wohlstand für alle!? Wie sich Deutschland selber zerlegt und was wir dagegen tun können*. Frankfurt am Main, 45 ff.
3. Grabka, Markus M.; Goebel, Jan; Liebig, Stefan (2019): »Wiederanstieg der Einkommensungleichheit – aber auch deutlich steigende Realeinkommen«. *DIW-Wochenberich*t 19/2019, 43 ff.
4. Pieper, Jonas; Schneider, Ulrich; Schröder, Wiebke (2020): »Gegen Armut hilft Geld. Der Paritätische Armutsbericht 2020«. Der Paritätische Gesamtverband (Hg.). Berlin.
5. Schröder, Carsten; Bartels, Charlotte; Göbler, Konstantin; Grabka, Markus M.; König; Johannes (2020): »MillionärInnen unter dem Mikroskop: Datenlücke bei sehr hohen Vermögen geschlossen – Konzentration höher als bisher ausgewiesen«. *DIW-Wochenbericht* 29/2020, 512 ff.
6. Creditreform (2020): Schuldneratlas 2020. Neuss.
7. Krone, Elisabeth; Scheller, Henrik: »KfW-Kommunalpanel 2020«. KfW-Bankengruppe (Hg.). Frankfurt am Main.
8. So der »Global Wealth Report« der Credit Suisse 2020; Zitiert nach *Handelsblatt*, 22.10.2020, https://www.handelsblatt.com/finanzen/banken-versicherungen/bericht-der-credit-suisse-400-billionen-us-dollar-weltweite-vermoegen-steigen-auf-niveau-wie-vor-der-coronakrise/26298684.html?ticket=ST-9238006-RVCew2klCzw4QZWrJ59u-ap5; Zugegriffen: 12.2020.
9. So der »Billionaires Report 2020« von UBS und PwC; Zitiert nach Tagesschau, 07.10.2020, https://www.tagesschau.de/wirtschaft/milliardaere-corona-101.html; Zugegriffen: 12.2020.

10. So die Forschungsgruppe Wahlen für das ZDF-Politbarometer, 09.08.2019, https://de.statista.com/statistik/daten/studie/214482/umfrage/meinung-zur-gerechtigkeit-in-der-deutschen-gesellschaft/#professional; Zugegriffen: 11.2020.
11. Kohlrausch, Bettina (2018): »Abstiegsängste in Deutschland. Ausmaß und Ursachen in Zeiten des erstarkenden Rechtspopulismus«. *Working Paper der Hans-Böckler-Stiftung* 58.
12. Zu den Kernaussagen des Neoliberalismus vgl. ausführlich Schneider (2017), 81 ff.
13. Röpke, Wilhelm (1950): *Ist die deutsche Wirtschaftspolitik richtig? Analyse und Kritik*. Stuttgart: Kohlhammer-Verlag; Zitiert nach Bröckling (2007), 85.
14. Losse Bert: «Gary Becker, der ökonomische Imperialist«, Wirtschaftswoche, 14.02.12.
15. Vgl. beispielsweise Giersch, Herbert (1983): »Wie es zu schaffen ist. Agenda für die deutsche Wirtschaftspolitik«. Stuttgart: DVA.
16. Vgl. beispielsweise Enste, Dominik; Fechtenhauer, Detlef; Riesen, Ilona (2008): »Sozialstaatsfallen, Erwerbsanreize und soziale Mobilität. Eine ökonomische, soziologische und sozialpsychologische Analyse Forschungsbericht aus dem Institut der Deutschen Wirtschaft Köln«, Nr. 42.
17. Coetzee, John Maxwell (2008): *Tagebuch eines schlimmen Jahres*. Frankfurt am Main, 91.
18. Coetzee (2008), 92.
19. Coetzee (2008), 131.
20. Mirowski (2015), 65.
21. Vgl. Bröckling, Ulrich (2007), 36 f., 89 f., 93 f.
22. Vgl. beispielsweise zum Thema Kindergelderhöhung Rainer, Helmut; Bauernschuster, Stefan; Danzer, Natalia; Hener, Timo; Holzner, Christian; Reinkowski, Janina (2012): »Kindergeld«. *Ifo-Forschungsberichte* 60.
23. Mirowski (2015), 69.
24. Giersch (1983).
25. Vgl. Schneider, Ulrich (2017): *Kein Wohlstand für alle!? Wie sich Deutschland selber zerlegt und was wir dagegen tun können*. Frankfurt am Main, 117 ff.
26. Vgl. Mirowski (2015), 125.
27. Unter den Ratgebern finden sich so vielsagende Titel wie *Ich und Co. Wie man sich auf dem neuen Arbeitsmarkt behauptet* von William Bridges (1996), *Lebensunternehmer* von Peter Baumgartner (1997), *Selbstmanagement. Werden Sie zum Unternehmer Ihres Lebens* von Rolf Wabner (1997), *Die Marke Ich. So entwickeln Sie Ihre persönliche Erfolgsstrategie* von Conrad Seidl (1999). Vgl. dazu die Analyse bei Bröckling (2007), 65 ff.
28. https://lobbypedia.de/wiki/Initiative_Neue_Soziale_Marktwirtschaft; Zugegriffen: 12.2020.
29. https://www.lobbycontrol.de/wp-content/uploads/download/insm-marienhof-bewertung.pdf; Zugegriffen: 12.2020.

30. Zum kulturellen Durchbruch des Neoliberalismus nach dem Mauerfall vgl. Schneider, Ulrich (2014): *Mehr Mensch. Gegen die Ökonomisierung des Sozialen*. Frankfurt am Main, 39 ff.
31. So war Hans-Werner Sinn, langjähriger Präsident des Ifo-Instituts, im Aufsichtsrat der HypoVereinsbank, der nicht weniger medienpräsente Bernd Raffelhüschen hielt Aufsichtsratsposten bei der Volksbank in Freiburg und dem Versicherer ERGO und Bert Rürup ließ sich schließlich vom Finanzdienstleister AWD des umstrittenen Carsten Maschmeyer anheuern.
32. Zur Ehrenrettung sei festgehalten, dass Manfred Krug diesen Werbespot in der *FAZ* vom 31. Januar 2007 als den größten beruflichen Fehler seines Klebens bezeichnete und sich förmlich entschuldigte »bei allen Mitmenschen, die eine von mir empfohlene Aktie gekauft haben und enttäuscht worden sind«.
33. Vgl. zur Funktion solcher Shows im Neoliberalismus Mirowski (2015), 136 ff.
34. Vgl. Baumann, Daniel; Hebel, Stephan (2016): *Gute-Macht-Geschichten. Politische Propaganda und wie wir sie durchschauen können*. Frankfurt am Main.
35. Klemperer, Victor (1996): *LTI. Notizbuch eines Philologen*. Erstveröffentlichung 1947. Leipzig, 24 f.
36. Gerhard Schröders Nachwort im Buch seines Kanzleramtschefs Hombach, Bodo (1998): *Aufbruch – die neue Politik der neuen Mitte*. München, 225.
37. Hombach (1998), 222.
38. Vgl. Bröckling (2007), 50.
39. Bauman, Zygmunt (2015): *Retten uns die Reichen?* Freiburg, 43.
40. Bauman (2015), 43 f.
41. Bauman (2015), 39.

Neues Wohnen braucht das Land: Über die Notwendigkeit einer neuen Wohnungsgemeinnützigkeit

1. Deutscher Mieterbund; Deutscher Gewerkschaftsbund: »Zwei Jahre Wohngipfel: Gute Ansätze, aber gemeinsame Wohnraumoffensive von Bund, Ländern und Kommunen verpufft«, https://www.mieterbund.de/index.php?eID=tx_nawsecuredl&u=0&g=0&t=1613306244&hash=b15e629c3754691a3edb38f9a7301c526403ae44&file=fileadmin/Intranet/Politik/Gesetze_Positionen/20200919-Bilanz_zwei_Jahre_Wohngipfel.pdf; Zugegriffen: 02.21.
2. F+B-Wohn-Index Deutschland III-2019: https://www.f-und-b.de/beitrag/fb-wohn-index-deutschland-iii-2019.html; Zugegriffen: 02.21.
3. Statista (2021): »Mieten in Deutschland steigen weiter«, https://de.statista.com/infografik/22313/entwicklung-des-wohnungsmietindex-fuer-deutsch-land/; Zugegriffen: 02.21.
4. Bundesregierung: »Wohngeld- und Mietenbericht 2018«, https://www.bmi.bund.de/SharedDocs/downloads/DE/publikationen/themen/bauen/wohnen/Wohngeld-und-Mietenbericht-2018.pdf?__blob=publicationFile&v=1; Zugegriffen: 02.21.

5. Statistisches Bundesamt (2020): Überbelegungsquote in Deutschland, https://www.destatis.de/DE/Presse/Pressemitteilungen/2020/11/PD20_N079_634.html; Zugegriffen: 02.21.
6. Statista (2020a): »Städte mit den höchsten Mietpreisen für Wohnungen in Deutschland im 4. Quartal 2020«, https://de.statista.com/statistik/daten/studie/1885/umfrage/mietpreise-in-den-groessten-staedten-deutschlands/; Zugegriffen: 02.21.
7. Statista (2020a).
8. Redaktionsnetzwerk Deutschland (2020): »Bezahlbarer Wohnraum: Institut sieht Bedarf für Hunderttausende Sozialwohnungen«, https://www.rnd.de/wirtschaft/bezahlbarer-wohnraum-institut-sieht-bedarf-fur-hunderttausende-sozialwohnungen-4TOTN32PNPXWVLUGB42HFW5LHQ.html; Zugegriffen: 02.21.
9. Vgl. Statista (2020b): »Bestand der Sozialmietwohnungen in Deutschland in den Jahren von 2006 bis 2019«, https://de.statista.com/statistik/daten/studie/892789/umfrage/sozialwohnungen-in-deutschland/; Zugegriffen: 02.21.
10. Spars, Guido (2018): »Die Etablierung großer Wohnungskonzerne und deren Folgen für die Stadtentwicklung, Bundeszentrale für politische Bildung«, https://www.bpb.de/politik/innenpolitik/stadt-und-gesellschaft/216870/etablierung-grosser-wohnungskonzerne; Zugegriffen: 02.21.
11. Verbändebündnis Soziales Wohnen (2021): »Akutplan 2025 für soziales und bezahlbares Wohnen«, https://www.mieterbund.de/index.php?eID=tx_nawsecuredl&u=0&g=0&t=1612979379&hash=5a69b594377e811c0e129c078032c799721ba04f&file=fileadmin/pdf/presse/1-Forderungspapier_Akutplan_2025_-_Soziales_und_bezahlbares_Bauen.pdf; Zugegriffen: 02.21.
12. Verbändebündnis Soziales Wohnen (2019): »Akutplan für soziales und bezalbares Wohnen«, https://www.mieterbund.de/index.php?eID=tx_nawsecuredl&u=0&g=0&t=1613308153&hash=8ad63d9c8f7404b08b08950d96c623b1e85acaf4&file=fileadmin/Intranet/Politik/Gesetze_Positionen/20190822-Akutplan_Forderungen.pdf; Zugegriffen: 02.21.
13. Bis 1980 hatte die Neue Heimat rund 470 000 Wohnungen errichtet, 90 Prozent davon Sozialwohnungen. Der Gewerkschaftskonzern war mit einem Umsatz von 6,4 Milliarden D-Mark und fast 6 000 Beschäftigten sowie mehr als 100 Tochterunternehmen im In- und Ausland in den 1970er Jahren zu Europas größtem Wohnungsbauunternehmen geworden. 1982 enthüllte der *Spiegel*, wie Vorstandsmitglieder sich auf Kosten der Mieter und Steuerzahler bereichert hatten, unter anderem durch Tarnfirmen oder erhöhte Energie- und Wartungskosten. Dieser Skandal läutete das Ende der Neuen Heimat und damit der Wohnungsgemeinnützigkeit ein.
14. Zu Beginn der 1980er Jahre begann man intensiv über eine zeitgemäße Novellierung des WGG, das seit 1940 im Wesentlichen unverändert geblieben war, zu diskutieren. Statt einer Anpassung des WGG an die aktuellen Erfordernisse,

wandte sich die politische Debatte in Deutschland ab 1985 einer Abschaffung des Wohnungsgemeinnützigkeitsrechts zu. Die wesentlichen Argumente für eine Abschaffung des WGG wurden in einem Gutachten des Bundesfinanzministeriums unter Stoltenberg, der sogenannten Hofbauer-Kommission, 1985 vorgetragen: Der »Zweck der gemeinnützigen Wohnungswirtschaft wird heute auf der Grundlage anderer Gesetze erfüllt«, so der Kommissionsbericht. Daher sei das Wohnungsgemeinnützigkeitsrecht nach Meinung der Kommission, in der allerdings weder ein Wohnungswirt noch ein Vertreter der sozialen Verbände beteiligt war, künftig entbehrlich. Der Wohnungsmarkt sei nach Ende der Wohnungsnot nach dem Krieg nunmehr ausgeglichen, Belegungsbindungen seien den Wohnungsunternehmen nicht zumutbar, sondern Angelegenheit der Kommunen. Darüber hinaus käme es zu erheblichen Einnahmeverlusten des Staates durch das WGG.

15. Kuhnert, Jan; Leps, Olof (2017): *Neue Wohnungsgemeinnützigkeit. Wege zu langfristig preiswertem und zukunftsgerechtem Wohnraum*. Springer VS.
16. Bundesregierung: »Wohngeld- und Mietenbericht 2018«, https://www.bmi.bund.de/SharedDocs/downloads/DE/publikationen/themen/bauen/wohnen/Wohngeld-und-Mietenbericht-2018.pdf?__blob=publicationFile&v=1; Zugegriffen: 02.21.
17. »BAG Wohnungslosenhilfe stellt aktuelle Schätzung für das Jahr 2018 vor« (2019): »Es fehlt insbesondere an bezahlbarem Wohnraum für Menschen im Niedrigeinkommensbereich, für die Menschen, die Transferleistungen beziehen und für anerkannte Geflüchtete. Alleinerziehende und junge Erwachsene sind besonders vulnerable Personengruppen, aber auch die drohende Altersarmut der Generation der Billigjobber und -jobberinnen, der Soloselbständigen und anderer prekär beschäftigten Menschen bereitet uns große Sorge. Wie sollen sich diese Menschen auf einem Wohnungsmarkt versorgen, auf dem es insbesondere an bezahlbaren Kleinwohnungen mangelt?«
18. Vgl. Berechnungen von »empirica-systeme« im Auftrag von Panorama (2019), https://daserste.ndr.de/panorama/Miete-frisst-immermehr-vom-Einkommen,baukosten110.html; Zugegriffen: 02.21.
19. »Dresden gründet neue kommunale Wohnungsbaugesellschaft ›Wohnen in Dresden‹«, https://www.dresden.de/de/rathaus/aktuelles/pressemitteilungen/archiv/2017/09/pm_078.php; Zugegriffen: 02.21.
20. Bundesministerium des Innern, für Bau und Heimat: »Städtebauförderungsprogramm ›Soziale Stadt‹«, https://www.staedtebaufoerderung.info/StBauF/DE/Programm/SozialeStadt/soziale_stadt_node.html; Zugegriffen: 02.21.
21. Die rund 190 gemeinnützigen Bauvereinigungen (GBV) in Österreich, die dem Wohnungsgemeinnützigkeitsgesetz unterliegen, verfügen über knapp ein Viertel des österreichischen Wohnungsbestands, im städtischen Bereich mitunter über 40 Prozent. Die gemeinnützigen Wohnungsunternehmen in den Niederlanden (Woningcorporaties) bieten knapp 70 Prozent der Haushalte mit Einkommen unter 40 000 Euro eine Wohnung, in vielen Großstädten wie Amster-

dam werden bis zu 50 Prozent aller Wohnungen von ihnen bewirtschaftet (vgl. Kuhnert & Leps 2017).

22. Gesetzentwurf der Grünen-Fraktion zur neuen Wohngemeinnützigkeit, Neues Wohngemeinnützigkeitsgesetz, NWohnGG, 20.02.2020, https://dip21.bundestag.de/dip21/btd/19/173/1917307.pdf; Zugegriffen: 02.21.
23. Die Kernelemente des Gesetzesentwurfs der Grünen sind, den Wohnbauunternehmen gesetzlich einen Gemeinnützigkeitsstatus zuzusprechen, Steuerbefreiungen in Bezug auf die Körperschaft-, Gewerbe-, Grund- und Grunderwerbsteuer und Steuerreduzierungen bei der Umsatzsteuer sowie eine Eigenkapitalrendite von maximal 3,5 Prozent zu gewähren. Darüber hinaus dürfen die Wohnbauunternehmen gemäß Entwurf ihre Wohnungen nur an natürliche Personen vermieten, die unter einer bestimmten Einkommensgrenze liegen, und die Wohnungen müssen in Gebieten mit angespannten Wohnungsmärkten liegen.
24. Antrag der Linken-Fraktion, »Neue Wohngemeinnützigkeit einführen, einen nichtprofitorientierten Sektor auf dem Wohnungsmarkt etablieren«, https://dip21.bundestag.de/dip21/btd/19/177/1917771.pdf; Zugegriffen: 02.21.
25. Stellungnahme des Deutschen Mieterbundes zum NWohnGG der Grünen-Fraktion und zum Antrag »Neue Wohngemeinnützigkeit einführen« der Linken-Fraktion, 01.10.2020, https://www.mieterbund.de/index.php?eID=tx_nawsecuredl&u=0&g=0&t=1612884681&hash=32cb1eb1161d3a2ac883ff40cb4c250d44478bf8&file=fileadmin/Intranet/Politik/Gesetze_Positionen/2020_10_01_Stellungnahme_DMB_Wohngemeinnuetzigkeit.pdf; Zugegriffen: 02.21.
26. Verbändebündnis »Soziales Wohnen« (2020): »Kurzstudie Bezahlbarer Wohnraum 2021, Herausforderungen, Belastungen, Notwendigkeiten, Potenziale«, https://www.mieterbund.de/index.php?eID=tx_nawsecuredl&u=0&g=0&t=1613314954&hash=152b63a6e3240dea5686283a392573b9e888bfb3&file=fileadmin/pdf/presse/1-Pestel-Studie_Bezahlbares-Soziales-Wohnen.pdf; Zugegriffen: 02.21.
27. Der Bundesminister des Innern, für Bau und Heimat, Horst Seehofer, hat in seiner Rede zum Haushaltsgesetz 2019 vor dem Deutschen Bundestag am 13. September 2018 in Berlin die Schaffung von bezahlbarem Wohnraum als »die soziale Frage unserer Zeit« bezeichnet, https://www.bundesregierung.de/breg-de/service/bulletin/rede-des-bundesministers-des-innern-fuer-bau-und-heimat-horst-seehofer--1525866; Zugegriffen: 02.21.

Autoland wird abgebrannt? Eine sozial-ökologische Verkehrswende ist möglich

1. Hirschel, Dierk (2020): *Das Gift der Ungleichheit*. Bonn: Dietz.
2. Schwedes, Oliver (2017): *Verkehr im Kapitalismus*. Münster: Westfälisches Dampfboot.
3. Rilling, Rainer (2010): »Time to say goodbye«, Luxemburg, Heft 3.

4. Oliver Zipse ist Vorstandsvorsitzender von BMW, Herbert Diess ist Vorstandsvorsitzender von VW und Ola Källenius ist CEO von Daimler.
5. Der französische Ökonom Michel Albert prägte in den 1990er Jahren den Begriff des Rheinischen Kapitalismus. Sein zentrales Merkmal ist ein starker industrieller Kern, der eine diversifizierte Qualitätsproduktion leistet.
6. Bei den Autokonzernen und großen Zulieferern gibt es auch nach Auflösung der Deutschland AG klare Eigentumsverhältnisse. Familiendynastien (Piech, Quandt, Porsche, Schaeffler), Stiftungen (Bosch, ZF) und Staatsbeteiligungen (VW) sorgen als Mehrheitseigentümer beziehungsweise Ankeraktionäre für Stabilität.
7. Das gilt auch für andere Industriebranchen des Rheinischen Kapitalismus.
8. Es gab natürlich weiterhin sehr unterschiedliche Interessenslagen. Viele soziale Errungenschaften der Industriegewerkschaften, wie die Montanmitbestimmung, die Lohnfortzahlung im Krankheitsfall oder die 35-Stunden-Woche, konnten nur nach harten Arbeitskämpfen errungen werden.
9. Verkehrsminister Scheuer spendierte für den Bau und Erhalt der Straßen allein 2020 mehr als neun Milliarden Euro.
10. Blank, Ruth; Zimmer, Wiebke; Runkel, Matthias; Kresin, Johanna; Klinski, Stefan (2020): »Klimaschutz im Verkehr: Reformbedarf der fiskalpolitischen Rahmenbedingungen und internationale Beispiele«, Studie im Auftrag des Umweltbundesamtes (UBA), Dessau-Roßlau.
11. Blank et al. (2020).
12. International Organization of Motor Vehicle Manufacturers (2019): Production Statistics, https://www.oica.net/category/production-statistics/2019-statistics/; Zugegriffen: 20.2.2021.
13. OICA (2019).
14. Rammler, Stephan (2017): *Volk ohne Wagen, Streitschrift für eine neue Mobilität*. Frankfurt am Main: Fischer.
15. Carsharing organisiert die Nutzung eines Fahrzeug durch mehrere Personen. Rideselling ist das kommerzielle Angebot von Fahrten. Ridepooling bezeichnet eine Personensammelbeförderung.
16. ELAB 2.0 (2018): »Die Wirkungen der Fahrzeugelektrifizierung auf die Beschäftigung am Standort Deutschland«, http://publica.fraunhofer.de/eprints/urn_nbn_de_0011-n-5208831.pdf; Zugegriffen: 25.02.2021.
17. Auch andere Säulen der Qualitätsproduktion stehen unter Druck. Das deutsche Aus- und Weiterbildungssystem ist aufgrund seiner chronischen Unterfinanzierung den Anforderungen einer modernen Volkswirtschaft immer weniger gewachsen. Kaum ein Viertel der Betriebe bildet noch aus und folglich fehlen vielen klein- und mittelständischen Unternehmen in naher Zukunft die Fachkräfte. Zudem kann der schlanke Staat den Verschleiß der Infrastruktur nicht mehr aufhalten. Der Investitionsstau bei Verkehr, Energie, Digitalisierung und Klimaschutz geht zulasten der Leistungsfähigkeit der Unternehmen und der Volkswirtschaft insgesamt.

18. Volkmar Denner ist der Vorsitzende der Geschäftsführung der Robert Bosch GmbH, Nikolai Setzer ist der Vorstandsvorsitzende von Continental.
19. IEA (2018): »World Energy Outlook 2018«.
20. Die negativen Auswirkungen knapper Ressourcen auf das Wirtschaftswachstum thematisierte bereits der Club of Rome in seinem Bericht »Grenzen des Wachstums« in den 1970er Jahren.
21. An Hauptverkehrsadern und in Ballungsräumen sind die Anwohner einer starken Lärmbelastung ausgesetzt. Rund vier Prozent der Bevölkerung leiden ganztägig unter einer Verkehrslärmbelastung von mehr als 65 dB(A).
22. Umweltbundesamt (2021): »Emissionen des Verkehrs«, https://www.umweltbundesamt.de/daten/verkehr/emissionen-des-verkehrs#textpart-1; Zugegriffen: 26.2.2021.
23. Chancel, Luca; Piketty, Thomas (2015): »Carbon and inequality: From Kyoto to Paris Trends in the global inequality of carbon emissions (1998–2013) & prospects for an equitable adaptation fund«. *PSE Working Papers*.
24. Sachverständigenrat zur Begutachtung der gesamtwirtschaftlichen Entwicklung (2019): »Aufbruch zu einer neuen Klimapolitik«, Sondergutachten 2019.
25. Umweltbundesamt (2020): »Emissionen des Verkehrs«, https://www.umweltbundesamt.de/daten/verkehr/emissionen-des-verkehrs#textpart-1; Zugegriffen: 26.2.2021.
26. Center of Automotive Management (2018): »Der Abgasskandal und die Vertrauenskrise im Automarkt – Ursachen, Lösungen und Auswirkungen auf die Verbraucher«.
27. Die Daseinsvorsorge hat ihre geschichtlichen Wurzeln in der Industrialisierung. In den wachsenden Ballungsräumen war die Bevölkerung zusehends weniger in der Lage, sich selbst zu versorgen. Die Stadtbewohner konnten keinen eigenen Strom erzeugen, keinen Brunnen bohren und ihren Arbeitsweg häufig nicht zu Fuß zurücklegen. Folglich errichteten die Kommunen die dafür notwendigen Infrastrukturen. Dazu gehörten Wasserwerke, Müllentsorgung, die Kanalisation sowie Strom- und Verkehrsnetze.
28. Knierim, Bernhard; Wolf, Winfried (2019): *Abgefahren. Warum wir eine neue Bahnpolitik brauchen*. Köln: PapyRossa.
29. »Preise für Bus und Bahn steigen viel schneller als fürs Autofahren«, Spiegel Online, https://www.spiegel.de/auto/aktuell/kosten-fuer-oepnv-nahverkehr-wird-schneller-teurer-als-autofahren-a-1228701.html; Zugegriffen: 20.02.2021.
30. Weizäcker, Ernst Ulrich; Hargroves, Karlson; Smith, Michael (2009): *Faktor Fünf, die Formel für nachhaltiges Wachstum*. München: Droemer HC.
31. Prognos; Öko-Institut; Wuppertal-Institut (2020): »Klimaneutrales Deutschland«. Studie im Auftrag von Agora Energiewende, Agora Verkehrswende und der Stiftung Klimaneutralität.
32. Schade; Berthold; Doll; Grimm; Mader; Scherf; Sievers; Wagner (2020): »Synthese und Handlungsempfehlungen zu Beschäftigungseffekten nachhaltiger Mobilität«. Arbeitspapier im Auftrag der Hans-Böckler-Stiftung.

33. Stern, Nicolas (2007): *The Economics of Climate Change: The Stern Review*. Cambridge: Cambridge University Press.
34. Kemfert, Claudia (2007): »Klimawandel kostet die deutsche Volkswirtschaft Milliarden«. *DIW-Wochenbericht* 11.
35. Ein ökonomisch vernünftiger Umgang mit Staatschulden scheitert aktuell an nationalen und europäischen Schuldenregeln. Deswegen sollte die ökonomisch unsinnige und antidemokratische Schuldenbremse endlich abgeschafft werden. Zur Not reicht aber auch ein minimalinvasiver Eingriff, der kreditfinanzierte Investitionen vom Schuldenregelwerk befreit (Goldene Regel).

Klimaschutz als sozial-ökologisches, gemeinwirtschaftliches Projekt: Wikipedia und die Bürgerenergie

1. So halten drei von vier Bürgerinnen und Bürgern laut einer Umfrage des *Spiegels* die materielle Ungleichheit für ungerecht – und zwar unabhängig davon, ob es um Ungleichheit von Einkommen oder Vermögen geht. Die Erhebung wurde Anfang 2020 durchgeführt, befragt wurden 5014 Menschen.
2. Nur bei besonders kontroversen oder von sogenanntem »redaktionellen Vandalismus« betroffenen Artikeln werden Seiten gesperrt und somit dem Zugriff bestimmter Nutzergruppen entzogen.
3. https://stats.wikimedia.org/DE; Zu den Wikipedianer*innen zählen nur User, die mindestens zehn Beiträge erstellt haben. Die absolute Zahl aller Beitragenden dürfte daher sehr viel höher liegen.
4. Giles, Jim (2005): »Internet encyclopaedias go head to head«. *Nature* 438 (7070): 900–901.
5. »Wikipedia schlägt Brockhaus«, stern.de, 09.12.2007; http://www.stern.de/digital/online/stern-test-wikipedia-schlaegt-brockhaus-604423.html; Zugegriffen: 02.2021.
6. Reavley et al. (2011): »Quality of information sources about mental disorders: A comparison of Wikipedia with centrally controlled web and printed sources«. *Psychological Medicine 42* (8): 1752–1762.
7. Geiger, R. Stuart; Halfaker, Aaron (2013): »Using Edit Sessions to Measure Participation in Wikipedia«. In: Association for Computing Machinery (Hg.): *CSCW '13: Proceedings of the 2013 conference on Computer supported cooperative work*. New York, 861–871.
8. http://de.statista.com/statistik/daten/studie/169295/umfrage/beliebteste-webseiten-weltweit-nach-reichweite.
9. http://stats.wikimedia.org/DE/ChartsWikipediaZZ.htm
10. Altmann, Miriam-Natalie (2011): *User-Generated-Content im Social Web. Warum werden Rezipienten zu Partizipanten?* Münster: LIT.
11. Vgl. Deutscher Genossenschafts- und Raiffeisenverband e. V. (2020): »Energiegenossenschaften 2020«, https://www.dgrv.de/wp-content/uploads/

2020/07/20200701_DGRV_Umfrage_Energiegenossenschaften_2020-1.pdf; Zugegriffen: 17.01.2021.

12. Die Motivation der Bürgerenergieakteure ist in mehreren Studien belegt. Vgl. Volz, Richard (2012): »Bedeutung und Potenziale von Energiegenossenschaften in Deutschland. Eine empirische Aufbereitung«. *Informationen zur Raumentwicklung* 71 (9/10): 515-524; Leuphana Universität Lüneburg; Uwe Nestle (2014) *Marktrealität von Bürgerenergie*, https://www.buendnis-buergerenergie.de/fileadmin/user_upload/downloads/Studien/Studie_Marktrealitaet_von_Buergerenergie_und_moegliche_Auswirkungen_von_regulatorischen_Eingriffen_BBEn_BUND_042014.pdf; Zugegriffen: 13.01.2021. Radtke, Jörg (2016): *Bürgerenergie in Deutschland. Partizipation zwischen Gemeinwohl und Rendite*. Heidelberg: Springer. Zu der Bedeutung des Gemeinschaftsgefühls bei Wikipedianer vgl. Möllenkamp, Andreas (2007): »Wer schreibt die Wikipedia? Die Online-Enzyklopädie in der Vorstellungs- und Lebenswelt ihrer aktivsten Autoren«, http://www.cultiv.net/cultranet/1212420166Wikipedianer.pdf; Zugegriffen: 14.01.2021.
13. Gsänger, Stefan; Karl, Timo (2019): »Bürgerwind im Ausschreibungsmodell: Eine Bilanz«, http://www.wwindea.org/download/Burgerwind_2019_2_Web.pdf; Zugegriffen: 18.01.2021.
14. Unter den besten Umständen können Solar- und Windenergieanlagen Strom zu Kosten von um die 4 Cent pro Kilowattstunde erzeugen. Das ist billiger als jede andere Form der Energieversorgung, vgl. Kost et al. (2018): »Stromgestehungskosten Erneuerbare Energien«, Fraunhofer ISE, https://www.ise.fraunhofer.de/content/dam/ise/de/documents/publications/studies/DE2018_ISE_Studie_Stromgestehungskosten_Erneuerbare_Energien.pdf; Zugegriffen: 13.01.2021.
15. Auf der Webseite der Kampagne »Neue Kraft mit der Nachbarschaft« wird beispielhaft erzählt, was genau das bedeuten kann, https://nkmdn.de; Zugegriffen 01.2021.
16. Vgl. Bandura, Albert (1977): »Self-efficacy: Toward a Unifying Theory of Behavioral Change«. *Psychological Review* 84 (2): 191–215.
17. Lunenburg, F. (2011). »Self-Efficacy in the Workplace: Implications for Motivation and Performance«. *International Journal of Management, Business, And Aministration* 14 (1), 1-4.
18. Zwischen 2006 und 2014 wurden 812 Bürgerenergiegenossenschaften gegründet. Zwischen 2014 und 2019 kamen nur noch 79 hinzu. Vgl. Deutscher Genossenschafts- und Raiffeisenverband e. V. (2020): »Energiegenossenschaften 2020«, https://www.dgrv.de/wp-content/uploads/2020/07/20200701_DGRV_Umfrage_Energiegenossenschaften_2020-1.pdf; Zugegriffen: 07.01.2021.
19. Zu nennen sind insbesondere die für bestimmte Anlagen einschlägige Pflicht zur Direktvermarktung, zur Teilnahme an Ausschreibungen, zur Installation eines Smart Meters und zur anteiligen Zahlung der EEG-Umlage bei Eigenversorgung.

20. Vgl. Trendresearch (2021): »Eigentümerstruktur: Erneuerbare Energien«, https://www.trendresearch.de/studien/23-01174-4.pdf?1555871103d86567ad3588147b54b6c5; Zugegriffen: 17.01.2021.
21. Vgl. zu den einzelnen Regelungen: Bündnis Bürgerenergie (2017): »Bürgerenergie heute und morgen«. https://www.buendnis-buergerenergie.de/fileadmin/user_upload/downloads/Bericht_2017/Broschuere_Buerger energie17_96dpi.pdf; Zugegriffen: 18.01.2021.
22. Dies würde indes ein neues Finanzierungssystem erfordern, wie es die SPD schon vorgeschlagen hat. Vgl. zum Beispiel Dittrich, Benedikt (2020): »Energiewende: Warum die SPD einen radikalen Umbau des EEG fordert«, https://www.vorwaerts.de/artikel/energiewende-spd-radikalen-umbau-eeg-fordert; Zugegriffen: 18.01.2021.
23. Uken, Marlies: »Energiewende ohne Bürger«, zeit.de, 13.02.2018, https://www.zeit.de/wirtschaft/2018-02/windenergie-energiewende-union-spd-buergerprojekte; Zugegriffen: 18.01.2021.

Warum Gesundheit und Profit nicht zusammengehen: Anmerkungen zur aktuellen Gesundheitspolitik

1. Rosenbrock, Rolf; Gerlinger, Thomas (2021): *Gesundheitspolitik. Eine systematische Einführung*. Vierte Auflage. Bern: Hogrefe.
2. https://www.medizin.hhu.de/aktuelles/detailansicht/article/hinweise-auf-erhoehtes-risiko-fuer-krankenhausaufenthalte-wegen-covid-19-bei-arbeitslosen-menschen-1.html; Zugegriffen: 28.02.2021.
3. Der Paritätische (2020): »Verschlossene Türen. Eine Untersuchung zu Einkommensungleichheit und Teilhabe von Kindern und Jugendlichen«. Berlin.
4. Reiners, Hartmut (2017): *Privat oder Kasse. Politische Ökonomie des Gesundheitswesens*. Hamburg, 19.
5. Crouch, Colin (2019): *GiG Economy. Prekäre Arbeit im Zeitalter von Uber, Minijobs & Co*. Suhrkamp.
6. https://www.bbc.com/news/uk-politics-56504546; Zugegriffen: 28.03.2021.
7. https://www.medico.de/fileadmin/user_upload/media/medico-report-27-patienten-patente-und-profite.pdf; Zugegriffen: 28.02.2021.
8. Seit 2020 erfolgt die Finanzierung der Krankenhausleistungen durch eine Kombination aus Fallpauschalen und Pflegepersonalkostenvergütung.
9. https://www.bertelsmann-stiftung.de/de/themen/aktuelle-meldungen/2019/juli/eine-bessere-versorgung-ist-nur-mit-halb-so-vielen-kliniken-moeglich; Zugegriffen: 28.02.2021.
10. Vgl. Wissenschaftliche Dienste des Deutschen Bundestages (2019): »Private Equity im deutschen Gesundheitssektor«. WD 9-3000-037/19.
11. Medizinische Versorgungszentren sind seit 2004 gesetzlich anerkannte Einrichtungen der ambulanten Gesundheitsversorgung, in denen angestellte Ärzte und Therapeuten ihre Dienstleistungen erbringen können. In der DDR

bestanden mit den Polikliniken vergleichbare Einrichtungen, in denen sogar der überwiegende Anteil an Leistungen erbracht wurde.

12. Zitiert nach *Frankfurter Rundschau,* 09.11.2001.

Mensch statt Mehrwert: Warum Pflege gemeinnützig sein muss

1. Bundesministerium für Wirtschaft und Energie (2020): »Gesundheitswirtschaft – Fakten & Zahlen«, Ergebnisse der gesundheitswirtschaftlichen Gesamtrechnung Ausgabe 2019. Berlin, 34.
2. ZIA (2020): »Immobilienwirtschaft in und nach der Corona-Krise«, Herbstgutachten des Rates der Immobilienweisen. Berlin, 32.
3. RWI: »Pflegeheim Rating Report 2020: Deutschen Pflegeheimen geht es trotz großer Herausforderungen noch relativ gut«, Pressemitteilung, 06.11.2019, https://www.rwi-essen.de/presse/mitteilung/375/; Zugegriffen 12. 01.2021.
4. Vgl. Bundesministerium für Gesundheit: »Daten und Fakten zur Pflegeversicherung Stand 28. Juli 2020«, https://www.bundesgesundheitsministerium.de/fileadmin/Dateien/3_Downloads/Statistiken/Pflegeversicherung/Zahlen_und_Fakten/Zahlen_und_Fakten_der_SPV_Juli_2020_bf.pdf; Zugegriffen: 14.01.2021
5. CBRE Snapshot, 3. Quartal 2020, unter llnwed.net; Zugegriffen: 15.01.2021.
6. »Rekordergebnis im Gesundheitsimmobilienmarkt 2020«, KMA-online.de, 11.01.2021, https://www.kma-online.de/aktuelles/wirtschaft/detail/rekordergebnis-im-gesundheitsimmobilienmarkt-2020-a-44718; Zugegriffen: 16.01.2021.
7. Eigene Berechnungen nach Daten der »Gesundheitsberichterstattung des Bundes«, www.be-bund.de; Zugegriffen: 16.01.2021.
8. »Korian-Gruppe«, pflegemarkt.com, https://www.pflegemarkt.com/pflegeheimbetreiber/korian-gruppe/; https://www.pflegemarkt.com/2020/04/03/korian-uebernimmt-qualivita-ag/; Zugegriffen 16.01.2021.
9. »Alloheim«, pflegemarkt.com, https://www.pflegemarkt.com/pflegeheimbetreiber/alloheim/; Zugegriffen: 16.01.2021. Groll, Tina: »Geld verdienen mit Pflege«, Zeit online, 23.12.2018, https://www.zeit.de/zustimmung?url=https%3A%2F%2Fwww.zeit.de%2Fwirtschaft%2F2018-06%2Faltenpflege-pflegeheime-betreiber-private-investoren; Zugegriffen: 16.01.2021.
10. https://www.victors-group.com/; Zugegriffen: 17.01.2021.
11. »Die 30 größten Pflegeheimbetreiber«, pflegemarkt.com, https://www.pflegemarkt.com/2019/12/13/die-30-groessten-pflegeheimbetreiber-2020/; Zugegriffen: 17.01.2021.
12. »M&A-Transaktionen in der Pflege 2020«, pflegemarkt.com, https://www.pflegemarkt.com/2020/12/21/analyse-deals-ma-transaktionen-pflege-2020; Zugegriffen: 17.01.2021.
13. Rothgang, Heinz; Wagner, Christian (2019): »Quantifizierung der Personalverbesserungen in der stationären Pflege im Zusammenhang mit der Umset-

zung des Zweiten Pflegestärkungsgesetzes«, Expertise für das Bundesministerium für Gesundheit.

14. Das deutsche Durchschnittsgehalt lag über alle Branchen bei 3 300 Euro. Vgl. Statistisches Bundesamt: »Systemrelevante Berufe: Fachkräfte in Krankenhäusern verdienten 2019 durchschnittlich 3 502 Euro brutto im Monat«, Pressemitteilung, 27.03.2020, https://www.destatis.de/DE/Presse/Pressemitteilungen/2020/03/PD20_N015_623.html;jsessionid=BC5DDA0CDDDC98BC0B24C4B1B5301F60.internet8742; Zugegriffen: 18.01.2021.
15. Diese Zahl bezieht sich lediglich auf den Status quo. Das Institut der deutschen Wirtschaft Köln rechnet auf Grund der demografischen Entwicklung bis zum Jahr 2035 mit über 300 000 zusätzlich benötigten fehlenden Pflegekräften in den Heimen und über 180 000 in der ambulanten Pflege. Vgl. »Tarif für Pflegekräfte kostet bis zu 5,2 Milliarden Euro«, Ärzteblatt online, https://www.aerzteblatt.de/nachrichten/102072/Tarif-fuer-Pflegekraefte-kostet-bis-zu-5-2-Milliarden-Euro; Zugegriffen: 18.01.2021. Was die notwendigen Investitionen anbelangt, geht die Immobilienwirtschaft von einem möglichen Bedarf zwischen 210 bis 390 Pflege-Neubauten bis Ende dieses Jahrzehnts aus. Vgl. Plöß, Franziska; Just, Tobias (2020): »Studie zum Pflegemarkt 2030: Pflegekapazitäten nachfragegerecht ausbauen«, IRE|BS International Real Estate Business School, Universität Regensburg (Hg.), https://www.zia-deutschland.de/fileadmin/Redaktion/Pressemitteilungen/Downloads/Pflegestudie_IREBS.pdf; Zugegriffen: 01.2021.
16. Jens Spahn: »Wettbewerb in der Pflege ist kein Selbstzweck«, Gastbeitrag im *Handelsblatt*, 15.08.2018.
17. Geraedts et al. (2016): »Trade-off between Quality, Price, and Profit Orientation in Germany's Nursing Homes.« *ScienceDirect*, https://www.sciencedirect.com/science/article/pii/S1865921716300290; Zugegriffen: 19.01.2021
18. Geraedts et al. (2016).
19. Vgl. Heinz Rothgang et al. (2015): »Die Rolle der privaten Anbieter in der Pflegeversorgung in Deutschland«, Bundesverband privater Anbieter sozialer Dienste (Hg.). Berlin.
20. Gleiches gilt übrigens auch für das Gesundheitssystem oder staatlich bezuschusste, aber letztlich private Angebote zur Altersvorsorge wie die Riesterrente, bei der letztlich nur Allianz und Co. mit Sicherheit ihr Geschäft machen.
21. Weiterführend: Ulrich Schneider (2014): *Mehr Mensch – gegen die Ökonomisierung des Sozialen*. Frankfurt am Main, 106 ff.
22. Die nachfolgenden Gedanken sind vor allem inspiriert durch Graeber, Davis (2011): *Schulden: Die ersten 5 000 Jahre.* Stuttgart.
23. Preise am Beispiele der Berliner »Orientierungswerte« zur Vergütung in der ambulanten Versorgung 2021.
24. Uchann, Christian (2019): »Mit der Pflege soll kein Geschäft gemacht werden«, meinbezirk.at, 18.10.2019, https://www.meinbezirk.at/burgenland/c-politik/mit-der-pflege-soll-kein-geschaeft-gemacht-werden_a3699015; Zugegriffen: 20.01.2021.

Zwischen Prekariat und internationalen Blockbustern: Die Kultur im ökonomischen Schraubstock

1. https://www.bmwi.de/Navigation/DE/Home/home.html
2. https://www.unesco.de/sites/default/files/2018-03/2005_Schutz_und_die_F%C3%B6rderung_der_Vielfalt_kultureller_Ausdrucksformen_0.pdf
3. Einen Überblick über die Diskussion der internationalen Handelsabkommen im Kulturbereich gibt das Buch Zimmermann, Olaf; Geißler, Theo (Hg.): *TTIP, CETA & Co. Die Auswirkungen der Freihandelsabkommen auf Kultur und Medien*. Zweite, veränderte und erweiterte Auflage. Berlin 2016.
4. Fohrbeck, Karla; Wiesand, Andreas (1972): *Der Autorenreport*. Reinbek bei Hamburg.
5. Fohrbeck, Karla; Wiesand, Andreas (1975): *Der Künstlerreport*. München.
6. Schulz, Gabriele; Zimmermann, Olaf; Hufnagel, Rainer (2013): *Arbeitsmarkt Kultur. Zur wirtschaftlichen und sozialen Lage in Kulturberufen*. Berlin.
7. Schulz, Gabriele; Ries, Carolin; Zimmermann, Olaf (2016): *Frauen in Kultur und Medien. Ein Überblick über aktuelle Tendenzen, Entwicklungen und Lösungsvorschläge*. Berlin.
8. Schulz, Gabriele; Zimmermann, Olaf (2020): *Frauen und Männer im Kulturmarkt. Bericht zur wirtschaftlichen und sozialen Lage*. Berlin.
9. In Paragraph 1 Künstlersozialversicherungsgesetz ist definiert: »Selbstständige Künstler und Publizisten werden in der allgemeinen Rentenversicherung, der gesetzlichen Krankenversicherung und der sozialen Pflegeversicherung versichert, wenn sie (1) die künstlerische oder publizistische Tätigkeit erwerbsmäßig und nicht nur vorübergehend ausüben und (2) im Zusammenhang mit der künstlerischen oder publizistischen Tätigkeit nicht mehr als einen Arbeitnehmer beschäftigen, es sei denn, die Beschäftigung erfolgt zur Berufsausbildung oder ist geringfügig im Sinne des § 8 des Vierten Sozialgesetzbuches.«
10. Künstlersozialabgabepflicht nach Paragraph 24 Künstlersozialversicherungsgesetz:
    (1) Zur Künstlersozialabgabe ist ein Unternehmer verpflichtet, der eines der folgenden Unternehmen betreibt:
    1. Buch-, Presse- und sonstige Verlage, Presseagenturen (einschließlich Bilderdienste),
    2. Theater (ausgenommen Filmtheater), Orchester, Chöre und vergleichbare Unternehmen; Voraussetzung ist, daß ihr Zweck überwiegend darauf gerichtet ist, künstlerische oder publizistische Werke oder Leistungen öffentlich aufzuführen oder darzubieten; Absatz 2 bleibt unberührt,
    3. Theater-, Konzert- und Gastspieldirektionen sowie sonstige Unternehmen, deren wesentlicher Zweck darauf gerichtet ist, für die Aufführung oder Darbietung künstlerischer oder publizistischer Werke oder Leistungen zu sorgen; Absatz 2 bleibt unberührt,

4. Rundfunk, Fernsehen,
5. Herstellung von bespielten Bild- und Tonträgern (ausschließlich alleiniger Vervielfältigung),
6. Galerien, Kunsthandel,
7. Werbung oder Öffentlichkeitsarbeit für Dritte,
8. Variete- und Zirkusunternehmen, Museen,
9. Aus- und Fortbildungseinrichtungen für künstlerische oder publizistische Tätigkeiten.

   Zur Künstlersozialabgabe sind auch Unternehmer verpflichtet, die für Zwecke ihres eigenen Unternehmens Werbung oder Öffentlichkeitsarbeit betreiben und dabei nicht nur gelegentlich Aufträge an selbständige Künstler oder Publizisten erteilen.

(2) Zur Künstlersozialabgabe sind ferner Unternehmer verpflichtet, die nicht nur gelegentlich Aufträge an selbständige Künstler oder Publizisten erteilen, um deren Werke oder Leistungen für Zwecke ihres Unternehmens zu nutzen, wenn im Zusammenhang mit dieser Nutzung Einnahmen erzielt werden sollen. Werden in einem Kalenderjahr nicht mehr als drei Veranstaltungen durchgeführt, in denen künstlerische oder publizistische Werke oder Leistungen aufgeführt oder dargeboten werden, liegt eine nur gelegentliche Erteilung von Aufträgen im Sinne des Satzes 1 vor. Satz 1 gilt nicht für Musikvereine, soweit für sie Chorleiter oder Dirigenten regelmäßig tätig sind.

(3) Aufträge werden nur gelegentlich an selbständige Künstler oder Publizisten im Sinne von Absatz 1 Satz 2 oder Absatz 2 Satz 1 erteilt, wenn die Summe der Entgelte nach § 25 aus den in einem Kalenderjahr nach Absatz 1 Satz 2 oder Absatz 2 Satz 1 erteilten Aufträgen 450 Euro nicht übersteigt. Absatz 2 Satz 2 bleibt unberührt.

11. https://de.statista.com/statistik/daten/studie/164047/umfrage/jahresarbeitslohn-in-deutschland-seit-1960/; Zugegriffen: 14.02.2021.
12. Die Armutsgrenze liegt laut Statistischem Bundesamt bei 60 Prozent des durchschnittlichen Einkommens. Für alleinlebende ohne Kinder liegt dieser Wert bei 14112 Euro; https://www.destatis.de/DE/Presse/Pressemitteilungen/2021/01/PD21_N008_634.html;jsessionid=FA446062CCA6E49FB81435479DFFD476.internet742; Zugegriffen: 14.02.2021.
13. Haselbach, Dieter; Klein, Armin; Knüsel, Pius; Opitz, Stephan (2012): *Der Kulturinfarkt. Von Allem zu viel und überall das Gleiche. Eine Polemik über Kulturpolitik, Kulturstaat, Kultursubvention*. Knaus-Verlag.
14. https://kupoge.de/wp-content/uploads/2020/11/Knoblich_Kultur-ist-mehr-als_-1.pdf

Solidarisches Handeln und Wirtschaften im ländlichen Raum: »Die interessanten Dinge passieren auf dem Land«

1. Weiterführend: https://blogboheme.de/das-ko-dorf-urbanes-leben-und-arbeiten-auf-dem-land/; Zugegriffen: 02.2021.
2. »Umland wird für Mieter attraktiver. Insbesondere im Umland der Großstädte ist laut verschiedenen Forschungsinstituten mit Zuwachs zu rechnen«, Berliner Zeitung, 29.12.2020.
3. Bundesinstitut für Bau-, Stadt- und Raumforschung (Hg.): »Raumordnungsbericht 2017«.
4. Bundesministerium des Inneren, für Bau und Heimat: »Das Raumordnungsgesetz definiert in § 2 den Grundsatz, in ganz Deutschland ausgeglichene soziale, infrastrukturelle, wirtschaftliche, ökologische und kulturelle Verhältnisse anzustreben. Dazu soll die Versorgung der Bevölkerung durch eine Bündelung der für das Leben notwendigen Einrichtungen an einem gut erreichbaren Ort gewährleistet werden: diese örtliche Bündelung steht hinter der Idee der ›zentralen Orte‹. Die Bewohner einer Region sollen möglichst alles Lebensnotwendige an einem Ort gut erreichen können«, https://www.bmi.bund.de/DE/themen/heimat-integration/raumordnung-raumentwicklung/grundlagen/zentrale-orte/zentrale-orte-node.html; Zugegriffen: 16.01.2021.
5. Vgl. Krause, Nina Ricarda; Schneider, Ulrich; Stilling, Gwendolyn; Woltering, Christian (2015): »Die zerklüftete Republik. Bericht zur regionalen Armutsentwicklung in Deutschland 2014«, Der Paritätische Gesamtverband (Hg.).
6. Hillje, Johannes (2018): »Rückkehr zu den politisch Verlassenen. Gespräche in rechtspopulistischen Hochburgen in Deutschland und Frankreich«, Das Progressive Zentrum (Hg.), 20.
7. https://www.destatis.de/DE/Themen/Laender-Regionen/Regionales/Gemeindeverzeichnis/Namens-Grenz-Aenderung/namens-grenz-aenderung.html; Zugegriffen: 16.01.2021.
8. Ems, Svenja (2016): »Kreisgebietsreformen: So gehen Mandatsträger mit den Herausforderungen um«, Institut für den öffentlichen Sektor (Hg.).
9. Henkel, Gerhard (2018): *Rettet das Dorf! Was jetzt zu tun ist.* München: dtv, 76.
10. Blesse, Sebastian; Rösel, Felix (2018): »Kreise gewachsen – Bilanz durchwachsen: Zehn Jahre Kreisgebietsreform in Sachsen und Sachsen-Anhalt«. *ifo Dresden berichtet* 4/2018, 34.
11. Georg-August-Universität, Department für Agrarökonomie und Rurale Entwicklung, Lehrstuhl für Soziologie ländlicher Räume (2020): »Das Soziale-Orte-Konzept. Neue Infrastrukturen für gesellschaftlichen Zusammenhalt«, 42, http://www.sofi-goettingen.de/publikationen/publikationen-detailanzeige/pubnr/2538/; Zugegriffen: 01.02.2021.
12. Vogel, Berthold (2017): »Wie geht es weiter in Dorf und Kleinstadt? Demografische Provokationen und neue Konflikte um Daseinsvorsoge«.

13. Fina, Stefan; Danielzyk, Rainer (2019): »Ungleiches Deutschland«, Friedrich-Ebert-Stiftung (Hg.).
14. Georg-August-Universität, Department für Agrarökonomie und Rurale Entwicklung, Lehrstuhl für Soziologie ländlicher Räume (2020): »Das Soziale-Orte-Konzept. Neue Infrastrukturen für gesellschaftlichen Zusammenhalt«, 10, http://www.sofi-goettingen.de/publikationen/publikationen-detailanzeige/pubnr/2538/; Zugegriffen: 01.02.2021.
15. https://www.dedinghausen.de/dorf-mit-zukunft/dorf-mit-zukunft-e-v/; Zugegriffen: 26.12.2020.
16. https://buergerverein-neuburg.de; Zugegriffen: 28.12.2020.
17. Gerhard (2018), 276.
18. Weiterführend: https://www.dorv.de
19. Burke, Mathias; Harmel, Eleonore; Jank, Leon; Kerkoff, Sabeth: *Ländliche Verheißung*, 10.
20. https://www.iba-thueringen.de; Zugegriffen: 01.02.2021.
21. https://landbaukunst.bedheim.de/2015/12/10/bedheimer-erklaerung; Zugegriffen: 01.02.2021.
22. Wir empfehlen den Podcast »Solawi Genossenschaften«, der die zehn bestehenden Solawi-Genossenschaften portraitiert.
23. http://www.machmit-gudensberg.eu/; https://www.akgg.de/einrichtungen-und-dienste/projekte/integration-in-gudensberg; Zugegriffen: 16.01.2021.
24. Wittig-Koppe, Holger (2019): »Engagement im Spannungsfeld zwischen Selbstorganisation und Fremdbestimmung. Bilanz aus 6 Jahren Erfahrungen in dem Projekt ›Bürgernetzwerke in Schleswig Holstein‹«, Der Paritätische Schleswig-Holstein (Hg.), 27.
25. Hillje (2018), 21.
26. »Dorf ist nicht gleich Dorf«, www.dorfmoderation-sn.de; Zugegriffen: 11.01.2021.
27. Kuphal, Armin (2015): »Bohnentaler Selbermacher. Förderung der Eigenarbeit als Element dörflicher Identität – ein Projekt zur gesellschaftlichen Dorfentwicklung. Werkstattbericht für das Jahr 2015«.
28. Wittig-Koppe (2019), 24.